美国新孤立主义的兴起

孙冰岩◎著

世界知识出版社

本书由国际关系学院中央高校基本科研业务费项目资助出版
项目号：3262022T07

本书出版得到"中美科技关系的科研安全及法律问题研究"
项目资助
项目号：2021ICR04

目　录

第一章 导 论

　　2016年的美国总统大选以出人意料的结果落幕，共和党候选人唐纳德·特朗普（Donald Trump）通过优势明显的选举人票数击败民主党候选人希拉里·克林顿（Hillary Clinton），当选第45任美国总统。特朗普的胜选和选票数据与选举前美国专家和媒体胸有成竹的预测大相径庭。由于在初选和大选中以反传统政治的行为风格和个人形象出现于美国选举政治中，特朗普的言语和行为被政治建制派认为是与美国总统竞选传统完全背离的。从2015年6月宣布参选到2016年5月赢得初选，从2016年7月接受共和党提名到2016年11月赢得大选，特朗普在以上两个选举进程中不断发表与美国自由国际主义（Liberal Internationalism）外交传统相背离的竞选言论。在开始执政以后，作为美国最高外交决策者的特朗普继续在实践中采取背离美国自由国际主义大战略的外交政策，如言辞攻击美国参与的联盟、退出多边协定、退出国际组织、从美国长期武力干涉的重要战略地区撤军等行为。与特朗普现象相似的是，参加1992年大选的帕特里克·布坎南（Patrick Buchanan）和罗斯·佩罗特（Ross Perot）也曾喊出类似的外交竞选口号，但二者最终在选举中黯然落败，由民主党自由派把持的克林顿政府在外交政策实践中继续倡导自由国际主义政策。基于特朗普时期美国对新孤立主义主张的较多的实践与布坎南时期美国基本没有实践新孤立主义主张的鲜明变化，本书提出这样的核心问题：为什么这两个时期的总统选举中都出现大量的新孤立主义观点，但是却在选举后的外交政策实践中呈现出截然不同的结果？

第一节　概念定义与研究时期

要想研究美国的新孤立主义，必须首先澄清孤立主义和新孤立主义的概念，澄清孤立主义的定义和核心观点是什么，澄清新孤立主义的定义和核心观点是什么，澄清二者之间的区别和联系。

一、孤立主义的定义

在现有的美国外交研究和外交评论文献中，孤立主义是对美国二战前外交政策及外交思想的笼统称呼。在美国的外交思想和实践过程中，不存在被学者们广泛接受的、统一的孤立主义定义。在美国外交学、历史学文献以及百科全书中，孤立主义被赋予不同的内涵。例如，比较权威的《美国外交百科全书》将孤立主义定义为美国两百多年历史中的"一系列思想假定"（a set of assumptions），这些假定包括很多方面，如认为：欧洲的利益不同于美国的利益、美国的安全得天独厚而不必担忧本土受到攻击、美国应避免在政治和外交上卷入欧洲的权势争斗、美国应避免成为受欧洲国家操控的利益棋子、美国若要传播其政治理念和制度也应通过自己作为民主榜样的吸引力而非武力扩张、美国应避免与欧洲国家结盟从而永远保持其中立状态。但该书在最后又注明，"孤立主义并不意味着美国完全不参与世界事务，美国以往积极参与对外贸易和帝国主义扩张的历史就说明这点"。①比较权威的《美国外交史词典》则将孤立主义描述为反对积极参与世界事务的"政策"（policy），但书中又特别提到孤立主义不适用于当时美国对拉丁美洲和

---

① Bruce W. Jentleson, Thomas G. Paterson, *Encyclopedia of U.S. Foreign Relations* (New York: Oxford University Press, 1997), p.427.

中国的外交政策。[1] 比较权威的《美国历史大百科全书》将孤立主义定义为一种包含不干涉主义和单边主义的"态度"（attitude），这种"态度"包括：避免卷入欧洲的政治斗争和国家联盟、不反对对外贸易、主张维持美国在西半球的权力优势地位、不信任欧洲和英国、以美式国家制度作为完美的典范来昭示世人，但该书也特别说明孤立主义者并非和平主义者，孤立主义者不是完全反对美国进行对外扩张的。[2]

除百科全书的定义外，美国外交史学界对孤立主义的定义也存在分歧。研究美国早期外交历史的著名历史学家菲利克斯·吉尔伯特（Felix Gilbert）认为，孤立主义是一种植根于美国政治传统的思想，这种思想是早期移民北美的英国人从对英国政治文化的认识中衍生出来的。早期的英裔移民认为，英国已经背弃其独立的政府文化，即启蒙运动所倡导的人的全面发展的文化，和欧洲大陆国家同流合污了。美国的孤立主义根本上是对启蒙运动的真正继承，是对英国现实主义外交以及欧洲专制制度的弃绝。孤立主义本质上是美国在政治理念上与欧洲隔绝与分裂的体现。[3] 与吉尔伯特的观点相反，美国学者曼弗雷德·乔纳斯（Manfred Jonas）在其研究孤立主义的专著中认为，美国的孤立主义既非源于其政治思想层面"得天独厚"的优越感，也不像19世纪初的中国和日本那样与外隔绝，孤立主义本质上是为防止别国（包括国家联盟）操纵美国国家行为的警惕思想，其核心依然是现实主义的国家利益观。孤立主义不是"愚蠢""无知"和闭关自守的代

---

[1]　John E. Findling, *Dictionary of American Diplomatic History* (Westport, Conn.: Greenwood Press, 1989), p.265.

[2]　Federal Communications Commission-Job Corps, *Dictionary of American History 3* (New York: Simon Schuster Macmillan, 1976), p.479.

[3]　Felix Gilbert, "The English Background of American Isolationism in the Eighteenth Century," *The William and Mary Quarterly* 1, no. 2 (1944): 138-160; Felix Gilbert, "The 'New Diplomacy' of the Eighteenth Century," *World Politics* 4, no. 1 (1951): 1-38; Felix Gilbert, *To the Farewell Address* (Princeton, N.J.: Princeton University Press, 1961).

名词。① 学者罗伯特·奥斯古德（Robert Osgood）认为，孤立主义是美国国家利益中"消极的自我主义"（passive egoism）的思想，是基于美国"自足"式（self-sufficiency）观念的国家利益观——孤立主义具有理想主义的动机，但这种动机的根源是国家的自利观。② 学者韦恩·科尔（Wayne Cole）在研究二战前美国的孤立主义运动时直接将孤立主义描述为主张不干涉欧洲事务的观点。③ 学者诺曼·格雷布纳（Norman Graebner）在研究二战后的新孤立主义现象时认为，传统的孤立主义鄙弃外交和联盟，认为美国可以只通过自己的单独力量实现国家利益。著名历史学家小阿瑟·施莱辛格（Arthur Schlesinger Jr.）认为，二战以前的孤立主义是美国外交的"自然状态"（natural state），美国仅会在受到直接的安全威胁后才行动，一旦威胁消失，美国就再次退回孤立主义状态。施莱辛格主张给孤立主义下定义必须"慎重"，不能把所有反对美国参与国际事务的观点都划为"孤立主义"，比如，美国没有商业贸易领域的孤立主义，美国也没有文化领域的孤立主义。④ 学者阿尔伯特·温伯格（Albert K. Weinberg）认为，人们以往对孤立主义的认知并非"理论"而是"困境"，孤立主义不是用于指导外交政策的理论，而是关于外交政策"理论"的"理论"，这种"理论"是对美国外交历史的误读。⑤

如果从关于孤立主义定义的内容来总结孤立主义的核心概念可以

---

① Manfred Jonas, *Isolationism in America: 1935–1941* (Ithaca, N.Y.: Cornell University Press, 1969), pp.1-7.

② Robert Osgood, *Ideals and Self-interest in America's Foreign Relations: The Great Transformation of the Twentieth Century* (Chicago: University of Chicago Press, 1953), p.5.

③ Wayne Cole, *America First: The Battle against Intervention* (Madison: University of Wisconsin Press, 1953), p.6.

④ Arthur M. Schlesinger Jr., "America and the World: Isolationism Resurgent?" *Ethics and International Affairs* 10, no.1 (1996): 151-152.

⑤ Albert K. Weinberg, "The Historical Meaning of the American Doctrine of Isolation," *The American Political Science Review* 34, no. 3 (1940): 539.

发现，美国学界对孤立主义的定义主要是通过"内在思想"和"外在表现"两个层次来阐述的。在"内在思想"方面，美国学者对孤立主义的看法又分两种。一种观点认为，美国的孤立主义植根于美国政治文化传统，这种传统基于美国建国者们在制宪会议上对美式政治与社会的设计理念，基于对欧洲大陆甚至是英国政治理念的排斥。因此，美国的孤立主义正是这种对自我政治理念自信与坚持的思想体现，属于"美国例外论"（American Exceptionalism）的体现。[①] 吉尔伯特和施莱辛格都是从美国政治的内在思想传统的角度解释孤立主义现象的代表。另一种观点认为，孤立主义和美国政治传统对美国外交的衍生性影响无关，孤立主义只是最小化国家利益观指导下关于国家利益范畴的思维逻辑，这种思维逻辑认为美国较少干预国外事务符合美国利益的最大化，因而主张美国应最小限度地参与国际事务。这种思维逻辑被美国学者称之为"现实主义""实用主义"或"最小化现实主义"（Minimal Realism）。[②] 在"外在表现"方面，很多人将美国外交政策实践中体现出不作为、内向、收缩和撤退倾向的行为都划为"孤立主义"政策。这些人在使用"孤立主义"前不会给孤立主义下定义，而是想当然地假定读者已经知道"孤立主义"是什么。在这种视角下，孤立主义更像是对美国外交政策行为的归类，因为只要是和国际主义、自由主义、干涉主义观点相反的政策都可以被划归"孤立主义"范畴。[③] 对"孤立主义"两个视角的定义决定了后来的研究者们如何看待"孤立

---

① 关于美国例外主义和孤立主义关系的讨论见：Hilde Restad, *American Exceptionalism: An Idea That Made a Nation and Remade the World* (London: Routledge, 2015); 关于美国例外论和美国反帝政治传统之关系的论述见：Ian Tyrrell, Jay Sexton, eds., *Empire's Twin: U.S. Anti-Imperialism from the Founding Era to the Age of Terrorism* (Ithaca, N.Y.: Cornell University Press, 2015)。

② Jeane J. Kirkpatrick, *A Normal Country in a Normal Time: America's Purpose* (San Francisco: ICS Press, 1991), p.7; William G. Hyland, "The Case for Pragmatism," *Foreign Affairs* 71, no. 1 (1991/1992): 38.

③ Ralph H. Smuckler, "The Region of Isolationism," *The American Political Science Review* 47, no. 2 (1953): 388-389.

主义"在美国的产生和演变，甚至是整个"孤立主义"在美国外交中的历史。两个视角的定义使美国学者在书写关于孤立主义的历史时存在两种观点。基于"内在思想"视角的观点认为，孤立主义产生于美国自建国以来独有的国内政治传统，如吉尔伯特认为，孤立主义起源于美国建国者们的建国理念，起始于北美殖民地时期的独立经济活动。随着英国不断地介入欧洲战事，殖民地的精英们逐渐认识到殖民地利益与英国利益的分歧。因此，殖民地时期主张北美独立于大英帝国的思想同样也是孤立主义思想的开端。基于此，美国最早的孤立主义思想应该是来自潘恩、富兰克林、亚当斯、华盛顿、杰斐逊等人的论著中。在建国以后的美国外交辩论中，所有带有孤立主义色彩的观点都或多或少地与美国建国者们有关联。[①] 基于"外交表现"视角的观点认为，不应将孤立主义与美国独有的政治传统相关联，孤立主义只是美国外交政策辩论中一种非主流观点，典型的孤立主义观点只存在于一战后至二战前的这段时期。典型的孤立主义观点包括：一战后参议院反对威尔逊的国联提议，参议院反对参与要求美国作出义务承诺的国际组织，民间的"美国优先"委员会，国会多次修改中立法以确保美国不会被卷入二战。珍珠港事件后，反对美国介入世界事务的孤立主义观点已经被边缘化。随着战后美国领导建立以联盟、国际组织和意识形态阵营为基础的世界新秩序，自由国际主义成为美国的正统外交

---

① Felix Gilbert, *The Beginning of American Foreign Policy: To the Farewell Address*, pp.19-43；同见：Selig Adler, *The Isolationism Impulse: Its Twentieth-Century Reaction* (New York: Abelard-Schuman, 1957), pp.7-24。

思想，孤立主义的历史随之结束。[1]

从上面对孤立主义内涵和外延的分析可以看出，无论是"内在思想"层面的还是"外在表现"层面的孤立主义，美国学界在讨论孤立主义时都承认孤立主义具有以下基本的定义。（1）孤立主义的思想根源是美国脱离欧洲并优于欧洲的"美国例外论"（America Exceptionalism）和"美国优先论"（America First）。"美国例外论"和"美国优先论"赞扬美国国内政治与社会制度拥有优于其他国家尤其是欧洲国家的完美性，基于对美国国家完美性的保持，美国应尽量保持与其他国家尤其是独裁国家的距离，也应该只以美国自己的利益而非国际组织的公约为准则在国际社会中行事。[2]（2）孤立主义的终极目的是尽量减少对欧洲的介入而维护好美国自己的国家利益。（3）不介入欧洲大国的政治斗争、不被欧洲大国在权势斗争中所利用是孤立主义的核心观点。因此，传统的孤立主义尽管立足于"美国例外论"和"美国优先论"的思想根基，但其外在观点主要是和不介入欧洲有关的，如美国不参加欧洲强国发起的一战、不参与英法主宰的国联、二战前国会中的孤立主义者反复修改中立法以阻止总统介入或防止美国"卷入"欧洲战事。简言之，传统孤立主义的核心定义就是反对美国介入欧洲的权势斗争

---

[1]　Lloyd Ambrosius, *Woodrow Wilson and the American Diplomatic Tradition: The Treaty Fight in Perspective* (New York: Cambridge University Press, 1990); Robert A. Divine, *The Illusion of Neutrality* (Chicago: University of Chicago Press, 1962); Samuel Lubell, *The Future of American Politics* (New York: Harper Brothers, 1952); Robert Osgood, *Ideals and Self-interest in America's Foreign Relations: The Great Transformation of the Twentieth Century* (Chicago: University of Chicago Press, 1953); Wayne Cole, *America First: The Battle against Intervention* (University of Wisconsin Press, 1953); Norman Graebner, *The New Isolationism: A Study in Politics and Foreign Policy since 1950* (New York: The Ronald Press Company, 1956).论文中的类似观点可见：William G. Carleton, "Isolationism and the Middle West," *The Mississippi Valley Historical Review* 33, no. 3 (1946): 377-390; William Appleman Williams, "The Legend of Isolationism in the 1920's," *Science & Society* 18, no. 1 (1954): 1-20; Bernard Fensterwald, "The Anatomy of American 'Isolationism' and Expansionism," *The Journal of Conflict Resolution* 2, no. 2 (1958): 111-139。

[2]　Hilde Restad, *American Exceptionalism: An Idea That Made a Nation and Remade the World* (London: Routledge, 2015), p.5.

和战事。

二、新孤立主义的定义

新孤立主义这个词汇最早出现和被使用的时间远远早于布坎南时期。早在1941年珍珠港事件发生、传统孤立主义消失不久后，时任美国副总统亨利·华莱士（Henry Wallace）在《纽约时报》撰文《橡胶与新孤立主义》最早使用了"新孤立主义"（New Isolationism）。[①] 就在华莱士"发明"新孤立主义十年后，历史学家小阿瑟·施莱辛格于1952年在《大西洋月刊》再次刊文《新孤立主义》。[②] 在这篇文章中，施莱辛格把参加共和党初选的罗伯特·塔夫脱（Robert A. Taft）和刚从朝鲜战场卸任的麦克阿瑟称为新孤立主义者。施莱辛格在文中警告美国人，孤立主义已经通过新的外交观点演变成新孤立主义，新孤立主义已经重返美国社会。施莱辛格的结论基于当时塔夫脱和麦克阿瑟的外交政策言论。塔夫脱于1952年在西雅图发表竞选演说认为，如果中国出兵中南半岛介入越南局势，美国应抛开其盟友的意见，绕开联合国的集体决议，采取单边主义政策来武力介入中国事务，如军事支持退守台湾的蒋介石集团反攻中国大陆。[③] 同时，塔夫脱也在自己的外交政策著作中反对美国增加在欧洲的驻军、反对增加对北约的军费开支，主张削减美国援助西欧盟国的马歇尔计划金额。[④] 通过在1952年与艾森豪威尔角逐共和党总统候选人提名，塔夫脱又间接地将其带有新孤立主义性质的外交政策施加于艾森豪威尔。在初选竞争愈演愈烈的情况

[①] Henry Wallace, "Rubber and the New Isolationism," *New York Times Magazine*, July 12, 1942.同见1942年《纽约时报》的报道："Wallace Warns against a New Isolationism," *The New York Times*, July 12, 1942。

[②] Arthur M. Schlesinger, Jr., "The New Isolationism," *The Atlantic*, May, 1952, accessed March 21, 2017, https://www.theatlantic.com/past/docs/politics/foreign/asiso.htm.

[③] "MacArthur War Plans Right, Says Taft in Speech," *Madera Tribune*, February 14, 1952.

[④] James Patterson, *Mr. Republican: A Biography of Robert A. Taft* (Boston: Houghton Mifflin, 1972), pp.492-493.

下，二者在纽约进行了著名的"晨边高地会面"（Morningside Heights Meeting）。为获得塔夫脱阵营的支持，艾森豪威尔不得不同意将塔夫脱的部分新孤立主义外交观点，如承诺削减军费、审查美国在欧洲的驻军和对外援助对象等，纳入共和党的竞选纲领。[①] 施莱辛格也认为，麦克阿瑟在中国问题上与塔夫脱持相似的新孤立主义观点。在朝鲜战场被解职后，麦克阿瑟在国会发表告别演说，提出对中国进行经济和海上封锁、军事侦察、大规模轰炸中国在东北用于支持朝鲜战争的军事基地和交通设施、支持国民党军队进攻大陆等单边主义计划。[②] 总之，施莱辛格把塔夫脱和麦克阿瑟这种抛开和盟友协商式多边主义、采取军事单边主义的做法称为新孤立主义。施莱辛格认为，珍珠港的硝烟尚未散尽，美国社会中的孤立主义情结（emotion）再次高涨。这种情结伴生于美国的立国精神，植根于美国的"例外主义"情结。施莱辛格分析认为，"例外主义"情结在美国有深厚的土壤，这种土壤孕育出美国人在外交中的两种思潮，即一方面美国人应专注于发展自己而不应介入欧洲的肮脏政治，另一方面美国应按照自我利益行事而不能受他国（包括美国的盟国和联合国）以及国际条约掣肘。第一种思潮在珍珠港事件后被严重打压，但第二种思潮却经由塔夫脱和麦克阿瑟再次发扬。因此，施莱辛格断定，尽管塔夫脱和麦克阿瑟在言辞上痛斥传统孤立主义，但他们实际上只是在批判珍珠港之前的"消极孤立主义"（Negative Isolationism），而他们自己却代表着传统孤立主义在"美国例外论"情结下的另一种嬗变——反对多边国际组织、反对联盟、主张美国单独行动的新孤立主义。[③]

在1956年出版的专著中，美国政治学者诺曼·格雷布纳也同样把

---

① James Patterson, *Mr. Republican: A Biography of Robert A. Taft*, p.574, p.577, p.578.

② General Douglas MacArthur, "Farewell Address to Congress," April 19, 1951, accessed April 28, 2017, http://www.americanrhetoric.com/speeches/douglasmacarthurfarewelladdress.htm.

③ Arthur M. Schlesinger, Jr., "The New Isolationism," *The Atlantic*, May 1952.

杜鲁门政府末期至艾森豪威尔政府时期的塔夫脱及其所代表的共和党保守派称为新孤立主义者。① 在这本书中，格雷布纳通过对1952—1958年艾森豪威尔政府时期的两党分歧、党内斗争、对外政策大辩论进行详细地梳理和分析，从而解释了1950年以后美国外交政策中新孤立主义思潮兴起的原因。通过研究塔夫脱等保守主义共和党人在艾森豪威尔政府时期在外交政策领域与总统的外交立场博弈，格雷布纳认为，塔夫脱党人在外交政策领域打着"美国例外论"的旗号，反对美国受到联合国的制约，主张削减美国在北约的驻军和对北约的会费，不顾盟友反对而采取对共产主义国家全面出击的"解放"战略等。格雷布纳在分析塔夫脱党人的外交政策主张时认为，新孤立主义的核心概念依然是"美国例外论"或"美国优先论"，在"美国优先论"的基础上，新孤立主义者主张美国应无视多边主义原则的束缚，不管联盟和国际组织的约束，直接采取美国自己所认为的符合美国国家利益的外交政策。②

从最早使用新孤立主义这个概念的华莱士、施莱辛格以及格雷布纳对新孤立主义的定义来看，可以发现新孤立主义的共性内容，即新孤立主义是基于"美国例外论"和"美国优先论"思想的单边主义。在珍珠港事件以后，不干涉欧洲的孤立主义已经在政治上成为"禁忌"，几乎没有人再支持美国完全退守本土而不过问欧洲事务的传统孤立主义观点。但是，在美国全面参与到世界事务的过程中，原来的新孤立主义者们依然以"美国例外论"和"美国优先论"为原则，反对美国的主权受到国际组织和多边主义的侵蚀，主张美国应该以自我利益为准绳单独行动。因此，新孤立主义政策观点的表现形式包括：反对美国接受国际组织和国际法的约束。反对美国受到多边主义协议包

---

① Norman Graebner, *The New Isolationism: A Study in Politics and Foreign Policy since 1950* (New York: Ronald Press, 1956), p.92.

② Ibid., p.6.

括多边贸易协议的约束。在对外武力干涉方面以美国的"自我利益"为目标：或者彻底地不去干涉与自己有间接关系的外部事务，或者直接绕开多边主义国际平台而独自进行单边主义式干涉。新孤立主义思想体现在美国外交政策中的实践行为主要包括：（1）反对联合国等多边主义组织或协定；（2）反对多边自由贸易；（3）反对美国的联盟体系；（4）支持单边主义的武力干涉；（5）支持彻底的不干涉政策；（6）反对对外援助。

孤立主义和新孤立主义都是基于"美国例外论"和"美国优先论"的思想，但是与新孤立主义相比，孤立主义只是"美国例外论"和"美国优先论"在二战前关于美国不介入欧洲权斗和战争的观点集合，除欧洲以外，美国在世界其他地区的政治、军事和贸易介入都是很频繁的，孤立主义也并不反对美国对这些地区的介入。与孤立主义相比，新孤立主义是"美国例外论"和"美国优先论"对二战结束后美国自由国际主义政策的反面回馈，其信仰者大多是共和党保守派。新孤立主义是共和党保守派关于反对美国接受多边主义约束和确保美国在国际社会中行动自由（无论是干涉还是不干涉）的观点集合。简单地说，新孤立主义是"美国例外论"和"美国优先论"信奉者在冷战背景下对美国自由国际主义大战略作出的外交观点回应。

第二节　研究问题

在1992年和2016年的总统大选中，共和党候选人布坎南和特朗普都提出以"美国优先"为口号的外交立场，二者在对联合国、联盟、多边贸易制度、对外干涉、移民方面提出非常相似的政策立场。然而从后续的美国外交实践来看，布坎南竞选失败，他的新孤立主义主张根本没有被当时的小布什政府或克林顿政府所采用；而特朗普则不仅成功当选，他的新孤立主义主张大部分都被付诸实践。

一、特朗普的新孤立主义竞选立场

2016年3月，在间隔不到一周的时间里，特朗普以外交政策为主题先后接受《华盛顿邮报》和《纽约时报》的专访，在访谈中表达出很多与美国外交传统相背离的观点。在《华盛顿邮报》对他的专访中，针对北约和克里米亚问题，特朗普认为克里米亚对北约尤其是西欧国家的影响要远大于对美国的影响，"为什么不是德国而是我们要带头与俄罗斯对抗从而引发第三次世界大战的危险？"针对美国与沙特、日本、韩国的关系方面，特朗普认为这三个国家经济上非常富有但一直在安全上搭美国的免费便车。特朗普声称，他如果胜选，将和这些盟国"达成（和以前）完全不同的盟约"。特朗普直言美国对中东国家所进行的"国家建设"行为是失败的，美国应集中精力于自身的国内经济建设而不是国外民主改造。① 在接受《纽约时报》的访问过程中，特朗普同样提出很多新孤立主义倾向的观点：美国不应该是"世界警察"；美日同盟内容是不公平的，美国分担的责任太多；北约是"过时的"（obsolete），美国对北约的花销太大，北约盟友付费太少；美国的人道主义干涉不能用普适性标准来指导。这是特朗普自党内初选以来首次抛出带有新孤立主义倾向的外交观点。

2016年4月，特朗普首次发表以外交政策为主题的竞选演说。在演说中，特朗普完全否定美国自里根政府以后的外交政策、外交实践和外交理念，声称要从理念和原则上重新修订美国过去的外交战略，重新以"美国优先"这个孤立主义倾向明显的口号作为美国外交政策的指导原则。首先，在美国传统的对外干涉主义政策层面，特朗普对美国在冷战后的武力干涉行为提出严厉批评。特朗普认为，美国以民主改造和人权为"普世主义"指导原则，对伊拉克、利比亚和叙利亚

① "A Transcript of Donald Trump's Meeting with the Washington Post Editorial Board," *The Washington Post*, March 21, 2016.

进行盲目干涉，从而导致中东出现混乱局面，极端主义势力如"伊斯兰国"才有兴起之机会，美国的干涉主义政策造成中东地区的政治混乱。其次，针对美国政府历来基于自由主义信仰而坚持的"民主和平论"思维，特朗普也提出尖锐批评："（美国试图武力干涉别国内政的行为）起源于美国那种危险的思想，这种思想认为我们可以在那些毫无民主经验或不喜欢民主的国家之中构建民主制度。我们把他们原有的体制打破，结果却释放出连我们都感到惊讶的东西。"最后，在美国的联盟体系层面，特朗普认为美国历来在联盟的防务费用方面担负过大压力，而北约的28个成员中只有4个国家的防务开支满足占其国内生产总值2%的要求，特朗普要求北约盟国必须增加"资金、政治和人力资源方面的贡献"。[①] 在本次演讲中，特朗普对美国自由国际主义外交思想中的干涉主义、民主和平论、联盟政策提出抨击。[②]

同年6月，特朗普首次发表以对外贸易政策为主题的演说。特朗普在本次演说中系统而全面地表达出他对美国自立国以来就坚定奉行的自由贸易政策的反对立场。在受全球自由贸易冲击严重的"钢铁之城"匹兹堡，特朗普对全球化和美国的自由贸易政策提出严厉批评："全球化让我们国家的上层精英富可敌国进而捐款给那些政客们，但全球化却让几百万美国工人处于穷困潦倒的境地。"特朗普认为，正是全球化背景下的自由贸易导致美国工人大量失业，"全球化让我们的中产阶级完全消失"；特朗普相信，美国在冷战后作出的两个最具灾难性的贸易决策是加入《北美自由贸易协定》和让中国加入世贸组织，正是美国政府在谈判和签署自贸协定时不顾美国工人的利益诉求，坐视外国政府对他们的比较优势产品进行国家补贴，从而通过不公平的贸易竞争

---

① 特朗普在2016年发表批评北约的言论时，黑山和北马其顿尚未加入北约，故北约当时只有28个成员。

② 以上观点来源于特朗普于2016年4月在华盛顿的外交演说原文，见特朗普的官方竞选网站：https://www.donaldjtrump.com/press-releases/donald-j.-trump-foreign-policy-speech，访问日期：2017年5月11日。

政策击垮美国劳动力密集型制造业。基于此，特朗普在演说中向选民作出反对经济全球化和贸易自由化的七点承诺：退出《跨太平洋伙伴关系协定》（TPP）、任命贸易保护主义者为美国的贸易谈判代表、任命商务部长对违背贸易协定（如政府补贴或操纵本国汇率）的国家直接进行经济制裁、重新谈判《北美自由贸易协定》（NAFTA）条款、让财政部长把中国标定为"汇率操纵国"、任命新的贸易代表在世贸组织向中国提起贸易诉讼、启动美国贸易法中的"301条款"对中国进行制裁。[①] 特朗普将美国贸易赤字、中产阶级萎缩、高失业率的原因偏执和错误地归结于全球化、贸易自由化与中美贸易，主张采取重商主义和贸易保护主义政策，这也成为特朗普在选举中赢得蓝领工人和中产阶级选票的核心竞选口号。

除此之外，特朗普还在多处场合对美国自由国际主义外交内容中的其他多边主义平台提出批评和反对。特朗普批评联合国，认为联合国只是一个"人们聚集在一起聊天打发时间的俱乐部"，是"浪费时间和金钱"的国际组织，联合国带来的国际问题比它可以解决的国际问题还多。[②] 针对全球瞩目的气候变暖问题，奥巴马政府全面参与2015年的巴黎全球气候变化大会并随后签署《巴黎协定》。特朗普在选举中对这个具有多边主义性质的全球治理成果进行攻击。特朗普首先在他的个人社交平台推特上声称"全球变暖是中国为了欺骗美国而制造的假象"。[③] 特朗普认为《巴黎协定》使美国在能源开放方面受到严重限制，

---

① 以上观点来源于特朗普在匹兹堡的演说全文，参见："Full Transcript: Donald Trump's Jobs Plan Speech," http://www.politico.com/story/2016/06/full-transcript-trump-job-plan-speech-224891，访问日期：2017年3月21日。

② "Trump Re-Ups Criticism of United Nations, Saying It's Causing Problems, Not Solving Them," *The Washington Post,* December 28, 2016.

③ "China Tells Trump Climate Change Is Not a Chinese Hoax," *The Washington Post*, November 17, 2016.

他声称一旦入主白宫，将采取最快手段让美国退出这个协定。^① 在特朗普看来，国际机制和多边主义已经不再是美国全球霸权格局的重要工具，而是束缚美国行动自由的牢笼。总之，特朗普在竞选中抛出的新孤立主义外交立场是冷战结束以后历届总统候选人中最为明显的。

二、布坎南和佩罗特的新孤立主义竞选立场

非常巧合的是，特朗普在对外政策中提出的"美国优先"口号与20世纪30年代孤立主义思潮鼎盛时查尔斯·林白（Charles Lindbergh）领导下的"美国优先委员会"（America First Committee）一致。^② 这个口号也与20世纪90年代初新孤立主义思潮盛行时帕特里克·布坎南喊出的竞选口号一致。^③ 从特朗普的外交观点来看，他在很多议题领域与1992年大选中的独立候选人罗斯·佩罗特持有类似观点。无论是特朗普、布坎南，还是佩罗特，他们的外交观点都具有明显的新孤立主义特点。

在1992年大选中，具有商人背景的佩罗特在竞选中提出很多与美国外交正统相违背的观点。在决定参选前，佩罗特就极力反对海湾战争，他认为像科威特这种体制的国家不值得美国大张旗鼓地出兵保护。^④ 佩罗特曾于1990年公开督促参议院拒绝批准布什的战争决议。^⑤ 在内政外交政策方面与布什政府分歧严重的背景下，佩罗特于1992年初春突然宣布以独立候选人身份参选。在外交政策领域，佩罗特提出和布坎南、特朗普"美国优先"标语相类似的口号——"从国内开始"

---

① "Trump Seeking Quickest Way to Quit Paris Climate Agreement," *The Guardian*, November 13, 2016.

② 关于林白领导的"美国优先委员会"及其政策主张，参见：Wayne S. Cole, *America First: The Battle against Intervention, 1940–1941* (Madison: University of Wisconsin Press, 1953)。

③ Patrick J. Buchanan, "America First—and Second, and Third," *The National Interest*, no.19 (1990): 79.

④ "Ross Perot, One-Way Wizard," *The New York Times*, April 24, 1992.

⑤ "Waiting for Perot," *The New York Times*, June 3, 1992.

（Start at Home），即"先把我们自家的房子整理有序，先让我们自己的国家运转良好"。^①佩罗特在国际机制、自由贸易、对外干涉、对外援助和联盟政策方面提出具有孤立主义倾向的观点。在国际机制方面，佩罗特认为，冷战已经结束，但美国在很多领域建构的国际机制都是冷战开始时的战略构想，这些机制已经"又老又过时"（old and out of date），美国需要重新改组国防部、国务院和其他外事机构以应对地位已经发生变化的那些国际组织如联合国、关贸总协定（GATT）、世界银行和国际货币基金组织。佩罗特在他的竞选著作中暗示美国需要削减那些在冷战时期对外援助或驻外机构的"不必要"开支。^②在对外贸易领域，佩罗特强烈反对《北美自由贸易协定》。在1992年的总统辩论中，佩罗特称《北美自由贸易协定》会使工作机会大量流向与墨西哥接壤的南方地区。^③佩罗特支持对外贸易，但他和特朗普一样，认为当下的双边贸易协定，尤其是和日本、欧洲、墨西哥的贸易协定是不公平的。在对外干涉方面，佩罗特认为美国当然要反对"暴君"和"流氓政府"式的国家，但除非美国的"关键利益"（vital interests）受到冲击，否则美国不应带头干涉而应该让他国去干涉，美国只需对这种干涉进行道义上的支持。^④在联盟政策方面，佩罗特认为北约成员和日本必须为美国在当地的驻军提供更多的经费支持，分担更多的责任。同时，"必须发展出新的北约替代机制"以弥补安全形势已经发生变化的欧洲。"我们不会再同意欧洲需要美国军队来保卫其边界的观点"，"我们也不会再花美国纳税人的钱保护欧洲国家自己的内部纷争"。佩罗特相信，苏联解体以后，欧洲的安全问题需要欧洲国家自己解决，美国

---

① Ross Perot, *United We Stand: How We Can Take Back Our Country* (New York: Hyperion Books, 1992), p.99.

② Ibid., p.100.

③ "The 1992 Campaign: Transcript of 2nd TV Debate between Bush, Clinton and Perot," *The New York Times*, October 16, 1992.

④ Ross Perot, *United We Stand: How We Can Take Back Our Country*, p.108.

只能充当辅助作用。[①] 1993年败选后，佩罗特并未退出政治生活，在克林顿政府推动北美自由贸易协定谈判并且国会通过的背景下，他专门撰写出反对《北美自由贸易协定》的著作以警告自由贸易对美国产业、环境、技术和就业的危害。[②] 从佩罗特的竞选立场来看，他的外交观点同样与美国的自由国际主义外交背离。尽管在冷战结束后，美国政策界就美国外交向何处去进行过长期争论，但即使是最具现实主义思维方式的战略家也并未像佩罗特那样在如此多的领域向美国在冷战期间的外交传统提出挑战。佩罗特的外交政策无疑是反传统和叛逆式的。[③]

在外交领域，与佩罗特的反正统思维相类似的还有在共和党初选中"昙花一现"的共和党古典保守主义（paleoconservative）代表布坎南。在冷战行将结束的1990年，布坎南先是在《国家利益》撰文描述其对未来美国外交走向的详细构想。布坎南以"美国优先"为口号、以强烈的民族主义民意基础来标榜其新孤立主义思想。在《美国第一——第二和第三》这篇文章中，布坎南认为，由于苏联已经被严重削弱，美国在防务领域继续保护西欧的成本巨大且没有意义。因此，美国应对欧洲采取"脱离接触"（disengagement）战略。在西半球，布坎南呼吁美国关闭其在欧洲的军事基地以换取苏联关闭其在美洲的军事基地，"门罗主义"应重新成为指导美国西半球政策的基石。在亚洲，布坎南认为韩国的经济发展已使其具备对抗朝鲜的实力，美军撤出朝鲜半岛既有经济效益又有军事效益（战争爆发时美军的伤亡会降低）。在对外援助和干涉政策方面，布坎南认为，美国对外援助的时代已经随着冷战的结束而结束；民主制度不具有普适性，美国以民主推广为由进行的全球军事干涉是"支持全球主义者运动"（Globalist Crusade）和浪费

[①]　Ross Perot, *United We Stand: How We Can Take Back Our Country*, p.103.

[②]　Ross Perot, *Save Your Job, Save Our Country: Why NAFTA Must Be Stopped—Now!* (New York: Hyperion Books, 1993).

[③]　关于冷战后美国战略界对美国外交政策的争论参见：Barry Posen, Andrew Ross, "Competing Visions for US Grand Strategy," *International Security* 21, no. 3 (1996): 5-53。

财富的错误行为。[①]

　　为了在总统初选中宣扬其新孤立主义外交主张，布坎南频繁在其企业所属的报社刊文批判克林顿政府的外交政策。他批评国际货币基金组织成为榨取美国公民税收的超国家组织，断言《北美自由贸易协定》关于贸易制裁和投资优势的限制伤害美国主权，警告毫无意义的对外援助浪费纳税人的财富，反对克林顿政府在索马里、波斯尼亚和海地的干涉行动。[②] 在全面宣扬收缩和撤退的本土主义外交思想时，布坎南在某些方面则比当时的克林顿政府还激进。布坎南极力反对美国参加冷战后的美俄军控谈判。他认为，鉴于其他国家已经发展出成熟的弹道导弹技术，美国应以里根总统时期的"战略防御计划"（Strategic Defense Initiative）为基础继续发展反导能力，寻求美国对其他国家在导弹防御技术领域的绝对优势和美国的绝对安全。针对海湾战争，布坎南的观点和佩罗特不谋而合：科威特并非民主国家，美国没必要出兵伊拉克。在1992年的第19届保守主义阵营会议上，布坎南发表演讲抨击布什政府的中东政策，其政策思路与其后特朗普在竞选中抨击奥巴马政府中东政策时的思路如出一辙。布坎南认为，正是美国在中东地区的武力干涉导致宗教激进主义、恐怖主义和伊朗的崛起。[③] 除此之外，布坎南对自由贸易的抨击最受选民关注，他在接受采访时针对美国的自由贸易政策批评道："日本和欧洲正在采用保护主义和敌对贸易政策。""我们还想让美国变成世界上最大的制造工业国家吗？""我们需要解决这个全国性的失业问题。"布坎南主张美国应该通过保护主义

---

①　Patrick J. Buchanan, "America First—and Second, and Third," pp.80-81.

②　以上所有观点都来自布坎南发表于保守主义性质的刊物 *Human Events* 中的文章，文章观点依次可参见："IMF Wants to Soak U.S. Taxpayer-Again," October 14, 1989; "NAFTA Threatens Sovereignty," September 18, 1993; "Massive Foreign Aid Must End," July 3, 1993; "US Should Stay out of Bosnia Conflict," May 15, 1993; "US Enters Quagmires in Somalia and Bosnia," September 11, 1993; "Where Our Haitian Policy Went Wrong?" October 23, 1993。

③　"Buchanan Attacks Bush on Gulf War," *Deseret News*, February 21, 1992.

和重商主义的贸易政策来解决国内工人失业和制造业转移问题。① 布坎南这种兼具军事收缩主义和贸易保护主义的外交思想在当时被称为"布坎南主义",他也成为冷战后被学界援引最多的新孤立主义者。②

因此,无论是1992年大选布坎南以"美国优先"为其外交核心思想,还是佩罗特以"从国内做起"为其外交核心原则,二者在形式和内容方面都与2016年大选中特朗普的外交主张十分相似:从佩罗特、布坎南到特朗普都从大战略方向对美国传统的自由国际主义提出质疑和挑战,针对联合国、北约、美国对外武力干涉以及多边贸易制度都提出新孤立主义的竞选立场。

三、不同的政策现实与实践结果

三者在新孤立主义外交主张方面高度相似,而其选举结果赫然迥异:主张新孤立主义的佩罗特和布坎南在选举中惨败给当时主张自由国际主义的克林顿,克林顿则继续推行自由国际主义大战略;主张新孤立主义的特朗普则以出人意料的结果击败主张自由国际主义的希拉里,特朗普则在实践中采取了很多新孤立主义的政策行为。

布坎南在1992年初选中的出色表现仅限于新罕布什尔州,随后的竞选成绩则渐趋平庸。③ 尽管在大选中以独立候选人的身份历史性地拿到19%的普选票,但佩罗特却并未赢得选举人票数。④ 可以说,布坎南实际上并未进入1992年的主流选举,而佩罗特尽管受到部分选民的热情支持,他的选票有部分来自布什和克林顿支持者的分流,但从选

---

① "Exclusive Human Events Interview: Buchanan on the Issues," *Human Events*, February 8, 1992.

② "The Buchanan Doctrine," *The New York Times*, October 3, 1999.

③ 1992年共和党初选选票数据参见:Paul Abramson, John Aldrich, David Rohde, *Change and Continuity in the 1992 Election* (Washington, D.C.: CQ Press, 1995), pp.28-30。

④ 1992年大选结果和选票分布参见:Gerald M. Pomper, *The Election of 1992: Reports and Interpretations*, pp.136-137。

票上来看，民主党和共和党的主流选民依然支持他们自己党内的候选人。[①]佩罗特的参选的确对共和党输掉大选的影响更大，但1992年的总统选举并未使美国政治建制派的实力和治国思路发生根本改变。布坎南和佩罗特所强调的"美国优先""专注国内""反对《北美自由贸易协定》""反对对外干涉""与欧洲的盟约已经过时"等外交观点在克林顿政府时期根本没有得到克林顿总统的执行。尽管国会中的共和党人有很多新孤立主义的主张，但总统还是在整体的美国外交中对其进行有效的抵制。克林顿上任以后，于1995年在其国家安全事务助理安东尼·莱克（Anthony Lake）的主持下制定出以"接触和扩展战略"（Engagement and Enlargement）为核心的新国家安全战略。"接触和扩展战略"以维护美国安全、经济繁荣和促进全球民主为目标，通过整合地区盟友体系、促进全球贸易自由化、强化多边政治机制等内容来提升美国对全球政治、经济、安全秩序的掌控。[②]新的国家安全战略从理念上完全沿用美国政府自二战结束以来的自由国际主义战略：全球秩序、多边机制、全球市场、自由贸易、民主推广。随后，克林顿政府不顾工会和贸易保护主义的反对，推动美国加入《北美自由贸易协定》；同时，克林顿政府以人权高于主权和更宽泛的"国家利益"界定为由对波斯尼亚危机和科索沃进行干涉。[③]克林顿政府也积极参加政治多边机制。因此，无论是布坎南对共和党还是佩罗特对民共两党的冲击都未能从根本上唤起基础选民对美国自由国际主义传统的排斥和反对，新孤立主义在克林顿时期根本没有占据美国外交的主流。

反观特朗普政府执政后的新孤立主义实践，可以发现特朗普极度重视向支持他的核心选民（共和党保守派）兑现竞选时的承诺，特朗

---

① Gerald M. Pomper, *The Election of 1992: Reports and Interpretations*, p.141.

② "A National Security Strategy of Engagement and Enlargement," February 1995, accessed March 21, 2017, http://history.defense.gov/Historical-Sources/National-Security-Strategy/.

③ "A National Security Strategy for a New Century," December 1999, accessed March 21, 2017. http://history.defense.gov/Historical-Sources/National-Security-Strategy/.

普在外交政策中采取了很多迎合保守派和新保守派的新孤立主义主张。例如，特朗普不顾其自由派外交顾问的反对，宣布美国退出保守派极力反对的多边外交协定——《伊朗核问题全面协议》；特朗普不顾联合国和安理会的反对，采取单边主义行为将美国驻以色列大使馆迁往耶路撒冷；特朗普及其驻联合国代表多次激烈批评联合国，宣布美国退出联合国教科文组织；在保守派的支持和施压下，特朗普宣布退出《巴黎协定》；在面对美国制造业聚集的蓝领工人对于保护主义的诉求压力时，特朗普在贸易政策方面采取大量的反多边自由贸易政策。例如，特朗普上任3天就直接宣布美国退出《跨太平洋伙伴关系协定》。为兑现其反自由贸易的竞选承诺，特朗普利用总统权力强行使用美国贸易法中的"232条款"来作为其加征保护主义关税的工具。基于美国多年来对世界贸易组织的上诉机构判决的不满，特朗普干脆阻挠世界贸易组织上诉机构法官的任命，使世界贸易组织面临停摆危机。特朗普也在重新谈判《北美自由贸易协定》的过程中多次威胁退出该协定。在新的《美加墨自由贸易协定》谈判结束后，特朗普又警告国会要么投票支持要么美国就永久退出《北美自由贸易协定》。在对外干涉方面，特朗普完全无视美国撤离中东地区后可能带来的混乱后果，不顾自由国际主义者时任国防部长马蒂斯等人的反对，执意命令美军从叙利亚和阿富汗撤军。特朗普也非常轻视美国的对外援助，在蒂勒森当政国务院期间，特朗普命令蒂勒森以削减国务院开支为名义大幅削减美国对外援助经费。特朗普上任后，美国在外交领域对新孤立主义主张的实践程度达到新的顶点。

四、研究问题

从以上布坎南、佩罗特以及特朗普之间的对比可以发现，特朗普与布坎南、佩罗特在竞选中面临着相似的政治、经济和其他选民舆情背景，但布坎南和佩罗特在1992年的大选中或者处于边缘、或者未能拿到选举人票，而特朗普却在部分关键州取得出人意料的微弱优势，从而在选举人票总数上以74票的优势击败希拉里。选举结束后，曾经要求重新谈判《北美自由贸易协定》的克林顿政府还是通过了这个自贸协定，克林顿政府也在外交上继续奉行自由国际主义大战略。然而，特朗普在执政后并未向克林顿那样遵循自由国际主义外交传统，而是"言行一致"地在政策实践中尽力兑现他的竞选承诺：退出《跨太平洋伙伴关系协定》、在美墨边境修墙（反移民）、退出《巴黎协定》、退出伊朗核问题协议、退出联合国下属的部分国际组织、将美国驻以色列使馆迁往耶路撒冷、阻挠甚至威胁解散世界贸易组织等外交承诺、试图结束阿富汗战争。这说明，非常重视向选民兑现其承诺的特朗普所采取的外交政策反映出美国公众对新孤立主义的支持正在增加，这种民意趋势使总统的孤立主义外交政策由原来的停留于竞选言论发展到今天的大规模政策实践。这也说明，当今的美国社会在反多边自由贸易议题方面的立场和情绪已经演化到新的高度，反自由贸易的民意对总统的政治压力已非1992年选举后的民意压力可比。同时，共和党保守主义影响下的特朗普在外交政策领域也越来越多地具有单边主义倾向，保守主义外交政策对总统决策的影响也非1992年冷战刚刚结束时的影响可比。那么，从冷战结束（1991年）到特朗普当选前的这段时间内，美国国内政治、经济到底发生了什么样的演变？美国国内经济和政治的演变如何使美国的新孤立主义从布坎南到特朗普时期发生如此巨大的变化？

第三节　文献回顾与研究意义

从本书提出的问题角度来看，当前学界有关美国新孤立主义起源、发展和演变的动态研究并不多，而对于冷战结束后美国各个阶段新孤立主义发展动因的研究成果则更少。在当前关于特朗普新孤立主义现象的研究中，大量的研究成果主要集中于或者暗示性地解释了特朗普的胜利及其背后所代表的民粹主义政治力量的胜利。从选举政治的角度来说，特朗普及其所代表的政治力量崛起的原因是多方面的，具体包括：种族、经济、中产阶级、文化认同、贸易自由化、政治心理、政治极化、收入差距等原因。① 然而，解释特朗普胜利当选的原因不能直接解释特朗普采取的对新孤立主义外交观点的实践行为，虽然这两种现象背后的原因之间既存在内在关联性又存在重合。在内在关联性

① 关于特朗普胜选原因的多方面研究包括：（1）白人中产阶级经济社会情况层面的：Justin Gest, *The New Minority: White Working Class Politics in an Age of Immigration and Inequality* (New York: Oxford University Press, 2016); Robert D. Putnam, *Our Kids: The American Dream in Crisis* (New York: Simon & Schuster, 2015); Joan Williams, *White Working Class: Overcoming Class Cluelessness in America* (Boston: Harvard Business Review Press, 2017); Lee Goldman, Maribel P. Lim, Qixuan Chen, "Independent Relationship of Changes in Death Rates with Changes in US Presidential Voting," *Journal of General Internal Medicine*, (2018): 1-9; Jason H. Wasfy, Charles Stewart, Vijeta Bhambhani, "County Community Health Associations of Net Voting Shift in the 2016 U.S. Presidential Election," *PLOS ONE* 12, no. 10 (2017): 1-11;（2）政治心理学层面的：Diana C. Mutz, "Status Threat, Not Economic Hardship, Explains the 2016 Presidential Vote," *Proceedings of the National Academy of Sciences* 115, no. 19 (2018): 4330-4339; Mari Fitzduff, ed., *Why Irrational Politics Appeals: Understanding the Allure of Trump* (Santa Barbara: Praeger, 2017);（3）民粹主义层面的：Peter Kivisto, *The Trump Phenomenon: How the Politics of Populism Won in 2016* (Bingley: Emerald Publishing, 2017); Salena Zito, Brad Todd, *The Great Revolt: Inside the Populist Coalition Reshaping American Politics* (New York: Crown Forum, 2018);（4）种族层面的：Matthew D. Luttig, Christopher M. Federico, Howard Lavine, "Supporters and Opponents of Donald Trump Respond Differently to Racial Cues: An Experimental Analysis," *Research and Politics* 4, no. 4 (2017): 1-8;（5）政治极化层面的：Dante J. Scala, Kenneth M. Johnson, "Political Polarization along the Rural-Urban Continuum? The Geography of the Presidential Vote, 2000–2016," *The ANNALS of the American Academy of Political and Social Science* 672, no.1 (2017): 162-184; Ragan Robichaux, *American Political Party Polarization: The 2016 Presidential Election Cycle in Comparison*, (San Antonin: ProQuest Dissertations Publishing, 2017); Gary C. Jacobson, "Polarization, Gridlock, and Presidential Campaign Politics in 2016," *The ANNALS of the American Academy of Political and Social Science* 667, no.1 (2016): 226-246; Gary C. Jacobson, "The Triumph of Polarized Partisanship in 2016: Donald Trump's Improbable Victory," *Political Science Quarterly* 132, no.1 (2017): 9-41; Joshua N. Zingher, "Polarization, Demographic Change, and White Flight from the Democratic Party," *The Journal of Politics* 80, no. 3 (2018): 860-872;（6）收入差距（经济不平等）层面的：William W. Franko, "Political Context, Government Redistribution, and the Public's Response to Growing Economic Inequality," *The Journal of Politics* 78, no. 4 (2016): 957-973; Timothy Hicks, "Inequality and Electoral Accountability: Class-Biased Economic Voting in Comparative Perspective," *The Journal of Politics* 78, no. 4 (2016): 1076-1093。

方面，支持特朗普的共和党自由至上主义者（libertarian）主张美国不应介入世界其他事务，支持特朗普（传统意义上支持共和党）的低教育程度农村白人中也有很大的比例反对美国介入世界事务，支持特朗普的白人种族主义者也反对开放移民政策且主张驱逐非法移民。[①] 在重合的方面，支持特朗普保护主义主张的蓝领工人既是特朗普胜选的部分原因，也是特朗普为兑现竞选承诺采取反多边自由贸易立场的关键原因；支持特朗普的保守主义共和党人既是特朗普胜选的部分原因，也是特朗普在外交政策领域采取单边主义（反对多边国际组织和协议）的关键原因。从促进特朗普采取反贸易自由化和单边主义的直接原因角度出发，本书将对促使特朗普时期新孤立主义观点被大量付诸实践的直接原因进行研究。

一、现有研究的不足

在关于特朗普为何会采取如此激烈的反多边自由贸易立场的研究方面，现有的研究大多数集中于当前美国贸易自由化政策对制造业的冲击情况以及这种冲击对制造业工人总体投票行为的影响，并从理论角度来阐述自由贸易对制造业的一般性冲击后果，如利用贸易和就业数据来论证自由贸易与收入差距扩大、制造业失业增加、制造业工人工资下降、工会削弱的关联性。自20世纪80年代开始，美国经济学界就开始有意识地建构自由贸易和工人经济状况的关系理论。

鉴于美国在制造业产品方面的贸易赤字从20世纪80年代开始出现，美国经济学界关于贸易与制造业相关性研究的主要成果也产生于80年代。1988年由劳拉·泰森（Laura Tyson）和威廉·迪肯斯（William

---

① Brenda Major, Alison Blodorn, Gregory Major Blascovich, "The Threat of Increasing Diversity: Why Many White Americans Support Trump in the 2016 Presidential Election," *Group Processes & Intergroup Relations* 21, no. 6 (2018): 931-941; Eric Knowles, Linda Tropp, "The Racial and Economic Context of Trump Support: Evidence for Threat, Identity, and Contact Effects in the 2016 Presidential Election," *Social Psychological and Personality Science* 9, no. 3 (2018): 275-284.

Dickens）合作编著的《贸易与就业的原理》首次从比较全面的产业评估角度分析了自由贸易对当时美国各类制造业的冲击程度。[1] 在1988年的论文中，学者阿兰·布林德（Alan Blinder）首次对传统的自由贸易经典理论——比较优势理论提出质疑，认为自由贸易是造成美国国内部分产业高失业率的重要原因。[2] 在1995年综合性评估自由贸易对美国国内制造业冲击情况的研究中，学者凯瑟琳·斯威考斯卡（Catherine Sveikauskas）认为美国从80年代开始出现的贸易赤字间接地影响着国内就业率。[3] 同年，经济学界理查德·弗里曼（Richard Freeman）首次提出中国对美出口的负面效应论点。弗里曼在论文中认为，第三世界国家尤其是中国在劳动力方面的比较优势肯定会让美国制造业受到巨大冲击，这种冲击主要体现在低技能需求产业方面。[4] 在1999年的研究中，学者罗伯特·费恩斯特拉（Robert Feenstra）和戈登·汉森（Gordon H. Hanson）对美国1990年至1997年的就业和工资情况进行研究发现，技术进步和自由贸易共同造成制造业工人和非制造业工人之间的相对工资差距。[5]

在2000年的研究中，学者费恩斯特拉公开提出国际贸易所造成的赤字问题以及对美元汇率的影响间接地对制造业工资形成负面冲击。[6] 在2006年的研究中，詹森·布拉福德（Jensen Bradford）等学者专门

[1] Laura Tyson, William Dickens, John Zysman, *The Dynamics of Trade and Employment* (Cambridge: Ballinger Publishing Company, 1988).

[2] Alan Blinder, "The Challenge of High Unemployment," *American Economic Review* 78, no. 2 (1988): 1-15.

[3] Catherine Sveikauskas, *The Impact of Trade on United States Employment* (New York: Garland Publishing, 1995).

[4] Richard Freeman, "Are Your Wages Set in Beijing?" *Journal of Economic Perspectives* 9, no. 3 (1995): 15-33.

[5] Robert C. Feenstra, Gordon H. Hanson, "The Impact of Outsourcing and High-Technology Capital on Wages: Estimates for the United States, 1979-1990," *The Quarterly Journal of Economics* 114, no. 3 (1999): 907-940.

[6] *The Impact of International Trade on Wages*, Robert Feenstra, ed., NBER Conference Volume, (Chicago: University of Chicago Press, 2000).

就美国与低技能劳动力国家的贸易影响进行研究。根据美国1977年至1997年的产业数据，研究发现就制造业的总体情况来看，低技能劳动力国家的贸易增长越多，美国制造业工厂的数量降幅越大。就产业内数据来看，很多制造业会根据进口压力的情况而不断更改其生产方向进而导致工人失业。[①] 在2008年的论文中，著名经济学家保罗·克鲁格曼（Paul R. Krugman）对与低技能劳动力国家的贸易效应进行再思考。[②] 克鲁格曼认为，20世纪90年代的研究成果显示，低技能劳动力国家对美国出口所造成的工资冲击尽管存在但并不明显，然而随着自由贸易实践的发展，发展中国家已经牢牢把控在劳动力密集型产品方面的对美出口市场，这导致美国国内部分产业的凋零和制造业工资分配差距拉大的速度正在增加。克鲁格曼在研究中暗示，经济学界低估了自由贸易对美国工资差距的影响。[③] 如果说克鲁格曼在研究中重新发现比较优势理论对工资差距的负面效应，那么普山·杜特（Pushan Dutt）等学者则在2009年对比较优势理论模型进行新的模型分析，对很多导致失业的其他国内变量进行控制，从而得出贸易自由化程度（贸易开放程度）与失业率呈现高度的相关关系。[④]

在2011年的研究中，唐纳德·戴维斯（Donald R. Davis）等学者在传统模型的基础上利用新的理论模型对制造业数据进行新的提取方式并分析认为，对于那些更加重视自己工作的工人来说，贸易自由化

① Andrew B. Bernard, Jensen J. Bradford, Peter K. Schott, "Survival of the Best Fit: Exposure to Low-Wage Countries and the (uneven) Growth of U.S. Manufacturing Plants," *Journal of International Economics* 68, no.1 (2006): 219-237.

② 克鲁格曼曾认为自由贸易对制造业工资差距的影响不大，参见：Paul R. Krugman, "Intra-industry Specialization and the Gains from Trade," *Journal of Political Economy* 89, no. 5 (1981): 959-973。

③ Paul Krugman, "Trade and Wages, Reconsidered," *Brookings Papers on Economic Activity*, Spring 2008, pp.103-137.

④ Pushan Dutt, Mitra Devashish, Priya Ranjan, "International Trade and Unemployment: Theory and Cross-National Evidence," *Journal of International Economics* 78, no. 1 (2009): 32-44.

造成 1/4 的工资高于平均工资岗位的流失，自由化的失业效应对于那些制造业中高于平均工资岗位的冲击效果是积聚性的。[①] 同年，政治学者尤塔姆·马加利特（Yotam Margalit）直接对美国自由贸易的"受害者"如何投票进行研究。利用 1996 年至 2014 年受贸易冲击失业工人的数据，马加利特对他们的投票行为进行分析后发现，在投票过程中，那些受到外国出口冲击的当地制造业失业工人（尤其是由于企业将生产线转移至国外）会更多地选择改变对在任总统的支持。在这些工人当中，受到政府失业救助的工人对现任总统的反对情绪可能要略低。马加利特是首位明确地将自由贸易政策与政治选举结果相结合进行研究的学者。[②] 在 2013 年的研究中，乔丹诺·米昂（Giordano Mion）等学者专门就经济合作与发展组织（OECD）国家制造业与中国贸易的经济影响进行研究。通过使用从 1996 年至 2007 年的产业数据，研究发现，中国对经济合作与发展组织国家出口造成的影响和其他发展中国家出口的影响不可同日而语。与其他发展中国家出口造成温和的冲击不同，中国出口的确从数据上明显地降低了这些国家的就业率。[③] 在 2014 年，阿维拉姆·艾本斯坦（Avraham Ebenstein）等学者直接对制造业对外转移和贸易影响美国工人的工资情况进行关联性研究。艾本斯坦研究的受自由贸易冲击的范围既包括受贸易冲击的制造业，也包括受贸易冲击的非贸易性职业。艾本斯坦的研究结论是，如果从整体的职业工资角度来看，贸易自由化对整体工资的影响不明显，但是如果只从制造业和服务业来看，那些从事常规性制造业岗位的工人受到的冲击是最为明显的。从 1984 年至 2002 年，美国每增加 10% 进口，蓝领工人的工

[①] Donald R. Davis, James Harrigan, "Good Jobs, Bad Jobs, and Trade Liberalization," *Journal of International Economics* 84, no. 1 (2011): 26–36.

[②] Yotam Margalit, "Costly Jobs: Trade-Related Layoffs, Government Compensation, and Voting in US Elections," *American Political Science Review* 105, no.1 (2011): 166–188.

[③] Giordano Mion, Linke Zhu, "Import Competition from and Offshoring to China: A Curse or Blessing for Firms?" *Journal of International Economics* 89, no. 1 (2013): 202-215.

资就降低3%。如果使用1997年至2002年的数据，蓝领工人的工资降幅为4.4%。从1997年至2002年，企业向低工资国家的海外转移每增加10%，蓝领工人的工资就降低2%。从1984年至2002年，受贸易冲击的工人在重新寻找新的工作时，工资降低了12%—17%，工资降低的原因主要是美国制造业的工资总体上要高于服务业（在技能需求相等的背景下）。艾本斯坦还在研究中发现，贸易对美国就业的冲击在1995年以前不是非常明显，但是在1995年以后冲击的力度却突然明显增加。[①]
在2015年的研究中，洛伦佐·卡列多（Lorenzo Caliendo）等学者再次证实自由贸易的负面效应，通过使用美国50个州和22个产业领域的大数据，研究认为自由贸易所造成的进口冲击是负面的，具体表现是美国工人的福利待遇以及工资都在下降，同时还导致大量的失业情况。[②]
同年，著名的贸易学者詹姆斯·费根鲍姆（James J. Feigenbaum）对那些受中国出口冲击严重的国会选区的议员投票行为进行研究。他分析这些选区自1990年至2010年的进口和就业数据以及选区议员的投票记录后发现，受中国出口冲击严重的选区的众议员在设计贸易政策方面的投票取向更具有保护主义态度。[③]

特朗普在竞选过程中抛出激烈的反贸易自由化口号以及特朗普在2016年大选中的胜利使经济学者们更多地开始重新审视美国贸易自由化政策的政治结果。以往的总统候选人尽管在竞选中高举保护主义大旗但依然在执政后继续推行自由贸易政策，特朗普在贸易政策方面的行为则体现出他真的非常注重兑现自己保护主义的竞选承诺。基于此，

[①] Avraham Ebenstein, Ann Harrison, Margaret McMillan, Shannon Phillips, "Estimating the Impact of Trade and Offshoring on American Workers Using the Current Population Surveys," *The Review of Economics and Statistics* 96, no. 4 (2014): 581-595.

[②] Lorenzo Caliendo, Maximiliano Dvorkin, Fernando Parro, "The Impact of Trade on Labor Market Dynamics," *NBER Working Paper*, no. 21149 (May, 2015).

[③] James J. Feigenbaum, Andrew B. Hall, "How Legislators Respond to Localized Economic Shocks: Evidence from Chinese Import Competition," *The Journal of Politics* 77, no. 4 (2015): 1012-1030.

美国学者开始更多地研究受自由贸易负面冲击的选民是如何投票的。在2017年的研究中，埃里卡·欧文（Erica Owen）的研究重点已经超越传统的自由贸易是否会造成大规模失业这个问题，而将研究问题集中于自由贸易对个体工人的具体影响。利用2003年至2013年的就业数据，作者认为，自由贸易对美国制造业的负面影响这个结论已经是毋庸置疑的，但是具体到受进口和产业转移影响的产业方面，不同制造业岗位受到进口的冲击程度有所区别。其中，从事日常规律工作的制造业岗位受到自由贸易冲击的力度最大，因而属于此类岗位的工人在政治倾向方面更加支持保护主义。[①] 詹森·布拉德福德等学者也围绕自由贸易对美国选举政治的影响进行研究。在2017年的研究中，詹森直接得出结论——国际自由贸易已经"直接地"影响到总统选举结果。这种影响的过程具体表现为，自由贸易环境下的高技能需求产业工人会更加倾向于支持现任总统，而低技能需求产业工人会在选举中反对现任总统。受自由贸易负面冲击较大的工人选民会在摇摆州产生更大的保护主义影响力。詹森在研究结论中宣称：通过利用最近的就业数据和选票数据，进口冲击对总统选举的直接影响首次出现在美国政治选举中。[②]

从现有解释特朗普所代表的贸易保护主义势力崛起原因的研究来看，大量的研究集中于解释两个逻辑过程：自由贸易政策导致美国制造业工人失业、工资下降和收入差距扩大的过程；失业工人在投票中支持保护主义政策的总统候选人的过程。然而，所有这些研究都假定美国的贸易自由化政策是既定的，但事实上美国的贸易自由化政策也是美国国内贸易政治博弈的因变量。因此，当前的研究主要存在以下

① Erica Owen, Noel P. Johnston, "Occupation and the Political Economy of Trade: Job Routineness, Offshorability, and Protectionist Sentiment," *International Organization* 71, no.4 (2017): 665-699.

② Jensen J. Bradford, Dennis P. Quinn, Stephen Weymouth, "Winners and Losers in International Trade: The Effects on US Presidential Voting," *International Organization* 71, no.3 (2017): 23-457.

三方面的不足。首先，现有解释特朗普保护主义崛起的逻辑过程都是把贸易自由化成果作为自变量，但并没有把贸易自由化作为因变量来继续前溯贸易自由化发展至今的原因，追溯这个原因将会更加深刻地解释美国当今保护主义盛行的原因。其次，美国贸易学界的确已经有大量叙述美国贸易政策的著作，[①] 但这些著作只是单纯地叙述了美国自由贸易的发展历程，并没有突出自由贸易在发展过程中与保护主义势力的博弈，没有叙述自由贸易者是如何通过具体的制度安排（尤其是在重要贸易法层面的制度安排）来压倒保护主义的。现有的美国贸易史假定二战后的美国自由贸易派是自然地占上风的，但实际上，自由贸易派在历次重大贸易法的修改过程中也是经历了与保护主义派复杂的博弈过程的。没有这个过程，就没有美国今天如此自由化程度的贸易政策。最后，已有的研究并未在美国自由化政策几个重要节点对美国弱势产业具体的负面影响进行分析，例如学者尼特桑·乔雷夫（Nitsan Chorev）虽然比较详细地分析了部分自由贸易派和保护主义派在重大贸易改革方面的直接博弈，但并未从制造业数据的角度指出这种博弈结果对美国弱势产业的伤害。但这几个节点对保护主义的负面冲击程度直接影响到保护主义的反弹力量。[②] 例如，在乌拉圭回合谈判

---

① 关于美国贸易历史的著作参见：I. M Destler, *American Trade Politics* (Washington, D.C.: Institute for International Economics, 2005); I. M. Destler, *Making Foreign Economic Policy* (Washington, D.C: Brookings Institution, 1980); I. M. Destler, *American Trade Politics: System under Stress* (Washington, D.C: Institute for International Economics, 1986); Robert E. Baldwin, *U.S. Trade Policy since 1934 an Uneven Path toward Greater Trade Liberalization* (National Bureau of Economic Research, 2009); Robert E. Baldwin, "The Changing Nature of U.S. Trade Policy since WW II," In *The Structure and Evolution of Recent U.S. Trade Policy*, eds. by R. E. Baldwin, A. O. Krueger, 1984 (Chicago: University of Chicago Press), pp.5-32; Raymond A. Bauer, De Sola Pool, Lewis A. Dexter, *American Business and Public Policy: The Politics of Foreign Trade* (Chicago: Aldine Atherton, 1972); Jagdish Bhagwati, *Protectionism* (Cambridge: MIT Press, 1988); Stephen D. Cohen, *The Making of United States International Economic Policy* 3rd ed. (London: Praeger, 1988); Judith Goldstein, *Ideas, Interests, and American Trade Policy* (Ithaca: Cornell University Press, 1993)。

② Nitsan Chorev, *Remaking U.S. Trade Policy: From Protectionism to Globalization* (Ithaca: Cornell University Press, 2007).

以前，美国的保护主义受到自由贸易派的部分政策照顾和补贴，这导致保护主义在受冲击的程度方面尚处于可容忍范围。然而在世界贸易组织建立、《北美自由贸易协定》运行以后，保护主义承受的冲击是前所未有的，这也直接造成特朗普时期保护主义情绪的爆发。

二、本书的研究意义

本书在解释特朗普时期强烈的保护主义情绪方面的贡献在于以下三点。首先，本书把贸易自由化对美国国内产业工人的负面冲击当作影响特朗普反对多边贸易自由化立场的自变量，通过前溯美国贸易自由化发展至今的决策博弈过程，即自1933年以来美国国内自由贸易派和保护主义派是如何在博弈的过程中推动贸易自由化进而影响国内反贸易自由化力量的。其次，本书同样以美国贸易自由化的重要节点为研究重心，如1933年《互惠贸易协定法》（RTAA）改革、《1962年贸易扩展法》改革、1974年贸易法改革、乌拉圭回合成果和世界贸易组织、《北美自由贸易协定》以及中国加入世界贸易组织，但本书重点将分析自由贸易派和保护主义派围绕这些节点进行的博弈过程，以及这些节点对保护主义的负面影响程度。最后，本书将搜集大量关于美国弱势产业在各个历史时期的就业数据，通过大量数据说明美国弱势产业在自由化进程中衰落的程度。通过对布坎南时期产业数据和特朗普时期产业数据的对比，可以明显地看出保护主义何以如此反弹的原因。

在解释自布坎南以后历届美国政府何以会采取不同类型、不同程度的新孤立主义外交政策方面，学界基本上把原因归咎于逐渐极化的党争尤其是两党在外交政策领域越来越大的立场分歧。[①] 然而，现有研究忽略了保守主义共和党人（包括新保守主义者）以及保守主义外交

---

① Charles A. Kupchan, Peter L. Trubowitz, "Dead Center: The Demise of Liberal Internationalism in the United States," *International Security* 32, no. 2 (2007): 7-44; R. Urbatsch, "Isolationism and Domestic Politics," *The Journal of Conflict Resolution* 54, no. 3 (2010): 471-492.

政策对美国新孤立主义的影响。受保守派支持的特朗普，其外交政策背后体现出共和党保守派对特朗普的建议和劝说，如对联合国下属国际组织的长期轻视和反对态度、对伊核协议的反对、对气候变化和全球气候治理的反对等，这些由特朗普作出的新孤立主义决策背后肯定有保守派共和党人的建议和劝说，也有掌握参众两院的共和党保守派的支持。特朗普新孤立主义主张与实践背后的政治动因说明，保守主义者和保守主义外交政策一直在深刻地影响着共和党总统以及国会的新孤立主义外交政策。但是，保守派的影响并非从二战结束后就开始存在，而是经过长期的发展经由里根时期、小布什时期并在特朗普时期发展到新的阶段。在现有研究中，确实已经有学者对保守主义的外交思想特点进行关联和总结。在《美国外交政策的政治：自由派和保守派意识形态的外交分野》中，格里斯首次通过大量的问卷访谈内容对保守主义外交主张的特点进行总结。格里斯的访谈样本比较丰富，通过与自由派外交政策的明显对比，可以发现保守主义严重的单边主义外交倾向。[①] 仅仅发现保守主义和共和党的单边主义外交立场相关联是不足以解释布坎南之后理解美国政府新孤立主义观点与实践演变的，要想理解美国的单边主义外交政策为何会发展至如今的地步，需要理解保守主义的政治力量从新孤立主义缘起开始（塔夫脱时期）是如何发展演变的。但是在这方面的研究中，现有的研究并没有对各个时期保守主义政治力量的发展、保守主义对外交决策权力的把控进行平行研究。关于保守主义政治力量发展的历史研究在美国有着巨量研究成

[①]   Peter Hays Gries, *The Politics of American Foreign Policy: How Ideology Divides Liberals and Conservatives over Foreign Affairs* (Stanford: Stanford University Press, 2014).

果，① 但保守主义外交政策逐渐体现于共和党的研究却非常稀少。因为很多美国学者都只是关注共和党的外交政策历史，但很少从保守主义外交政策的角度来研究共和党，如美国学者杜伊克的研究中包括了很多保守主义共和党人的外交主张，但没有体现出保守主义外交政策最终被共和党大量采纳的原因。② 因此，本书的研究意义在于把保守主义发展与新孤立主义外交政策的发展相关联：保守主义政治力量的崛起以及保守派控制美国的外交决策权力以后，其推行的外交政策就带有明显的新孤立主义倾向，从而解释了布坎南之后美国历届政府新孤立主义观点与实践发展演变的政治原因。

第四节 本书的主要内容

本书总共用六章来解释贸易自由化的负面冲击和保守派力量的崛起这两个变量是如何使美国的新孤立主义从塔夫脱时期的萌芽阶段发展到布坎南时期的观点复兴阶段、从克林顿时期的首次实践阶段发展到特朗普时期的全面实践阶段的。本书的核心逻辑是：美国国内制造业或产业工人受自由贸易负面冲击的力度越大、保守派在美国政府中的政治力量越大，新孤立主义观点和实践的发展程度就越高。从本书

---

① 关于美国保守主义运动发展历史的著作参见：George H. Nash, *The Conservative Intellectual Movement in America since 1945* (Wilmington, DE: Intercollegiate Studies Institute, 1996); Lisa McGirr, *Suburban Warriors: The Origins of the New American Right* (Princeton: Princeton University Press, 2001); Daniel K. Williams, *God's Own Party the Making of the Christian Right* (New York: Oxford University Press, 2010); Darren Dochuk, *From Bible Belt to Sunbelt: Plain-Folk Religion, Grassroots Politics, and the Rise of Evangelical Conservatism* (New York: W.W. Norton, 2011); Heather Cox Richardson, *To Make Men Free: A History of the Republican Party* (New York: Basic Books, 2014); Corey Robin, *The Reactionary Mind: Conservatism from Edmund Burke to Donald Trump* (New York: Oxford University Press, 2017); Donald Critchlow, *The Conservative Ascendancy: How the Republican Right Rose to Power in Modern America* (Cambridge: Harvard University Press, 2010).

② Colin Dueck, *Hard Line: The Republican Party and U.S. Foreign Policy since World War II* (Princeton: Princeton University Press, 2010).

的第三章至第八章，即从塔夫脱、肯尼迪至里根、布坎南、克林顿、小布什和奥巴马、特朗普这六个时期的时间线上看，贸易自由化的负面冲击和保守派政治力量这两个变量始终是处于同向发展过程中的。在这两个变量的共同作用下，美国的新孤立主义观点和实践也是处于不断上升状态的。

第三章主要论证了在新孤立主义观点萌芽时期——塔夫脱时期，贸易自由化的负面影响和保守派力量的发展是如何影响美国的新孤立主义的。在塔夫脱时期，美国的贸易自由化经历了一次重要的改革，即关贸总协定与后续的参与多边贸易谈判的自由化放权。然而在自由化的改革过程中，总统和国会向美国的弱势产业提出很多制度性的补偿，以保护他们尽量免受贸易自由化的负面冲击。补偿的存在使塔夫脱时期贸易自由化的负面影响得到限制。与此同时，塔夫脱时期共和党保守派在保守主义运动的基础上仍处于起步阶段，1952年的共和党内提名之战说明保守派力量尚不足以控制共和党，更不可能控制总统和国会。因此，贸易自由化负面冲击不大和保守派力量尚且微弱的情况共同决定了塔夫脱时期的新孤立主义只是出现新孤立主义观点的萌芽而不可能被付诸实践。

第四章论证了在肯尼迪至里根时期，贸易自由化的负面冲击与共和党保守派力量的发展是如何使这个时期的新孤立主义在观点上更加多样化，但依然没有被付诸政策实践。从肯尼迪至里根时期，美国经历了两次影响重大的贸易法改革，即1962年和1974年贸易法改革。两次改革尽管都是更加倾向于贸易自由派的，但是在改革过程中美国的相对弱势产业也获得很多重要的保护性补偿，这些补偿在这个时期的贸易实践中很好地减少了弱势产业受到贸易自由化所带来的负面冲击。与此同时，保守主义运动在这个时期的蓬勃发展使共和党保守派首次在总统选举层面压倒共和党自由派。保守派拥护的总统里根首次夺取总统职权。然而，里根当权后在外交政策方面并未真正地重用保守派，保守派依然没有在政府中占据权力优势。因此，从肯尼迪至里根时期，由于贸易自由化的负面冲击得到限制，保守派有所发展但未能在政府中占据权力优势，这个时期美国的新孤立主义依然属于"只说不做"的言辞性（rhetoric）新孤立主义。

第五章论证了布坎南时期贸易自由化的负面冲击程度和保守派在政府中的力量分布情况是如何影响布坎南时期的新孤立主义的。在贸易自由化的负面冲击方面，由于这个时期的国会加大力量迫使总统保护相对弱势的制造业，对弱势产业的补偿依然在继续，这导致布坎南时期贸易自由化对美国主要的劳动力密集型产业的冲击力度并不大，因而这个时期美国国内反对多边自由贸易的新孤立主义声音尽管存在，但呼声并不激烈。与此同时，保守派在相对温和的共和党人老布什当政时并未在政府中占据权力优势，此时的国会两院也被民主党人把持。因此，布坎南时期的新孤立主义观点以比较体系性的观点或思想出现，但这些观点基本没有被付诸实践。

第六章论证了克林顿时期贸易自由化对补偿的打压如何使美国弱势产业受到更大的负面冲击、保守派如何通过1994年中期选举控制共和党及国会这个重要的权力机构，这两个变量的巨变如何使克林顿时期美国的新孤立主义开始被部分地付诸实践。在克林顿时期，乌拉圭回合谈判的成功和世界贸易组织的成立使美国将采取贸易保护的部分权限自动让渡给世界贸易组织这个多边贸易组织，美国弱势产业原来严重依赖的那些保护主义措施（补偿）受到世界贸易组织的严重压制。对补偿的打压使美国弱势产业受到贸易自由化负面冲击的力度在克林顿时期大为增加。与此同时，保守主义运动终于在1994年中期选举中"开花结果"，保守派在1994年中期选举的巨大胜利使保守派首次真正地开始控制共和党的外交议程，占据国会的保守派开始利用其国会的制衡权力将新孤立主义外交主张施加于克林顿政府的外交行为中。在克林顿时期，新孤立主义首次通过国会被部分地付诸实践。

　　第七章论证了在小布什和奥巴马时期，贸易自由化是如何通过《北美自由贸易协定》继续对美国产业工人造成巨大的负面冲击的。通过大量的资料报告，本章论证了《北美自由贸易协定》是如何使美国弱势产业的工人在工资收入、就业机会、工会等方面处于更加不利地位的。与此同时，保守派在小布什时期的政治力量优势达到新的高度，这使得小布什时期的新孤立主义实践达到新的高度。在经历短暂的低潮后，保守派政治力量在2010年中期选举的再次崛起使奥巴马中后期的外交政策中充斥着新孤立主义的内容。

　　第八章论证了在特朗普时期，贸易自由化的负面冲击已经达到足以影响总统选举结果并迫使总统不得不采取贸易保护主义的程度。与此同时，保守派的政治力量也足以左右共和党总统候选人在选举中的成败。受保守派支持的特朗普在赢得总统选举后大量任命共和党保守派进入政府，从而使保守派所主张的新孤立主义观点可以被大量付诸政策实践。因此，在贸易自由化的负面冲击已经由量变积累到质变的情况下，在保守派的政治力量发展到空前强盛的情况下，特朗普时期的新孤立主义达到二战后美国外交历史中的最新高度。

第二章 美国孤立主义的历史

孤立主义从产生起就在美国外交实践中扮演着与其他外交政策辩论和竞争的角色，孤立主义政策和词汇也一直伴随着美国的外交实践活动，无论是华盛顿的告别演说，还是门罗的拉美政策；无论是克利夫兰的内向政策，还是洛奇参议员的反国联立场；无论是林白和当时的"美国优先委员会"，还是参议院屡次修订的《中立法》。孤立主义观点既传承于美国厌倦欧洲权斗文化的政治传统，又与具体的外交实践相结合。

为什么每次在美国准备介入欧洲事务、扩张美国领土、扩展殖民势力、参加国际联盟、介入欧洲战争的时候，以"何为美国最佳利益"为主题的外交辩论总会展现出孤立主义倾向的观点？这说明美国政治文化传统的独特性、美国地缘政治的独特性都会影响到部分美国政治人物从更加"独特"的角度来思考美国的国家利益。因此，对孤立主义的历史应该追溯到美国建国之初，其思想滥觞于早期的北美殖民地政治人物中，并在建国之初、扩张时代、一战后、二战前不断产生各种带有孤立主义倾向的政策观点和外交实践。

第一节 建国之初的孤立主义萌芽

孤立主义的萌芽最早可以追溯到美国建国以前的殖民地政治思想和美国开国者们的政治思想。早期北美殖民地在政治治理和经济生活方面与英国的相对隔离状态逐渐使殖民地的政治家们开始以北美为独立主体来思考殖民地与英国母国（欧洲）的关系。殖民地相对独立的自治权力也促进了这种思考的产生。在1651年马萨诸塞领地大法庭发给克伦威尔的声明中，该领地声称：由于他们"很清楚没有任何其他国家比我们更加热爱和平并远离战争"，他们离开欧洲的原因之一就是为了避免战争。因此，马萨诸塞领地拒绝向英国在与欧洲国家作战之时提供财政支持或直接派兵参战。① 由于殖民地在管理政治经济方面的自治权力，这种不同于英国外交利益的思维方式从殖民地建立之初就扎根于早期移民的观念中。当时的英国政府对北美殖民地的政策也是支持该地区保持孤立态势的，因为英国政府认为，让殖民地保持相对安静的发展状态有利于其集中精力于贸易和生产，有利于增强英国的经济和国力。事实上，早期的殖民地虽处于英国的政治军事保护下，但逐渐相对孤立地发展出与英国不同的经济和外贸利益。

与此同时，美国开国者们也从英国的外交辩论传统中萌发出美国独立的利益逻辑和外交逻辑。由于英国政治家们最早在外交决策中形成下议院政策辩论的习惯，托利党和辉格党关于是否维持大陆均势和介入欧洲政治事务的辩论使当时在英国居住或逗留的美国开国者们耳濡目染并参与其中，如富兰克林就参与到皮特政府关于英国在七年战争后的《巴黎条约》谈判中是否应保留加拿大的辩论。② 早期殖民地社会中的精英群体从英国是否应保持"光荣孤立"政策的辩论中萌发出北美殖民地是否应与英国的对欧战略"绑定"的问题。富兰克林和亚当斯等开国者们在经历巨大的思想蜕变后，开始提出对英国外交政策的鄙弃和对殖民地独立外交的宣扬。富兰克林称英国和欧洲的外交是"他们自己的争论"，英国的均势政策是"异想天开"，英国与欧洲的政

---

① Thomas Andrew Bailey, *A Diplomatic History of the American People* (New York: Crofts American History Series, 1946), pp.22-23.

② Ralph Ketchamed, *The Political thought of Benjamin Franklin* (Indianapolis, IN: Bobbs-Merrill Press, 1965), pp.150-151.

治纽带关系根本没有英国政府所说的那样关键。[1] 开国者们也从代议制的角度批判英国的对欧政策不能代表殖民地的对欧政策。亚当斯熟识的詹姆斯·伯格（James Burgh）在其作品中认为，代议制政府应该在外交中代表人民的意愿而不能单纯以权力政治思维来考虑英国的对欧关系。伯格在痛陈英国社会与政治堕落的同时，也对北美殖民地社会大加赞扬。[2] 亚当斯对伯格的观点深表赞同并认为，英国的对外政策尤其是战争政策不能代表北美殖民地人民的民意。[3] 由于亚当斯在殖民地对伯格的观点进行传播，所以领导北美独立的领袖如华盛顿、杰斐逊、李·阿瑟（Lee Arthur）等人都熟读伯格的作品并给予其很高的评价。[4]

随着英国在频繁的欧洲战事后逐渐增加对殖民地的税收，英国与北美殖民地管理当局的矛盾逐渐扩大，殖民地的政治家们也逐渐以局外人的视角来看待英国的对欧政策和欧洲国家的矛盾。[5] 在潘恩等倡导殖民地应取得政治独立的知识分子看来，殖民地人民尽管以英国政治文化为根本，但母国并未以其"自由"政治传统来对待殖民地。潘恩从政治逻辑的角度论证认为，英国政府的宪法精神体现出混合君主制、贵族制和共和制元素的多面复杂性，英国政府不是完美的政府，北美殖民地可以通过更加"简单"的宪法原则建立新的更完美的政府。而如果要在新大陆建立新政府，殖民地就需要新的外交政策来独立处理自己的对外事务。潘恩认为，北美殖民地需要走新的不同于英国或欧洲君主制国家的外交路线，新的外交路线正是基于北美的政府是新式

---

[1]　Jared Sparks ed., *The Works of Benjamin Franklin*, Vol.4 (Boston: Hillard, 1840), pp. 291-292.

[2]　Oscar Handlin and Mary Handlin, "James Burgh and American Revolutionary Theory," *Proceedings of the Massachusetts Historical Society*, Third Series 73, (1961): 38-57.

[3]　Robert Taylor ed., *Papers of John Adams* (Cambridge: Harvard University Press, 1977), p351.

[4]　Oscar Handlin, Mary Handlin, "James Burgh and American Revolutionary Theory," p52.

[5]　Max Savelle, "Colonial Origins of American Diplomatic Principles," *Pacific Historical Review* 3, no. 3: 334-350.

理念的（真正代表人民），因而其外交原则理应与政府原则相同。①

潘恩在《常识》中主张从内政、外交两方面建立以"新原则"为基础的政府，他的观点引起当时殖民地政治家们的巨大共鸣。这种疏离英国和欧洲的内政外交"原则"的想法通过亚当斯、富兰克林、华盛顿、杰斐逊等人的言论表现出来。亚当斯在列克星敦和康科德的冲突发生前说："为了在未来的欧洲战事中维持我们完整的中立，我们必须把不过问欧洲事务作为我们永不忘却的原则和最大信条。"② 这种担心过度介入欧洲权力政治的心理也体现于他们对是否和法国结盟以赢得独立战争的争论。实际上，只有在开国者们已经明显认识到没有法国的支援他们根本无法打赢独立战争后，大家才勉强同意与法国结盟。③ 在1776年大陆会议的辩论中，亚当斯再次对独立后北美殖民地的外交作出原则性发言："我们应避免参与欧洲战事的冲动或诱惑，我们和欧洲的关系只有商业关系，没有政治和战争关系。"④ 富兰克林尽管与亚当斯在处理对法关系方面有分歧，对亚当斯厌恶和疏远法国的态度大为不满，但富兰克林也注意保持美国与法国的距离，以防刚刚独立的北美被卷入法国的利益纷争。在1783年、1784年写给朋友的信中，富兰克林提出美国刚刚独立后的弱小情况、英国对美国的敌意以及法国对美国的重要性，但富兰克林依然认为"几年的和平状态可以恢复我们的实力，但我们国家未来的安全还是只能依靠我们自己的团结和信誉"。⑤

---

① Thomas Paine, *Common Sense* (New York: Penguin, 1986), p21；Felix Gilbert, *To the Farewell Address*, p37; Felix Gilbert, "The 'New Diplomacy' of the Eighteenth Century," p.17.

② Charles Francis ed., *The Works of John Adams, Second President of the United States*, Vol. 2 (Boston: Little, Brown and Company, 1971), p.505.

③ Wallace Irwin, *American in the World: A Guide to US Foreign Policy* (New York: Praeger Press, 1983), pp.23-28.

④ Charles Francis ed., *The Works of John Adams, Second President of the United States*, Vol. 8, p.35.

⑤ Ralph Ketcham ed., *The Political thought of Benjamin Franklin*, pp.351-357.

　　身为亚当斯政治同盟的汉密尔顿也表达出美国外交"不走欧洲寻常路"的思想。在联邦党人文集中，汉密尔顿承认美国必须寻求国际性权力，但是这种国际性权力必须通过"有限"（limited）和"自利"（self-interested）的原则方式去追求。汉密尔顿认为当时（1787年）的国际格局是全球被划分为不同的势力范围，每个区域都有它们自己"不同的利益集合"（distinct set of interests），美国也应该集中精力促进美洲区域的利益集合。① 在写给华盛顿的信中，汉密尔顿认为美国应避免成为欧洲大国权斗的工具和牺牲品："就目前看来，我们必须把以下两点作为我们永久坚持的原则：维持联邦的永恒和防止我们成为欧洲大国玩弄权术和相互攻伐的'球'。"② 起草弗吉尼亚权利法案的乔治·梅森（George Mason）也在信中表示：这个国家"应该尽可能少地和欧洲发生政治关系"。③

　　从美国建国以前开国者们对美国政府和外交原则的论述来看，几乎所有的独立运动领导人都有着远离欧洲外交风格、塑造美国独特外交风格的想法，这种外交风格包括：避免被欧洲大国利用、通过自我武装强大起来、集中精力于国内发展、以自由贸易服务于国家利益。这些思想作为美国的基本国策被运用在华盛顿就职后的建国之初的外交中。

　　即使建国后的美国政治家们只想远离欧洲的政治斗争、专注于发展贸易并积累国家财富，欧洲的政治形势也依然将美国拉入权势博弈的旋涡。合众国刚刚建立时，联邦政府内部关于亲法还是亲英的争论就已经开始。有着浓厚民主和反专制思想的杰斐逊、麦迪逊等民主派对英国比较仇恨，主张加强与法国的关系；汉密尔顿等联邦党人虽然

---

　　① Alexander Hamilton, James Madison, John Jay, *The Federalist* (Cambridge: Cambridge University Press, 2003), pp.113-141.

　　② Dexter Perkins, *A History of the Monroe Doctrine* (Boston: Little Brown, 1955), p.11.

　　③ Rowland Mason, *The life of George Mason, 1725-1792* (Whitefish: Kessinger Publishing, 1904), p.47.

有浓厚的重商主义倾向，但依然对英国抱有好感。[①] 担任国务卿的杰斐逊和担任财政部长的汉密尔顿两派的矛盾随着美国逐渐展开其外交蓝图而不断升级，两派矛盾伴随着法国大革命的来临而进入华盛顿担忧的激烈党争中。[②] 法国大革命爆发后，杰斐逊和麦迪逊对革命大加赞扬，而汉密尔顿和亚当斯则对革命中出现的暴力行为持批评态度，两派的争论迅速体现在1793年美国对欧政策的争论上。1793年欧洲反法同盟与法国处于战争状态时，美国政府内部包括汉密尔顿和杰斐逊都赞成华盛顿发表中立的宣言，警告美国船只不要参与战争或向冲突双方运送战争物资。[③] 法国新任命的驻美公使查尔斯·热内（Charles Genet）到达美国后，到处发表宣传言论煽动美国的亲法仇英情绪。关于如何对待热内提出的延续美法同盟的倡议，汉密尔顿主张美法联盟应随着独立战争结束而终止，杰斐逊则主张华盛顿接待热内并续订美法同盟。最终的结果是，华盛顿谨慎地接待了热内，然后迅速发表不介入英法争端的《中立宣言》。宣言声明：由于"合众国职责和国家利益要求美国需要诚挚、不偏不倚、友好地对待所有交战国"，美国将尽可能地不卷入参战国家的纠纷。[④]

热内事件后，美英关系又开始恶化，美国为缓和美英关系签订了《杰伊条约》。条约签订后，"XYZ"事件又使美法关系迅速恶化。美国与英法两国的关系发生如此反复的变化，汉密尔顿和杰斐逊两派在对

---

① Paul A. Varg, *Foreign Policies of the Founding Fathers* (East Lansing: Michigan State University Press, 1963), pp.25-80.

② 事实上，美国开国者们在建国之初对美国外交，尤其是对英、对法外交的争论也是党争和政党制度起源的原因，参见：Joseph Charles, *The Origins of the American Party System: Three Essays* (New York: Harper & Row, 1961); John F. Hoadley, *Origins of American Political Parties: 1789–1803* (Lexington, Kentucky: University Press of Kentucky, 1986)。

③ Looney J. Jefferson ed., *The Papers of Thomas Jefferson*, Vol.25 (Princeton: Princeton University Press, 1992), pp.570-572.

④ Christopher J. Young, "Connecting the President and the People: Washington's Neutrality, Genet's Challenge, and Hamilton's Fight for Public Support," *Journal of the Early Republic* 31, no. 3 (2011): 445.

外政策上的分裂也已经如此明显，这些都促使华盛顿打算在1796年的"告别演说"中原则性地澄清美国的外交政策。在这份一部分由汉密尔顿参与起草的演说稿中，华盛顿的很多话不仅是针对当时的美国政治现状，也是针对未来的美国政府："我们与外国相处的重要行为规范是，在扩展我们与他们商业关系的同时，应尽可能少地与他们发生政治关系，欧洲有他们自己的利益，这些利益或者与我们根本无关，或者与我们关系甚小……我们要避免我国的和平与繁荣被欧洲外交中的野心、敌对、利益、虚情假意和反复无常所牵绊。我们的政策是远离与外国的永久联盟。"[①] 华盛顿认为，党派斗争不应影响美国不介入欧洲政事和战事的原则，从而避免美国为他国"火中取栗"。继任的亚当斯和杰斐逊政府虽然具有非常明显的党派色彩，但他们在对欧政策的执行方面基本上延续着华盛顿的不介入政策。杰斐逊在1801年的就职演说中喊出"我们都是联邦主义者，我们都是共和主义者"的口号，并再次像华盛顿那样申明：美国应坚持"与所有国家建立和平、通商和真诚的友谊关系，但绝不卷入国家联盟"。[②] 杰斐逊在外交实践中对华盛顿和联邦党人坚持的中立外交给予肯定。

　　之所以从美国建国前的政治思想发展和美国建国初期的外交运作去寻找孤立主义的根源，是因为美国开国者们关于美国立国原因的政治理念与不介入欧洲的观念是共通的。这种建立新政府和新外交原则的逻辑在以后也会如影随形地影响美国政治家。在后来的政策辩论中，美国政治家经常引用华盛顿以及其他开国者们的言论以论证其不介入欧洲的正确。"由于华盛顿的告别演说包含了美国政治思想的诸多方面，它已经超越了历史和时间的局限，反映出美国外交政策中许多冲突的

[①]　George Washington, *Farewell Address to the People of the United States* (Woodstock, GA.: American Book Company, 1906), pp.20-30.

[②]　James Richardson ed., *A Compilation of the Messages and Papers of the Presidents, 1798–1897* (Washington D.C.: Government Printing Office, 1898), p.323.

方面：理想主义和现实主义的冲突。"① 后来很多的孤立主义观点都能从开国者们的言论中找到依据。例如，反对对外干涉的孤立主义政治家会重回美国建国初期的良善政府理念，认为基于良善与自由理念的美国政府不应对外使用武力和暴力；反对美国联盟体系的孤立主义政治家会认为美国有可能受到联盟约束力的牵绊，使美国做出不利于自己国家利益的行为；反对美国对外援助的孤立主义者们会认为美国的首要目标是致力于国内发展而非国际道义。他们的论点都起源于华盛顿、亚当斯、汉密尔顿、杰斐逊、麦迪逊等人的言论。由于开国者们在外交中有着美国政治文化传统中理想主义的一面，所以后来的美国政治家有主张"独善美玉之身"的不干涉主义者，也有依照民主自由典范、不顾其他国家反对而普及民主制度的单边主义者。

第二节　扩张时代的孤立主义

从杰斐逊总统到威尔逊总统期间，美国的对外政策带有明显的扩张主义色彩。美国的扩张包括领土和国际势力范围两方面。从领土方面来看，美国从购买路易斯安那开始，通过政治、军事手段逐渐将美国领土扩展至太平洋海岸；从国际势力范围方面看，美国从门罗政府时期经营美洲到美西战争后获得古巴和菲律宾，将影响力扩展至西太平洋。可以说在这段时期内，对外扩张和帝国主义是美国外交的主流。即使如此，反对扩张和帝国主义的孤立主义思想依然没有湮灭。

从美国开国者们对待对外扩张的态度来看，扩张主义和孤立主义共生于美国传统政治文化中。早期的开国者们既支持不介入欧洲的孤立主义，又支持扩展美国领土的扩张主义。主张不介入欧陆争端的富兰克林、杰斐逊、汉密尔顿和亚当斯都赞成美国在合适的情况下扩展

---

① Felix Gilbert, *To the Farewell Address*, p.136.

疆域。早在独立战争前，富兰克林就在信中预言迅速膨胀的社会经济将迫使殖民地不得不"连续不断地扩展新的领土来保证生存空间"。[①]英国在"七年战争"期间占领魁北克后，富兰克林为此非常兴奋，因为北美殖民地既然隶属英国，那么英国政府占领的加拿大必然也会给殖民地带来巨大的贸易利益。[②]杰斐逊发表的就职演说既带有孤立主义思想，也带有扩张主义思想。在就职初期，杰斐逊担忧不断衰落的西班牙留在北美的殖民地可能被欧洲列强（尤其是英国）夺走。[③]在反法同盟与法国酣战时，杰斐逊利用外交和武力手段威逼法国将辽阔的路易斯安那卖给美国。呼吁不介入欧洲的杰斐逊被19世纪晚期著名的帝国主义者贝弗里奇（Albert Beveridge）称为美国历史上的"首个帝国主义者"。[④]当然，麦迪逊、利文斯顿和门罗也参与了整个购买路易斯安那的外交过程。在路易斯安那问题上，平素反对杰斐逊的亚当斯和汉密尔顿等联邦党人也极力支持购买。[⑤]

从开国者们支持购买路易斯安那的事例可以看出，孤立主义和扩张主义可以并行不悖地存在于美国的政治传统中，其目的都是出于对

①　Benjamin Franklin, *The Papers of Benjamin Franklin*, ed. Labaree (New Haven: Yale University Press, 1966), Vol.9, p.7.

②　Benjamin Franklin, *The Writings of Benjamin Franklin*, ed. Albert H. Smyth, Vol. 3, p.71. 转引自王晓德《美国外交的奠基时代（1776—1860）》，中国社会科学出版社，2013，第267页。

③　Thomas Jefferson, *The Writings of Thomas Jefferson*, ed. Lipscomb (New York: Cambridge University Press, 2011), Vol.6, p.296.

④　Albert Beveridge, "The 'March of Flag', Beginning of Great America," September 16, 1898, http://archive.vod.umd.edu/internat/Beveridgeint.htm.

⑤　James Hosmer, *The History of the Louisianan Purchase* (New York: D. Appleton and Company, 1902), pp.135-145.

美国"完美"制度的维护和巩固。[1] 不介入欧洲权斗是为了保持美国"自由"原则和理念的纯洁性。然而，不介入欧洲权斗并不意味着美国不会扩张，因为不介入欧洲只是维持美国自由社会的防御性方式，扩展美国自由社会的"未来领地"（future field）也属于维护美国自由社会的"进攻性"做法，毕竟新边疆的拓展可以繁荣美国的自由社会。[2] 因此，维持美国自由社会存续的"守"与"攻"两种思维使孤立主义和扩张主义同时出现在美国历史中。

孤立主义和扩张主义的共生性也来源于政治家们对美国外交目标的分歧。在如何看待将本国制度及政治理念推广于世界其他地区方面，政治家们的分歧会随着美国越来越融入世界事务而增加。部分美国政治家虽然崇尚美式自由理念，也希望看到其他国家践行美国的自由理念。但他们坚持美国社会应该成为"自由灯塔"的典范，以自己的良好发展范例向别国展示美国的优越性，从而吸引这些地区和国家加入美式自由的共同体。在这些政治家们看来，在美国没有受到威胁和攻击的情况下，运用权势或强权逻辑来征服文明未开化的蛮荒之地或落后国家不符合美国的自由理念。[3] 然而，另一些美国政治家则坚信自由社会必然哺育出强大的国家，美国的强大正是基于美国对自由理念的遵循。为了扩展美国自由社会的生存环境，必须有更多的地区和国家加入美式自由的共同体当中。这种对美式自由的至上信仰和优越

---

① David Healy, *US Expansionism: The Imperialist Urge in the 1890s* (Madison: The University of Wisconsin Press, 1970), pp.34-48; Lloyd Gardner, *Imperial America: American Foreign Policy since 1898* (New York: Harcourt Brace Jovanovich, 1971), pp.1-23; Amy Greenberg, *Manifest Destiny and American Territorial Expansion: A Brief History of Document* (Boston: Macmillan Learning, 2011); Gordon S. Wood, *Empire of Liberty: A History of the Early Republic, 1789–1815* (New York: Oxford University Press, 2009); Robert W. Tucker, *Empire of Liberty: The Statecraft of Thomas Jefferson* (New York: Oxford University Press, 1990).

② Lloyd Gardner, *Imperial America: American Foreign Policy since 1898*, p.11.

③ David Healy, *US Expansionism: The Imperialist Urge in the 1890s*, pp.216-218; Philip Sheldon Foner, *The Anti-Imperialist Reader: A Documentary History of Anti-Imperialism in the United States* (New York: Holmes & Meier, 1984).

感在早期美国社会最明显的表现就是部分扩张主义者对"天命定论"（Manifest Destiny）的狂热宣传。

"天命定论"包含的政治理念假设是，美国是上帝选中的国家，这种受上帝青睐的优越感使美国政治家们认为北美大陆的印第安人和墨西哥人属于"劣等"民族；这种优越感使美国政治家们认为扩大自由世界（在某些情况下不惜使用武力）领地属于"上帝的旨意"。① 既然自由世界有上帝的福佑，那么由自由世界组成的美国应该在对外扩张中是"无往不胜"（invincibility）的。② 把这两种思维模式进行总结可以得出，为维持美国的国家利益从而服务于美国政治中的"自由"理念而采取孤立主义政策，同时也为维持美国的国家利益从而服务于美国政治中的"自由"理念而采取扩张主义政策，对自由理念和自由创造幸福社会逻辑的信仰是美国外交行动的思想根源。这种根源使美国早期外交混合着孤立主义和扩张主义，从而形成了美国建国初期孤立主义和领土扩张并行的外交模式。甚至可以说，早期美国政治家们的孤立主义口号中蕴含着扩张主义的因素，扩张主义的政策中也蕴含着孤立主义的色彩。

美国历史学家对门罗主义的认识就存在分歧。门罗在宣言中强调"美洲是美洲人的美洲"，欧洲不能将殖民体系和政治体系带入美洲，③

---

① 关于"Manifest Destiny"思想的论述参见：Anders Stephanson, *Manifest Destiny: American Expansionism and the Empire of Right* (New York: Hill and Wang, 1995), pp.3-21; Albert Weinberg, *Manifest Destiny: A Study of Nationalist Expansionism in American History*, (Chicago: Quadrangle Books, 1963), pp.1-42; Walter Johannsen, *Manifest Destiny and Empire: American Antebellum Expansionism* (College Station, Tex.: Texas A&M University Press, 1997), pp.32-56。

② Bernard Fensterwald, "The Anatomy of American Isolationism and Expansionism Part I," *The Journal of Conflict Resolution* 2, no. 2 (1958): 116.

③ 事实上门罗在宣言中使用了 "this hemisphere" 这个非常含糊的词汇，很明显，西半球的范围不仅限于美洲，这说明当时美国政府的眼光不只局限于控制美洲。参见：Van Alstyen, *The Rising American Empire* (New York: Oxford University Press, 1960), p.98。

美国不干涉欧洲事务，美国也反对欧洲国家干涉拉美事务。[1] 这既体现出美国希望以"新大陆的自由原则"而非旧大陆的君主制原则来统治美洲社会，又体现出美国坚持美洲是美国的势力范围而不许欧洲染指的决心。后来的美国学者从门罗主义中既解读出了扩张主义的逻辑，又解读出了孤立主义的逻辑。反对欧洲大国的干涉，将美洲变成美国的势力范围，这带有扩张主义的色彩。因为门罗总统在发布这个宣言时，美国的扩张才刚刚开始；美国对拉美的扩张尚在进程之中，这是门罗主义扩张的方面。[2] 门罗重申美国不介入欧洲的原则，"欧洲大国的战争是他们自己的事，我们从未参与过，我们的政策也没有这种倾向，只有在我们的权利被严重侵犯或伤害的情况下我们才会准备防御"。[3] 门罗反对欧洲"旧大陆"将殖民主义和专制文化加诸美洲，言外之意是只有美国才可以控制和殖民拉美，但美国政治家们相信他们的殖民方式将和欧洲完全不同。不管欧洲大国怎么看待美国和美洲的关系，美国都将采取不同于欧洲殖民主义的理念来经营美洲。基于此，部分学者也将门罗主义看成是美国建国后孤立主义的延续。[4]

在门罗主义发表后，美国国会争论是否发表声明支持希腊反对奥斯曼帝国的独立运动时，来自纽约州的众议员希拉斯·伍德（Silas Wood）说道："如果有人问，我们的政府是否对全人类负有责任？我想说肯定是，但我们对人类的责任不是通过军舰和军队实现的，不是通过对外扩张建立我们的原则帝国来实现的，也不是通过外交方式建立

---

[1] Dexter Perkins, *The Monroe Doctrine, 1823–1826* (Cambridge: Harvard University Press, 1927), pp.1-15.

[2] 认为"门罗主义"属于扩张主义的观点参见：Frederick Merk, *The Monroe Doctrine and American Expansionism, 1843–1849* (New York: Knopf, 1966); Frederick Merk, *Manifest Destiny and Mission in American History* (Cambridge: Harvard University Press, 1963), p.206; Van Alstyen, *The Rising American Empire* (New York: Oxford University Press, 1960), p.98。

[3] 参见门罗总统1823年致国会的信："Monroe Doctrine; December 2 1823," http://avalon.law. yale.edu/19th_century/monroe.asp。

[4] Dexter Perkins, *A History of the Monroe Doctrine* (Boston: Little Brown, 1963), pp.1-26.

自由信徒联盟来实现的，而是通过我国自己作为自由典范从而在道德上影响其他国家来实现的。"[1] 国务卿约翰·昆西·亚当斯则在1821年7月更加直白地斥责那些主张道德声援希腊的人们："美国不是跑到全世界寻找恶魔并把它摧毁，美国祝福所有寻求自由和独立的国家，但美国也只是自己的裁判和主宰者。"[2] 即使是在"天命定论"指导下的西进扩张运动如日中天时，刚刚就职的克利夫兰总统依然在就职演说中说："我们国家制度的本源，我国人民根本的需求，还有我们国家领土扩张和资源开发的需要，这些都要求我们仔细小心地避免背离我国历史中沿袭下来的外交和历史传统。这个传统就是由我们的地理位置、我们对正义的热爱和我们的实力所决定的独立外交政策，是有利于我们和平的外交政策，是中立的外交政策，是排斥外国利益和野心的外交政策，是门罗、华盛顿和杰斐逊制定的外交政策。"[3] 从亚当斯、伍德和克利夫兰的言论也可以看出，美国在"天命定论"的影响下进行对外扩张的过程中，美国社会和政治家们确实存在与欧洲隔绝或"独善其身"的传统孤立思想。

随着美国的领土向南扩展至加勒比海域、向北扩展至阿拉斯加、向西直达太平洋海岸，美国的大陆扩张在形式上演变为对外殖民。许多学者把19世纪末作为美国"大陆主义"（Continentalism）终结和帝国主义开始的时间点。[4] 从19世纪末至20世纪初，美国通过美西战争获

---

① Silas Wood, "Speech in Congress," January 21, 1824, *Congress Record*, House Session, January 21, 1824.

② Selig Adler, *The Isolationist Impulse: Its Twentieth Century Reaction*, p.19.

③ Foster Dulles, *America's Rise to World Power, 1898–1954* (New York: Harper & Row, 1955), p.20.

④ 主流美国学界都把19世纪末作为美国帝国主义政策的开始或典型时期，参见：Theodore Greene, *American Imperialism in 1898* (Boston: Heath, 1995); Scott Nearing, *Dollar Diplomacy: A Study in American Imperialism* (New York: Modern Reader Paperbacks, 1969); Goran Rystad, *Ambiguous Imperialism: American Foreign Policy and Domestic Politics at the Turn of the Century* (Stockholm: Esselte Studium, 1975)。

得古巴（包括占领波多黎各）和菲律宾两处殖民地，吞并夏威夷并夺取关岛，通过"大棒政策"和"金元外交"干涉拉美事务，获得巴拿马运河的开采权，在中国问题上提出门户开放政策，关于兼并加拿大的讨论成为帝国主义者的焦点。[①] 可以说在这段时期，帝国主义是美国外交实践的主导原则，学界和政界出现很多著名的帝国主义论者，如阿尔弗雷德·赛耶·马汉、西奥多·罗斯福、亨利·卡伯特·洛奇和贝弗里奇。

即便在帝国主义政策扮演主流的时期，美国政府在帝国主义政策的实践中也遭到了反帝国主义的反对。美国国内社会并没有强烈反对在北美大陆扩张，却反对美国跨出本土进行殖民地扩张，反帝国主义的美国政治家远比反大陆扩张的美国政治家多。反帝国主义观点存在于这段时期美国所有的对外扩张辩论中，包括从1893年美国吞并夏威夷到1895年的委内瑞拉危机，从美西战争到关于是否兼并菲律宾的辩论。在辩论中，美国国内涌现出很多杰出的反帝国主义者，如卡尔·舒尔茨（Carl Schurz）、威廉·詹姆斯（William James）、乔治·鲍特韦尔（George Boutwell）、戈德金（E.L. Godkin）、爱德华·阿特金森（Edward Atkinson）等。[②] 这些人大多数在政治观念上属于超党派代表，他们以追寻和重振美国开国者们的建国原则为动力，认为麦金莱政府采取的帝国主义政策已经违背美国开国者们关于"政府自治"和"不干涉"原则的论述。

鲍特韦尔于1899年将分散的反帝组织合并组建为"美国反帝国主义联盟"（American Anti-Imperialist League）。该联盟致力于在全美散发传单和进行演讲，以唤起美国选民反对帝国主义政策的意识。在传

---

① David Healy, *US Expansionism: The Imperialist Urge in the 1890s*, p.49.

② 关于美国19世纪末反帝国主义思想的主要人物和观点参见：Robert Beisner, *Twelve Against Empire: the Anti-Imperialists, 1898-1900* (New York: McGraw Hill, 1968); David Healy, *US Expansionism: The Imperialist Urge in the 1890s*, pp.213-231。

单中，他们经常引用独立宣言、华盛顿的告别演说、门罗宣言等片段，向美国社会说明美国的外交政策已经背离了当年的自由社会理念。[①] 他们认为，美国的自由世界理念所要求的道德准则，不允许美国像欧洲大国那样采取帝国主义扩张政策。美国应聚焦于国内发展，从而继续以"民主自由的灯塔"效应向世界做展示。[②] 正如舒尔茨在他的文集里所写的："如果这个民主国家在这些醉人的战争胜利（美西战争的胜利）后还能意识到自己的本职工作，认真履行它对于本国人民的责任和义务，自觉抵制政府的诱惑，它将取得现代民主社会历史上最大的成就……它将获得其他国家更大的敬意和钦服。"[③] 反帝国主义者反对兼并菲律宾，他们认为采取殖民主义不只是对美国自由政治原则的背叛，而且这样做很容易使美国更加频繁地卷入与其他帝国主义国家的冲突中，这和美国外交传统中的不结盟政策相背离。[④]

从反帝国主义政策的两点理由来看，孤立主义思想依然深刻体现于其中。首先，反帝国主义的论据再次被追溯到开国者们关于政府政治理念如"自治""不干涉"的论述，以此来反对美国以武力获取和统治殖民地的政策，[⑤] 以此来唤起美国政治中关于"独善其身"式孤立主义的政治认同。同时，反帝国主义者也同样从帝国主义争夺瓜分世界的国际环境出发，对美国参与瓜分世界时可能带来的过度卷入表示担忧，这个层面的观点就更加接近美国在两次世界大战期间空前高涨的孤立主义思想了。

总之，在19世纪末至20世纪初，尽管美国运用帝国主义政策为

---

① Selig Adler, *The Isolationist Impulse: Its Twentieth Century Reaction*, p.26.

② Berkeley Tompkins, *Anti-Imperialism in the United States: The Great Debate, 1890–1920* (Philadelphia: University of Pennsylvania Press, 1970), p.132.

③ Frederic Bancroft (ed.), *Speeches, Correspondence and Political Papers of Carl Schurz,* Vol.2 (New York: G.P. Putnam's Sons, 1913), pp.75-78.

④ Robert Beisner, *Twelve against Empire: The Anti-Imperialists, 1898–1900*, p.218.

⑤ 这和当年亚当斯等开国者们极力推崇博赫等人的政府理念思想非常相似。

资本主义经济寻求原料产地和商品市场，但反帝国主义思潮同样属于与"告别演说"和"天命定论"一脉相承的孤立主义思想。反帝国主义继续以孤立主义思想变体的形式和帝国主义共生共处，这种共处状态持续到第一次世界大战爆发，并最终以更加直白的反干涉政策表现出来。①

第三节　第一次世界大战结束之初的孤立主义

在经历了麦金莱、老罗斯福和塔夫脱三届帝国主义倾向非常明显的政府后，倡导将自由、正义、民主和国际法理念与美国的外交政策相结合的学者型民主党人威尔逊当选总统。对于刚刚经历帝国主义政策的美国来说，威尔逊的当选明显体现出美国从重权势利益的现实主义思维转换为重国际正义的理想主义思维。威尔逊上台后的言论处处表现出他想改造美国与世界外交"文化"的雄心。

威尔逊的外交思想来源于他进入政坛以前的政治哲学思想。早期的威尔逊相信"社会控制论"（Social Control Theory），认为人类生来具有相互合作的潜质，通过有原则的组织方式可以限制个体的自我主义倾向，从而实现集体的有序管控。威尔逊的集体安全理念（国联）就来源于此。②威尔逊坚信民主在未来的胜利是历史的必然，美式民主的榜样是美国带给世界的最大贡献。③上任不久，威尔逊就通过大量演讲来阐释自己的"新外交"（New Diplomacy）理念。在1914年6月5日美国海军学院毕业典礼的演讲中，威尔逊告诫学生们毕业后要争当"榜

---

① Bernard Fensterwald, "The Anatomy of American Isolationism and Expansionism, Part I," p.118.

② Lloyd E. Ambrosius, *Woodrow Wilson and the American Diplomatic Tradition: The Treaty Fight in Perspective* (New York: Cambridge University Press, 1987), p.2.

③ Woodrow Wilson, *The State: Elements of Historical and Practical Politics* (Boston: D.C. Heath, 1918), pp.593-610.

样式的美国人"（sample Americans），这种榜样是：美国人不把强大的海军当成对外侵略的工具而是当成"文明"传播的工具。"美国的理念是服务于人性……美国与其他国家的区别在于，其他国家再强大富有也会因使用武力压迫人性而污点永存，如果美国也跟随历史的脚步并使用暴力，那么耻辱而非荣耀将永远跟随美国。我们必须走出新的道路。"①

第一次世界大战的爆发是历史对威尔逊和美国孤立主义的首次大检验。在以往，尽管美国既强调孤立主义又进行大陆扩张和殖民扩张，但美国的扩张重心主要集中于北美和拉美，美国介入的国际事务也主要集中于东亚地区。在战前，美国的政治精英们自认为他们总体上遵循着华盛顿、杰斐逊、门罗等总统不介入欧洲事务的告诫，但这次爆发于欧洲的大冲突对美国不介入欧洲的孤立主义是真正的考验。②

1914年6月，奥匈帝国皇储遇刺的消息传到美国，美国民众的反应是茫然无知的，因为美国平民对欧洲局势漠不关心，"七月危机"和媒体报道使美国民众首次对比利时的中立地位和两大阵营有所认识。尽管大多数美国公众在情感方面倾向于支持英法协约国，但大多数美国人也认为这毕竟是欧洲的战争。对于欧洲的仇恨与冲突，美国人的心态是："感谢上帝！幸好发生在大西洋那边！"他们主张美国应继续保

---

① Woodrow Wilson, "The Idea of America Is to Serve Humanity," The American Presidency Project, June 5, 1914, http://www.presidency.ucsb.edu/documents/annapolis-commencement-address.

② 甚至是扩张主义明显的老罗斯福时期，他和他的内阁都坚持外交中的"不承诺"原则，以免使美国介入大国争端中而失去其外交自主性，1903年，老罗斯福的国务卿海·约翰（Hay John）曾很自豪地向总统夸口说在他的领导下，美国没有许诺任何外交"承诺"就实现其远东大多数的外交目标，参见：Tyle Dennett, *John Hay: From Poetry to Politics* (New York: Dodd, Mead & Company, 1933), p.406。

持冷眼旁观的心态、中立的态度和"不介入"政策。① 美国媒体的报道也体现出隔岸观火式的心态："我们孤立的地理位置和免于介入欧洲的自由使我们（媒体）大可不必为卷入欧洲而担心。"②

尽管美国的上层政客，尤其是威尔逊总统的顾问们，清楚地认识到欧洲的战事对美国在大西洋贸易路线的影响，但政府内部依然有大量官员有着强烈的孤立主义倾向。③ 美国政府的孤立主义倾向一方面是由于美国社会对介入欧洲的积极性并不强烈；另一方面是由于政府对国内亲英、亲德两派发生冲突的担心。④ 威尔逊的外交团队，包括豪斯上校、兰辛、布莱恩等，都主张坚持美国的善意中立态度。布莱恩在当时还是著名的和平主义和国际法主义者，他主张通过国际法仲裁和世界舆论来阻止战争的发生，热衷于签订各种形式的和平条约。布莱恩将欧洲的战争视为恐怖与悲剧，认为美国可以参与调停最好，但包括调停在内的任何政策的底线必须是远离战争。布莱恩甚至担心民众会过于同情英国，从而导致美国在参与战争调停时有失公允原则。⑤ 当时还是国务院顾问的兰辛对英法抱有同情态度，但他倾向于敦促参战国遵守战争国际法以维护美国在战争中的贸易繁荣。对于兰辛来说，

① 根据《文学文摘》（*Literary Digest*）杂志在第一次世界大战爆发后对美国367位报刊主编的采访，有105位倾向于支持英国、20位倾向于支持德国、242位保持中立，数据转引自 Hicks, Walter Edmund, "World War I and American Public Opinion, 1914-1917," 1949 Electronic Theses and Dissertations, Paper 1973, p.56; Charles Seymour, *American Diplomacy during the World War* (New York: Greenwood Press), p.5.

② William Harlan, *The March of Freedom: A Layman's History of the American People* (New York: Harper & Brothers, 1947), p.207.

③ 威尔逊的顾问包括美国驻英大使佩吉（Walter Page）、豪斯上校以及国务院的布莱恩（William Bryan）和兰辛都认识到英国失败对美国的危害，参见：Robert Osgood, *Ideals and Self-Interest in America's Foreign Relations: The Great Transformation of the Twentieth Century* (Chicago: University of Chicago Press, 1953), pp.154-168。

④ Ernest May, *The World War and American Isolation: 1914–1917* (Cambridge: Harvard University Press, 1963), p.34.

⑤ 参见布莱恩1914年8月10日致威尔逊的信，*Lansing Papers, 1914–1920* (U.S. Government Printing Office, 1939), pp.131-132。

美国战时外交的目标是维持美国的和平状态。[①] 威尔逊特别信任的私人顾问豪斯上校与前两者对欧洲战争的看法略有不同。在私人日记中，豪斯上校希望利用欧洲权力均势来服务于美国利益。在战争爆发初期英美两国发生海上摩擦时，豪斯上校反对恶化英美关系，并想利用战后欧洲权力的真空状态来扩大美国的利益和影响力。然而，豪斯上校在决策上还是违心地支持着威尔逊的严守中立策略。[②]

威尔逊在战争爆发后似乎并未进入领导美国发挥世界性大国作用的状态。首先，威尔逊及其幕僚都认为这场大战会以速胜而结束，毕竟一战以前的很多战争都是在短期内结束的，美国没必要加入其中一方而得罪另一方。其次，威尔逊胜选后承诺把总统工作集中于国内而非外交领域。况且，战争爆发时正值他的妻子刚刚去世，威尔逊并未把主要精力放在美国对欧政策方面，而是将大量的对欧政策交给国务院来打理。[③] 最后，威尔逊自己内心充满坚持理想主义国际法与维护现实主义国家利益的矛盾，但他依然在公开表态中宣布美国将继续保持"善意中立"。[④] 威尔逊呼吁美国公民："每一个热爱美国的公民都应以中立精神来行事言谈，对所有国家都应保持不偏不倚、公平友好的关切。"威尔逊要求美国公民慎言慎行，不要对参战国"选边站"支持，以免违背美国的中立精神。[⑤] 战争初期，美国国会宣布禁止美国企业向

[①] Ernest May, *The World War and American Isolation: 1914–1917*, p.39.

[②] Edward Grey, *Twenty-five Years, 1892–1916*, (New York: Frederick A. Stokes, 1925), Vol.2, p.125.

[③] Arthur Stanley Link, *Wilson the Diplomatist: A Look at His Major Foreign Policies* (Baltimore: Johns Hopkins Press, 1957), p.11; Ernest May, *The World War and American Isolation: 1914–1917*, p.41.

[④] 威尔逊在1916年的演讲中表达出介入欧战的矛盾心态，"尽可能地远离这场战争是我国的道德责任，但是维持海上航行自由以及我们的商业利益也是我们的道德责任"，参见："Address at Topeka, February 2, 1916," 选自 *The Public Papers of Woodrow Wilson* eds, William Dodd and Ray Baker (New York: Harper and Brothers, 1927), Vol. 4, p.91。

[⑤] Woodrow Wilson, "American Neutrality: An Appeal by the President of the United States to the Citizens of the Republic," U.S. Government Printing Office, 1914, p.3, https://books.google.com/books?id=OI4MAAAAYAAJ&printsec=frontcover&source=gbs_ge_summary_r&cad=0#v=onepage&q&f=false.

任何参战国贷款，以使美国免受任何参战国的责备。大多数美国人在感情上支持英国，但美国在战争期间依旧与德国及北欧国家进行贸易，虽然这种贸易受到英国海军对德海上封锁的影响。[①]

　　1916年的总统竞选也体现出美国国内强大的孤立主义思潮。威尔逊的竞选口号"它使我们远离战争"成为民主党最有利的竞选武器，威尔逊也因此成功连任。[②] 就在威尔逊举行就职典礼后不久，德国的无限制潜艇战在短短几天内就击沉了8艘美国商船。[③] 德国潜艇对中立国商船的肆意攻击使威尔逊的大部分内阁成员（除兰辛外）对美国参战的立场更加强硬。[④] 然而，威尔逊自己对参战的态度依然是矛盾的，他试图迎合当时国内巨大的反战情绪。威尔逊曾在竞选结束后对豪斯上校说："不管有多少美国人（因为德国的无限制潜艇战）葬身海底，我也不信美国人民会希望我们参战。"[⑤] 在面对德国潜艇所造成的美德关系危机时，威尔逊同意财政部对美国商船进行防卫性武装的建议，但他又要求把这个提议交给国会讨论以确保国会的拨款和授权。[⑥] 威尔逊自己在解释他的谨慎行为时强调国会对总统进行制约的重要性，但威尔逊的行为客观上说明他在当时确实不愿意让美国卷入战争。[⑦] 随后在国会发表的演讲中，威尔逊一边以强硬语气声称绝不会纵容德国违背国际法的无限制潜艇战，另一边又以温和的语气称美国并不想在海上进行武装中立，威尔逊甚至暗示美德可以就无限制潜艇战问题进行协

①　Ernest May, *The World War and American Isolation: 1914–1917*, pp.54-71.

②　Woodrow Wilson, *Woodrow Wilson: Life and Letters*, Ray Baker ed. (Westport: Greenwood Pub Group, 1968), Vol.6, Chapter 8, p.55.

③　Josephus Daniels, *The Wilson Era: Years of War and After, 1917–1923* (Chapel Hill: The University of North Carolina Press, 1946), p.19.

④　Ibid., p.24.

⑤　参见豪斯上校1917年1月4日的日记：*The Intimate Papers of Colonel House*, Charles Seymour ed. (New York: Houghton Mifflin, 1926)。

⑥　Ernest May, *The World War and American Isolation: 1914–1917*, p.422.

⑦　Woodrow Wilson, *The Public Papers of Woodrow Wilson*, Ray Baker, William Dodd eds. (New York: Harper and Brothers, 1925), Vol.4, p.430.

商。这说明即使是在1917年2月底，威尔逊也依然试图通过隐忍策略避免使美国参战。

在当时的国会，众议院以403票对13票通过武装美国商船的决议案，但参议院的和平主义者依然通过冗长的发言阻止了这个决议案。此时，关于美国是否应武装中立的辩论演变为美国是否应参战的辩论。部分国会和美国地方政治首领以及新闻媒体都借此机会表达反战立场。新当选的蒙大拿州女议员让内特·兰金（Jeanette Rankin）在发表决定美国是否武装中立的投票陈词时情绪激动："不！我想以祖国的名义拒绝为战争投票！"赋税委员会主席克劳德·基钦（Claude Kitchin）、韦布（Webb）和罗伯特·佩吉（Robert Page）都公开反对威尔逊关于武装中立的做法，他们认为"武装中立"意味着美国直接对德宣战。[1] 来自国会的反对声音使威尔逊感到愤怒，但威尔逊自己并未决心对德宣战，而是处于更加矛盾的心态中。[2] 三周后，英国截获的关于德国外交部提出建立德国—墨西哥—日本战时同盟的密电被威尔逊知悉，威尔逊相信德国宁可选择与美国开战，也不愿意放弃无限制潜艇战。随后，越来越多的情报使威尔逊断定德国正在有组织地利用美国国内的孤立主义势力。而且，美国国内主战派的声音逐渐压倒反战的观点。威尔逊最终于1917年4月2日发表要求国会向德国宣战的咨文。

威尔逊对德宣战的主要原因是基于其"新外交"思维衍生的。威尔逊相信美式民主制度的推广可以造就世界和平，美国应通过"民主榜样"来影响他国，国际关系的准则应该是符合道义性的，国际法和集体安全可以实现世界和平。在发表对德宣战咨文时，威尔逊说："世界必须确保民主的安全，和平必须基于可靠的自由政治基础……我们应团结所有自由之士为权利的普世存在而战，为带给所有国家和平的

---

[1]　Josephus Daniels, *The Wilson Era: Years of War and After*, pp.35-37.

[2]　Woodrow Wilson, *The Public Papers of Woodrow Wilson*, Vol.4, p.435.

终极自由而战。"①威尔逊的"新外交"思维表明，美国代表着与"旧世界"外交思维完全不同的"新世界"外交思维，这种思维重视道德、法律、自由、合作、和谐以及国家间出于道义的相互关照，反对弱肉强食原则和基于专制者私欲的掠夺性战争。

威尔逊对"新外交"理念与美国起源于华盛顿时期的孤立主义的区别做出思考，他的结论是："我们当然要铭记和尊重华盛顿在告别演说中建议我们不要卷入外国纠纷的忠告，但按照我的理解，华盛顿当时想表达的意思应该是：美国应避免成为实现他国野心和被他国利用的工具。"②威尔逊认为，他的"新外交"思维本质上与华盛顿的告别演说不冲突——华盛顿只是告诫美国不要沦为为他国"火中取栗"的工具。"新外交"思维是美国按照自己的模式和设想来改造世界的。美国在"新外交"中可以占据主导地位，而不会沦为他国"工具"，是否"卷入"不是坚持告别演说思想的关键，美国可以在"卷入"以后按照自己的意愿来引导国际形势，使世界格局向有利于美国的方向发展。事实上，威尔逊关于新旧世界两种外交思维的看法体现出孤立主义思想的另一面：美国可以不顾其他国家的反对，采取单边主义的政策来实现民主改造和世界和平。③就此而言，威尔逊的"新外交"看似超越了华盛顿告别演说中的"不介入"，但威尔逊提出的通过美式民主自由原则来实现世界和平的观点本质上依然以"美国例外论"为思想根基。这种观点随着威尔逊时代之后美国国力的强大而逐渐演变，对后来新保守主义的单边主义政策具有深远的影响。

美国参战后，威尔逊多次在公开演讲中阐述他的战后新外交设想。成立集体安全性质的国联是威尔逊世界改造计划的首要目标。德国战

---

① "President Calls for War Declaration, Stronger Navy," *The New York Times*, April 2, 1917.

② Woodrow Wilson, *The Public Papers of Woodrow Wilson*, pp.344-348.

③ Lloyd Ambrosius, *Woodrow Wilson and the American Diplomatic Tradition: The Treaty Fight in Perspective*, p.11.

败后，威尔逊提出著名的"十四点原则"。其中，成立所有战胜国参加并集体反对战争发起者的国际联盟是威尔逊在巴黎和会的最大外交目标。为赢得法国和日本的支持，威尔逊甚至不惜牺牲他的部分"新外交"理念原则。巴黎和会最终接受威尔逊的国联构想并将其写入对德和约，但对德和约需要美国国会的批准。因此，巴黎和会后围绕美国是否加入国联的政治斗争也随之展开。由于威尔逊在执政后与共和党积怨颇深，民主党又输掉了1918年的国会中期选举，因此威尔逊与共和党关于是否参加国联的辩论再次体现出美国国内浓厚的孤立主义氛围。[①]

1919年春，对德和约内容被送交给参议院批准时遭到共和党人的强烈反对。其中，当时的参议院外交委员会主席洛奇和宾夕法尼亚州联邦参议员诺克斯提出两点修正。首先，在批准程序的问题上，诺克斯主张将对德和约条款和国联条款分开批准，因为国联条款在参议院受到反对的声音过大。然而，固执的威尔逊拒绝了诺克斯和洛奇的提议。其次，以洛奇为首的共和党不妥协派认为，即使要批准国联条款，参议院也必须对其内容进行修正。因为国联公约第十条规定，所有会员国（包括美国）都有抵御外国侵略的责任。在洛奇等不妥协派看来，第十条款已经明显侵犯美国的主权和宪法权威，因为是宪法规定国会拥有宣战权的。洛奇等人认为，如果按照国联第十条款的规定类推，美国就要为他国"火中取栗"。另外，国联公约里关于遵守国际仲裁和裁军的条款也让不妥协派们深感不安，他们担心国联会干预美国在这两个领域的自主权。[②]基于此，洛奇提出十项针对国联内容的修正案。修正案包含强烈的孤立主义（单边主义和不干涉主义）内容，如美国

---

① 威尔逊在挑选跟随其参加巴黎和会的美国代表团成员时，故意抛开共和党元老如塔夫脱等人，这引发共和党的严重不满。参见：Lloyd Ambrosius, *Woodrow Wilson and the American Diplomatic Tradition: The Treaty Fight in Perspective*, p.82。

② Thomas Knock, *To End All Wars: Woodrow Wilson and the Quest for a New World Order* (Princeton: Princeton University Press, 1995), p.267。

可以自由退出国联、无国会的授权美国可以不承担第十条规定的义务、国联不得干涉美国的"门罗主义"、美国不受国联裁军计划的制约，等等。在洛奇提出修正方案后，威尔逊坚持国联第十条款不得更改。因为威尔逊认为，更改第十条款意味着国联会变质为帝国主义性质的联盟，这与他的"新外交"原则相悖。[①] 温和的民主党人［以参议员吉尔伯特·希区柯克（Gilbert Hitchcock）为首］和共和党人（以鲁特、塔夫脱为首）也曾提议威尔逊将"门罗主义"的内容加入国联条款以便获得共和党人赞成，但威尔逊依然相信公众的支持会迫使参议院的共和党人让步而拒绝共和党提出的修正方案。[②] 尽管如此，由诺克斯提出的、修正后的带有浓厚孤立主义色彩的国联条款依然未能在1919年春获得参议院的通过。威尔逊试图引导美国参与"新世界"秩序构建的设想完全失败。

威尔逊的国联计划最终没有获得参议院的批准，其直接原因当然是以洛奇为首的不妥协派与威尔逊之间巨大的立场差距和政治矛盾。[③] 然而，美国民众和政治家们普遍存在的孤立主义情绪是威尔逊国联计划最终夭折的根本原因。毕竟他们的外交观念与威尔逊集体安全、民主和平、国际道义等新外交理念差距过大。

首先，20世纪初的美国尽管在经济领域成为世界领导，但美国民众从心态和思维方式上没有进入世界领导状态，华盛顿的告别演说和"门罗主义"依然是社会大众对美国外交传统的直觉认识。威尔逊在战前许诺将理想主义加诸欧洲现实政治，但巴黎和会上权势政治和秘密外交依然占据上风，在美国民众看来，这是欧洲"肮脏游戏规则"的

---

① Thomas Knock, *To End All Wars: Woodrow Wilson and the Quest for a New World Order*, p.268; Ruhl Bartlett (ed.), *The Record of American Diplomacy: Document and Readings in the History of American Foreign Relations*, pp.470-472.

② Lloyd Ambrosius, *Woodrow Wilson and the American Diplomatic Tradition: The Treaty Fight in Perspective*, p.152.

③ Thomas Knock, *To End All Wars: Woodrow Wilson and the Quest for a New World Order*, p.265.

继续，美国何必继续卷入欧洲的权斗？这种心态是很多美国人反对加入英法操控的国联的重要原因，这种心态也是威尔逊未能通过巡回演说唤起民众对国联的热情的原因。[①] 总之，第一次世界大战后美国民众的孤立主义情绪体现在美国不愿继续为充满权斗的欧洲而战。

其次，政治精英层面的孤立主义表现为洛奇和威廉·博拉（William Borah）两支分野。洛奇不是传统意义上的"不介入"式孤立主义者，他不反对美国参与国际事务或干预欧洲，但他是典型的单边主义式的孤立主义者。威尔逊从巴黎和会带着国联计划归来后，洛奇对他说："没有任何国际条约可以对美国有约束力，也没有任何国际条约可以在没有参议院批准的情况下成为最高法律。"[②] 在1920年3月与哈佛大学校长进行辩论时，洛奇认为他不反对国家联盟，也支持美国领导世界，但问题在于以什么样的思维来领导，美国参与国际事务的原则是，要客观定位自己的实力，做美国能力范围以内的事情，美国不能提出那些"孤芳自赏"的理想主义目标并基于这些目标给自己强加那些力不能及的责任。洛奇希望美国"有限地"卷入国际事务，不要把道德内容过多地加入美国外交。

与洛奇单边主义式的孤立主义相反，爱达荷州资深参议员博拉坚决反对美国参加任何形式的国家联盟。博拉是典型的"不介入"式的孤立主义者。博拉领导的参议院"不妥协集团"议员大多来自中西部地区，他们认为美国参加欧洲国家控制的国际组织不符合美国外交传统，因为美国很可能会被欧洲国家利用，卷入"欧洲的政治风暴中心"。来自伊利诺伊州的参议员劳伦斯·舍曼（Lawrence Sherman）担心国联被欧洲的天主教国家控制，来自密苏里州的参议员詹姆斯·里

---

① John Braemaned, *Change and Continuity in Twentieth-Century America* (Columbus: The Ohio State University Press, 1965), p.23.

② Lloyd Ambrosius, *Woodrow Wilson and the American Diplomatic Tradition: The Treaty Fight in Perspective*, p.85.

德（James Reed）攻击威尔逊的民主和平论不切实际。[1] 反国联声音最高的博拉反对任何与威尔逊妥协的国联修正案，他在参议院直言，"我对任何形式的（国联）修正案或保留意见都不感兴趣，那些使我们加入欧洲亚洲联盟的修正案和保留条款都不会让我满意"。博拉在参议院关于国联的辩论中提出他的反对理由：欧洲正在进行的战争就有23场，国联条款的集体安全规定肯定会把地区性冲突带入全球性冲突。无论是国联条款还是《凡尔赛和约》，二者都会伤害美国的外交独立性，把美国卷入无关紧要的地区战争中。[2] 在1919年11月关于国联的演讲中，博拉再次解释他为何反对国联："加入国联的后果是什么呢？我们会卷入所有的欧洲事务，我们会卷入所有的欧洲关切中，我们会和所有加入国联的欧洲国家结盟……换句话说，总统先生，我们触及一个根本的问题——我们已经'一劳永逸'地废弃了合众国150多年来伟大的'不介入'（No Entangling Alliances）政策。"[3]

总之，无论是民众对美国领导世界的生疏情绪、洛奇对美国行动自由的格外珍视，还是博拉等不妥协集团对"不介入"原则的严格恪守，这些都说明一战后的美国依然没有在思维模式上与超前的威尔逊"新外交"啮合。主张"不介入"（博拉为代表）、有限地介入（洛奇为代表）的观点依然足以抵挡威尔逊自由国际主义思想在美国外交的实践。这种存在于美国社会和政治家们层面的对自由国际主义的抵制情绪随着威尔逊的卸任而逐渐影响到20世纪20年代至30年代的美国外交决策。

---

① 王立新：《踌躇的霸权：美国崛起后的身份困惑与秩序追求（1913—1945）》，中国社会科学出版社，2015，第72—78页。

② Lloyd Ambrosius, *Woodrow Wilson and the American Diplomatic Tradition: The Treaty Fight in Perspective*, p.161.

③ William E. Borah, "Speech on the League of Nations," History Central, November 19, 1919, http://www.historycentral.com/documents/Borah.html.

第四节　两次世界大战之间的孤立主义

在经历世界大战的残酷与威尔逊主义不切实际的理想以后，美国国内社会和部分政治家希望再次回到战争前不介入欧洲事务的状态，但美国与世界事务的联系则随着德国战债问题、欧洲和平问题、东亚问题、裁军问题的发展而加深了，国际问题也客观上需要美国的介入参与。从哈定到柯立芝总统，美国确实参与了很多国际会议，也解决了很多国际问题，如对德国战债问题的处理、华盛顿会议、非战公约、东亚问题等。虽然美国的国务卿休斯、凯洛格和史汀生都是主张美国积极介入世界的国际主义者，但哈定、柯立芝和胡佛三位总统的执政重心根本不在国际事务方面。而且，这段时期美国国内和平主义思潮泛滥，民众反对美国介入欧洲黑暗的权力政治，国会则同样珍视美国自身制度的"高洁与完美"，警惕总统在参与国际事务时可能作出的国际义务承诺。而在1920年至1932年，尽管美国大量参与解决国际纠纷和国际会议，但是哈定、柯立芝和胡佛三位总统或者对国际事务不感兴趣，将外交事务交给其国务卿运作，或者将主要精力耽于国内事务，无暇在国际事务上花费很多时间。

在1920年的总统大选中，哈定以"回归正常"（Return to Normalcy）和"美国优先"为外交口号参选。[①] 参议员博拉认为哈定在1920年的胜选是"美国人反对任何形式的联盟或反对与欧洲大国产生任何联系的证明"。[②] 在共和党提名大会上的演讲中，哈定认为美国作为完美的世外桃源式的国家，应该继续保持不介入欧洲权力政治的原则，保留

[①]　Robert K. Murray, *The Harding Era: Warren G. Harding and His Administration* (Minneapolis: University of Minnesota Press, 1969), p.265.

[②]　Thomas N. Guinsburg, *The Pursuit of Isolationism in the United States Senate from Versailles to Pearl Harbor* (New York: Garland Pub, 1982), p.53.

美国的自由行动权限。哈定承诺坚决不接受"世界超级政府"（World Super Government）的领导："共和党参议院已经阻止（总统）牺牲独立美国的荣耀与影响力来交换联合世界政府中一个模糊而不平淡的国家地位。"哈定呼吁各国通过裁军来实现世界和平："我的良心深处一直有一个永不停歇的声音，那就是大规模削减军备并减少那些热爱和平人民的负担。"然而，哈定又承诺不参与欧洲大国建立的国联："如果这个巨大的错误（指一战）已经使欧洲国家在国联公约中命运交织，那么我们对欧洲的同情只能使我们自己的好运在抵制介入欧洲时更加彰显。在进步的文明与国际正义中充当一个自由与冷漠的行为体无疑会更好，我们只需根据自己良知的公约（covenant of conscience）而不用被纸上的公约束缚，这些公约向来都是在收缴我们的行动自由、给予军事联盟以代行美国权责的权力。"[1] 哈定反对国联和介入欧洲的演讲引起共和党领导层和亲共和党媒体的热烈反应。除却在原则上支持孤立主义以外，哈定自己对国际事务的关心程度并不高，他把大量的外交决策权力交与熟悉国际事务的休斯，哈定自己则属于担心美国的行动自由受到国际组织、条约和联盟约束的传统中西部共和党人，例如在讨论是否加入与国联联系紧密的世界法庭的过程中，即使是休斯极力支持，哈定自己也对世界法庭表示怀疑。[2]

柯立芝总统在国际事务方面比哈定更加漠不关心，他把大量的涉外事务交给他的财政部长安德鲁·梅隆（Andrew Mellon）、商务部长胡佛和国务卿休斯。柯立芝总统从未出国访问，对外交事务不感兴趣。柯立芝既不是像威尔逊那样的自由国际主义者，也不是主张美国完全封闭的孤立主义者，但柯立芝的外交立场具有明显的孤立主义倾向，如柯立芝以扩展与外国的商业联系为主要任务，将外交重点放在拉美

---

[1] "The National Foreign Policy: Statement of Candidate Harding—Planks in Party Platforms," *Advocate of Peace through Justice* 82, no. 8 (1920): 281.

[2] Robert K. Murray, *The Harding Era: Warren G. Harding and His Administration*, pp.368-375.

地区，继续不介入欧洲的政治和军事联盟，在外交言论中空谈世界和平与裁军。柯立芝认为，只有美国自身的国内事务尤其是经济事务才是唯一重要的："我总是和人们讲，在美国国内我还有无穷无尽的访问不完的地方，我哪知道什么时候有空访问外国。""（与国外相比）我们有更自由的政府和更包容的社会组织。""对我们来说，经济是最要紧的，因为经济好坏是对我们国家本质良善的检验。"[①] 柯立芝自己对他的国务卿休斯和凯洛格都很敬佩，但每当他们向他汇报国际事务和提出建议时，柯立芝都会显得无精打采或毫无兴趣。在柯立芝政府时期，流行于美国和欧洲的和平主义思潮使欧洲和国联的拥护者试图建立集体安全机制来防止战争，但柯立芝对国联的立场与哈定完全相同，他认为美国应高度警惕"不要和那些日内瓦的政治阴谋沆瀣一气"，柯立芝担心参与集体安全会让"美国人不得不出国作战"。事实上，柯立芝特别担心作为移民国家的美国会因为参与欧洲的战争而导致国内不同种族分别支持自己的母国，从而使"国家前所未有地分裂为非美国（un-American）的各民族团体"。[②] 尽管柯立芝对美国介入国际事务的态度很冷漠，但他认识到与欧洲政治和英法操控的国联保持距离的目的是维护美国国内制度、国家主权的完整性，避免充满权力斗争的欧洲把美国拉入战争泥潭。柯立芝在他涉及外交事务的演讲中大篇幅提及拉美和中国，但很少提及欧洲事务。[③] 柯立芝也多次在涉及外交事务的演讲中称赞美国制度的"完美"和优越性，认为美国虽然希望其他国家学

---

① Howard H. Quint, Robert H. Ferrell eds., *The Talkative President: The Off-the-Record Press Conferences of Calvin Coolidge* (Amherst: University of Massachusetts Press, 1964), pp.253; "Address at the Meeting of the Business Organization of the Government: 'Economy in the Interest of All'," The American Presidency Project, June 30, 1924, http://www.presidency.ucsb.edu/ws/?pid=24174.

② John Earl Haynes, *Calvin Coolidge and the Coolidge Era: Essays on the History of the 1920s* (Hanover, NH: University Press of New England, 1998), p.299.

③ "The Foreign Policy of the United States. Excerpts from the Address of President Coolidge at the Dinner of the United Press at New York City," The American Presidency Project, April 25, 1927, http://www.presidency.ucsb.edu/ws/index.php?pid=419.

习其优越的制度，但美国不愿意主动把自由制度普及给其他国家而是应"首先做好自己"："我们都想欧洲解决自己的困难和消解自己的仇恨，但如果我们做个表率首先消解自己的仇恨，那岂不是更好？"[1]

胡佛总统自己熟知国际事务且积极参与外交决策，但在他上任后不久美国国内就爆发经济大萧条，胡佛的主要精力被用于处理国内经济事务以及国际经济事务。尽管如此，胡佛总统依然积极参与到与欧洲的战债问题、裁军问题、拉美政策和东亚问题中。胡佛支持美国参与裁军并加入世界法庭，认为国际法和国际组织是实现世界和平的途径。胡佛的外交立场总体上是自由国际主义的。但在涉及具体的权势政治方面，胡佛对于是否使用美国的军事力量表现出克制和谨慎，这一点从胡佛处理东亚问题时与国务卿史汀生的分歧可以看出。[2] 在对待欧洲的态度上，胡佛自己虽然支持美国积极参与欧洲事务，但他对欧洲的印象与当时的很多美国民众相同。

在一次演讲中，胡佛这样描述欧洲："这片大陆上的4亿人被划为26个民族。他们比肩继踵地厕身于面积等于美国2/3的土地上。让我们设身处地想一想，设若我们有26个州，说着不同的语言，有不同的种族认同和经济政治问题，结果会是怎样？让我们再设想一下，如此数量繁杂的民族在充斥着民族主义、帝国主义、宗教冲突、错位记忆、陈年旧恨和苦涩恐惧的历史中是如何可怕地冲突激荡着。那儿的民族都有自己的军队，他们的人口和领土在边境上相互交错，解决他们的领土争端几无可能。分离的少数族裔们大声抗议，但这不仅对他们的解放于事无补，反倒成了他们发动战争的惯用借口。他们的政府体制花样繁多，但就算有个民主形式也是阶级政府。这就是我们所知道的

---

[1] "Address Delivered at the Dedication of a Monument to Lafayette," Baltimore, Md., Saturday, September 6, 1924, https://coolidgefoundation.org/resources/speeches-as-president-1923-1928-9/.

[2] William Starr Myers, *The Foreign Policies of Herbert Hoover, 1929–1933* (New York: C. Scribner's Sons, 1940), pp.157-162.

欧洲。"① 胡佛的演讲表明美国对欧洲发自内心的排斥和远离欧洲的心理动机。

第五节　第二次世界大战爆发前后的孤立主义

如果说哈定、柯立芝和胡佛由于其总统职位的要求而很难体现出明显的孤立主义倾向，那么国会则明显地以其孤立主义立场影响到这段时期的美国外交。这些介于一战后和二战前的孤立主义参议员大多在外交委员会担任委员或主席，而且他们中的大多数来自中西部地区。这段时期典型的孤立主义参议员包括：来自爱达荷州的威廉·博拉、来自加利福尼亚州的希拉姆·约翰逊（Hiram Johnson）、来自威斯康星州的罗伯特·拉福莱特（Robert M. LaFollette）、来自内布拉斯加州的乔治·诺里斯（George W. Norris）、来自北达科他州的杰拉德·奈伊（Gerald Nye）、来自密歇根州的阿瑟·范登堡（Arthur Vandenberg）、来自密苏里州的本内特·克拉克（Bennett Champ Clark）、来自蒙大拿州的伯顿·惠勒（Burton K. Wheeler）、来自俄亥俄州的罗伯特·塔夫脱（Robert A. Taft）、来自明尼苏达州的亨里克·希普斯特德（Henrik Shipstead）。这些参议员并不反对美国参与世界事务，他们支持美国参与以世界和平和裁军为主题的会议，支持美国发展与他国的贸易关系，但他们反对美国参与类似国联的"世界政府"组织，因为这会让美国为其他国家的利益承担责任，从而伤害美国的行动自由。他们也反对美国参与签署任何形式的军事盟约，因为欧洲充满阴谋与秘密的权力政治可能使美国再次像一战那样为他国"火中取栗"。他们主张美国不干涉欧洲或与欧洲国家有关的地区冲突，在他国的冲突中严守中立。他们支持所有不要求美国作出涉及主权和行动自由承诺的国际条约。

---

① Arthur M. Schlesinger, Jr., "The New Isolationism," *The Atlantic*, May, 1952.

他们认为美国应将注意力集中于国内建设，包括加强本土防务的建设。基于此，从哈定至罗斯福时期的参议院外交委员会和具有孤立主义倾向的参议员对美国参与国际事务产生明显的阻挠作用，这个时期也普遍地被认为是美国历史上孤立主义的顶峰。

在哈定、柯立芝和胡佛三任共和党总统执政时期，参议院具有孤立主义倾向的参议员对美国参与国际条约和联盟产生有力的阻挠作用。在华盛顿海军会议期间，约翰逊、拉福莱特等参议员就担心休斯等他们称之为"狡猾的国际主义者"（cunning internationalists）炮制类似国联那样的国际联盟。他们对四国条约中所规定的如果签字国权益受损四国将全面沟通并"联合或单独地"（jointly or separately）行动这条内容非常紧张，因为这似乎意味着美国与英、法、日成为四国同盟了。博拉等人甚至将这条内容与国联第十条款类比。[①] 博拉、拉福莱特、约翰逊等参议员试图在国会重建类似当年反对威尔逊国联方案的政治同盟来反对四国条约。[②] 由于民主党议员的反对，博拉等人试图阻止该条约的努力最终失败。在是否加入世界法庭的问题上，博拉等人坚持世界法庭必须同意美国作为加入该组织的保留条款，即在美国没有主动请求裁决的情况下，世界法庭的裁决效果不对美国形成约束力。[③] 在美国签署倡导废弃战争的《非战公约》时，参议院外交委员会先通过决议案批准了凯洛格的谈判计划，然后又在博拉的干预下进行公约谈判，从而避免凯洛格在谈判过程中同意承诺式的条款。[④] 为防止国务院在伦敦海军会议谈判中对法国进行安全上的承诺，博拉要求国务院向参议

---

① Thomas N. Guinsburg, *The Pursuit of Isolationism in the United States Senate from Versailles to Pearl Harbor*, p.56, p.58.

② Claudius O. Johnson, *Borah of Idaho* (New York: Longmans, Green, 1936), p.272.

③ Denna Frank Fleming, *The United States and the World Court* (Garden City: Doubleday, Doran, 1945), pp.60-63.

④ Robert H Ferrell, *Peace in Their Time: The Origins of the Kellogg-Briand Pact* (New Haven: Yale University Press, 1952), pp.243-244.

院外交委员会提交全部与会议相关的通信文件。[①] 由于博拉等孤立主义参议员对所有国际条约抱有深刻怀疑态度，因此他们采取拒绝投票、延迟投票或对总统已经达成的协议添加修正案等手段与总统角力，使从哈定总统到胡佛总统这一时期，美国参与的国际条约在参议院的批准程序上遇到很大困难。

罗斯福总统上任后，美国面临着国内经济危机和世界危机的双重背景，这使美国公众一方面把注意力集中于应对经济危机而鲜少关注国际形势。在大萧条时期，很多民众和议员甚至开始怀疑美国参加一战的必要性，更加确信美国远离欧洲政策的正确性。[②] 由于受经济危机影响的英、法、德三国无法按期清偿美国的战债和投资借贷，20世纪20年代初很多寄望于通过美国资本促进欧洲和平繁荣的美国精英也开始对欧洲失望，他们转而愤怒地认为美国以后不应再对欧洲进行经济援助。[③] 此外，由于希特勒上台后德国所采取的侵略性政策使欧洲局势骤然紧张，因此在20年代就开始反对美国介入欧洲的民众更加反对与即将发生战争的欧洲国家产生可能牵连美国的政治、军事甚至是经济联系。欧洲局势和东亚局势的发展也使美国媒体和政治家看到国际条约、裁军会议的虚无以及国联在应对这些问题方面的无能，因而更加反对美国参与这些国际条约和国际组织。[④] 日本侵占中国东北的九一八事变发生后，孤立主义参议员约翰逊曾带着讽刺的语气说道："国联去哪儿了？神圣的《白里安—凯洛格公约》去哪儿了？"[⑤]

---

① Thomas N. Guinsburg, *The Pursuit of Isolationism in the United States Senate from Versailles to Pearl Harbor*, p.138.

② Robert H Ferrell, *American Diplomacy in the Great Depression: Hoover-Stimson Foreign Policy, 1929–1933* (New Haven: Yale University Press, 1957), p.18.

③ Herbert Feis, *The Diplomacy of the Dollar, 1919–1932* (New York: Norton, 1966), pp.1-17.

④ Norman H. Davis, William E. Borah, John W. Davis, "American Foreign Policy in a Nationalistic World," *Foreign Affairs* 12, no. 2 (1934): 7.

⑤ Thomas N. Guinsburg, *The Pursuit of Isolationism in the United States Senate from Versailles to Pearl Harbor*, p.140.

随着欧洲局势逐渐紧张，罗斯福政府愈加重视通过非军事手段对受侵略国家进行援助，国会和反对美国介入欧洲的力量也愈加强烈。此时的孤立主义者们比哈定时期更加明显地制约了罗斯福政府基于美国利益对英国和受侵略国家的援助力度，此时的孤立主义也对美国的国家利益造成真实伤害。

罗斯福就职不久后授意国务院起草新的自由军事禁运法案（Discretionary Arms Embargo Bill），该法案将给予总统权宜行事的权力以制裁违反非战公约的侵略国。同时，在1933年的日内瓦裁军会议上，美国代表团提议美国"愿意本着避免冲突发生的意图，在威胁和平的情况出现时与其他国家协商"，如果美国对他国指明的侵略国表示认同，美国将"克制任何可能阻挠集体安全努力的行动"来恢复和平。[①]罗斯福政府试图维护《白里安—凯洛格公约》和国联的意图迅速引起参议院外交委员会的警惕，因为他们担心美国对侵略国的禁运会把美国卷入冲突。尽管赫尔保证法案不会适用于正在侵略中国的日本，但外交委员会还是通过对该法案的修正案，修正案要求总统的禁运政策必须不偏不倚地适用于所有冲突国家。面对参议院孤立主义议员修改后的禁运法案，不愿与参议院闹僵的罗斯福在与倾向原版本的国务院略为争论后只能任其搁置而未获通过。[②]

孤立主义参议员们不仅担心罗斯福政府在军事问题上对外国有所承诺，也担心美国存在秘密的游说利益集团基于其个体利益把美国拖入欧洲泥潭。约翰逊担心美国的国际银行家与欧洲的金融关系会"把美国拖入越来越深的欧洲大旋涡"。[③]随着法国外长让·路易斯·巴图

① "Address Delivered by the Honorable Norman H. Davis, Chairman of the United States Delegation, at the General Disarmament Conference, Geneva, May 22, 1933," https://www.mtholyoke.edu/acad/intrel/interwar/davis.htm.

② Cordell Hull, *The Memoirs of Cordell Hull* (New York: Macmillan, 1948), pp.229-230.

③ Thomas N. Guinsburg, *The Pursuit of Isolationism in the United States Senate from Versailles to Pearl Harbor*, p.150.

（Jean Louis Barthou）被暗杀，参议院看到新的欧洲战争似乎已经不可避免，因而更加严肃地反思美国在上次大战中的教训和寻求避免新的世界大战的方法。在这样的背景下，参议院成立由奈伊领导的特别委员会，该委员会旨在调查美国军火利益集团与美国卷入上次大战的深层关联。陆续公开的调查报告、媒体的关注报道和听证会似乎向美国公众证实了这样的逻辑：只要有利可图，美国的军火企业就会尽量让美国政府介入战争、延长战争或破坏和平。[①]同时，委员会的调查报告和媒体曝光率也使奈伊、范登堡、克拉克等孤立主义参议员为公众所知，他们在1934年以后利用调查带来的影响力在中立法的修改方面有效地影响了罗斯福政府。

在胡佛时期，由于以博拉为首的外交委员会坚持世界法庭必须首先同意参议院提出的六项保留条件（包括美国有权否决法庭委员会做出的判决）美国才会加入，这也导致从哈定到胡佛时期美国始终未能成功加入世界法庭。到罗斯福时期，民主党已经重新掌控参议院多数，原来支持国联的参议员皮特曼（Key Pittman）担任外交委员会主席。此时的罗斯福政府如果试图加入世界法庭，这将是一个绝好的政治机会。然而，面对欧洲形势的恶化和国联的失败，很多原来支持美国加入国际组织来确保世界和平的自由国际主义民主党参议员（包括皮特曼本人）已经转变为怀疑甚至反对美国加入的孤立主义者。[②]最终，加入世界法庭的条款在参议院以52票支持对36票反对未能通过。其中，有20个民主党人投票反对。新当选的民主党人反对美国加入世界法庭的人数甚至超过共和党人，这也从侧面说明随着欧洲局势的紧张，孤立主义势力开始突破党派界限（原来的孤立主义者主要是来自中西部

[①]　John Edward Wilz, *In Search of Peace: The Senate Munitions Inquiry, 1934–1936* (Baton Rouge: Louisiana State University Press, 1963), p.20.

[②]　Thomas N. Guinsburg, *The Pursuit of Isolationism in the United States Senate from Versailles to Pearl Harbor*, p.162.

地区的共和党人），比哈定时期有更大的观点市场了。

随着奈伊调查报告的影响和意大利与埃塞俄比亚战争的进行，奈伊等人担心罗斯福总统可能绕开参议院行事，从而导致美国介入欧洲战争的风险增加。孤立主义者们试图通过约束总统和军火商的中立法，确保军火利益集团不会将美国拖入战争，确保交战国不会与美国因纠纷而升级冲突。① 正如奈伊当时所说的："我们掌控了执鞭之手（whip hand），我们准备限制它的使用。"② 在奈伊等人的施压下，参议院于1935年通过中立法，要求美国禁止向交战国出口军火和战略原材料，要求罗斯福在执行1933年武器禁运法案时必须每六个月接受参议院的重新授权。在禁运的内容方面，尽管总统在当时还拥有决定哪些货物属于"武器、弹药或者是战争工具"的权限（后来的中立法把这项权限都剥夺了），但修正案要求总统在实施禁运时必须不偏不倚地对待侵略国和被侵略国。③

在限制总统权限方面，奈伊等孤立主义参议员对罗斯福的初次成功使他们在维持美国不介入的道路上找到新的斗争办法——《中立法案》。关于罗斯福政府可能重新执行非战公约的传言刺激奈伊、范登堡等人决定加速通过新的更加严格限制总统决策的《中立法案》。④ 1936年，参议院不仅拒绝了罗斯福要求的在决定哪些是战略原材料物资（strategic raw material）方面的自由裁量权，而且还在中立法案中加入了禁止美国向交战国家贷款的规定。基于对总统可能在贸易问题上"偏私"制裁侵略国从而使美国由于贸易原因被卷入战争的担心，范登堡

---

① Robert A Divine, *The Illusion of Neutrality* (Chicago: University of Chicago Press, 1962), p.110.

② Wayne S. Cole, *Senator Gerald P. Nye and American Foreign Relations* (Westport, Conn.: Greenwood Press, 1962), p.105.

③ United States Department of State, *Papers Relating to the Foreign Relations of the United States, 1935*, Vol.1, pp.350-352.

④ Thomas N. Guinsburg, *The Pursuit of Isolationism in the United States Senate from Versailles to Pearl Harbor*, pp.186-187.

等人认为有必要继续对美国在非军事贸易层面的中立行为做出规定。1937年通过的《中立法案》要求与美国进行贸易的交战国在购买非战争货物时必须遵循"现购自运"（Cash and Carry）原则，美国的船只和人员被禁止驶向交战国。在法案通过的斗争中，孤立主义者还试图剥夺总统在决定与交战国进行非军事贸易方面的自由裁量权。[①]

1937—1939年，发生在亚洲和欧洲的战争与侵略让孤立主义参议员们对《中立法案》的通过感到庆幸，很多顽固的孤立主义参议员甚至怀疑罗斯福一直在规避中立法行事。[②]鉴于德国和日本扩张对美国的潜在威胁，罗斯福在1939年的国情咨文演讲中提醒国会，当前的《中立法案》很可能间接帮助侵略国而不利于美国。[③]尽管很多参议员同意修改1937年《中立法案》的武器禁运内容，但他们对放开束缚罗斯福的规定依然感到不放心。而且，当时的参议院外交委员会依然有博拉、约翰逊、西普斯泰德、范登堡、拉弗莱特等孤立主义保守派，对《中立法案》的修改必须经过他们的同意。得知罗斯福试图修改《中立法案》后，约翰逊等参议员迅速见面并发表声明，说他们将代表42名参议员通过"一切崇高与合法的方式"（包括阻挠议事和推迟投票）阻止对《中立法案》的修改。他们也寄望于那些孤立主义的民众，希望唤起他们对罗斯福试图取消《中立法案》的反对热情。随着英法对德国宣战，修正《中立法案》的议案最终被提交参议院进行辩论。为了迎合中间派和孤立主义倾向较为温和的参议员，罗斯福总统被迫作出让步，即保留了《中立法案》中的"现购自运"原则，国家武器控制委员会（National Munitions Control Board）在向交战国出口武器时必须获得许可证，但新的《中立法案》允许总统向交战国出售武器。虽然在

　　① Thomas N. Guinsburg, *The Pursuit of Isolationism in the United States Senate from Versailles to Pearl Harbor*, p.196.
　　② Ibid., p.207.
　　③ Samuel Irving Rosenman (ed.), *The Public Papers and Addresses of Franklin D. Roosevelt, 1938–1950* (New York: Random House, 1944), Vol.13, p.1.

参议院的投票中未能阻止对1937年《中立法案》的修改，但孤立主义者们依然对他们的努力非常满意。因为他们认为，通过阻挠放开罗斯福介入欧洲和亚洲战事的权限，美国介入与其无关的战争的可能性就会降低。[①]

到1940年，欧洲和亚洲的战争已经全面展开，纳粹德国和日本已经取得惊人的侵略成果。然而，罗斯福越是试图帮助英国，孤立主义死硬派就越认为罗斯福试图把美国拖入战争，因而越发反对罗斯福对英国的援助。他们攻击罗斯福与英国的驱逐舰协议，攻击国会通过的兵役法案，提议美国向英国出售战机的法案在参议院外交委员会只得到两票支持。[②] 然而，此时的罗斯福已经不再惧怕国会中的孤立主义死硬派，因为1940年的大选已经证明选民对罗斯福外交政策的巨大支持。

1941年春天，罗斯福告诉参议院内的民主党人，他将寻求通过全面援助英国的《租借法案》。对于孤立主义死硬派来说，阻挠《租借法案》是他们防止美国介入战争的"最后一搏"（last ditch fight）。[③] 受众议院孤立主义议员的影响，《租借法案》被添加了很多限制总统操作权限的修正内容，如未给总统授权以护航英国商船、使用现有资源的援助上限不得超过13亿美元、租借授权截至1943年6月、国会有权通过决议案随时终止总统的行动等。[④]《租借法案》被送到参议院时，外交委员会中的约翰逊、奈伊、范登堡、拉弗莱特、克拉克等人认为他们对罗斯福的阻力会比众议院大得多。他们再次聚集在约翰逊的办公室商议对策，他们决定让民主党人克拉克先站出来抨击《租借法案》。他

---

① Thomas N. Guinsburg, *The Pursuit of Isolationism in the United States Senate from Versailles to Pearl Harbor*, p.217, p.224, p.239.

② Robert Dallek, *Franklin D. Roosevelt and American Foreign Policy, 1932–1945* (New York: Oxford University Press, 1979), pp.209-212.

③ Thomas N. Guinsburg, *The Pursuit of Isolationism in the United States Senate from Versailles to Pearl Harbor*, p.247.

④ William L. Langer, *The Undeclared War, 1940–1941* (New York: Harper & Brothers, 1953), pp.259-273.

们同意即使不能在程序上阻止法案的通过也要尽力迟滞它，如果无法迟滞就再次加入限制罗斯福操作权限的修正条款，他们在参议院呼吁阻止《租借法案》以防外交权力全部落入"独裁式"总统之手，他们在集会中向选民宣传《租借法案》是试图把美国拖入战争并造成大量美国人死亡的"战争法案"。

然而，新任的民主党参议院外交委员会主席沃尔特·乔治（Walter George）与罗斯福积极合作并积极整合民主党议员的支持，迅速在委员会内部通过了对《租借法案》进行表决的决议案。随后，罗斯福与中间派参议员达成和解，对总统在实施《租借法案》时的部分操作授权进行微小修正，《租借法案》最终在参议院以59票对15票获得通过。① 《租借法案》的通过，实质上使美国彻底废除了自1935年以来的中立政策。随着孤立主义势力的明显下降，罗斯福政府开始主动采取自由国际主义战略来塑造有利于美国的世界格局。

第六节　结　语

回顾美国从建国到二战爆发这一时期外交思想与政策的历史可见，孤立主义产生于美国基于"完美"政治制度设计的建国理念，植根于美国政治精英对美国国内制度"完美性"的自信和维护，植根于美国政治精英对英国、欧洲和落后地区的疏离情绪，由此形成美国政治精英对美国国家利益实现方式的两种带有极端倾向的思路。一方面，部分美国人认为美国国内制度是"完美"的，美国只需要继续建设好自己，无须走出国门到国外的"落后蛮荒之地"去普及美式民主社会制度，也无须介入欧洲和其他地区肮脏的、可能使美国为他国所利用的、可能消耗美国国力的权力斗争，这导致了早期美国不愿意介入欧洲的

---

① Thomas N. Guinsburg, *The Pursuit of Isolationism in the United States Senate from Versailles to Pearl Harbor*, pp.250-261.

外交政策、门罗主义和两次世界大战时期的"孤立主义"，以及二战以后的反干涉主义；另一方面，部分美国人认为美国的国内制度是"完美"的，美国可以将这种"完美"制度普及于落后或"未开化之地"以实现世界的"美国化"或美国的"世界化"。基于此，美国可以采取任何行动维护自身的国家利益，包括在必要的情况下采取单边主义行动来普及美式民主与自由理念、在必要的情况下采取单边主义行动来维护美国自身的安全和经济利益。因此，孤立主义本质上是美式民族主义的两种观点或倾向——反干涉扩张和单边主义。这两种观点在美国的历史中不断通过新的外交议题而体现出来，如建国初期美国国内在如何处理欧美关系方面的分歧以及门罗主义的出台；扩张时期帝国主义和反帝国主义的辩论；两次世界大战期间反对美国参与国际组织条约和反对美国介入欧洲战事的中立法；战后支持美国全面出击彻底消灭苏联和共产主义的共和党保守主义鹰派；战后支持美国无视联合国和其他多边组织的保守主义和新保守主义者；当前支持美国无视多边自由贸易协议的反贸易自由化群体；当前支持美国无视多边外交协议的共和党保守主义者；等等。这些观点都属于美式民族主义的两种极端倾向——反干涉扩张和单边主义。

就此而言，孤立主义本来就存在于美国外交历史中，孤立主义并非两次世界大战期间的特色而只是那时候反干涉思潮的发展顶峰。美国外交历史中没有完全意义上的孤立主义政策或完全意义上的孤立主义观点，但很多外交政策和观点都带有美式民族主义的这两种倾向，因而也就带有孤立主义的倾向。随着美国外交不断因国内外因素而遇见新的外交议题，植根于美式民族主义的这两种张力会随着新的外交议题的出现而不断体现出来，反干涉主义和单边主义两种倾向也会在未来的美国外交中此起彼伏地交替显现，从而使二战、冷战以后以及未来的美国外交中带有这两种倾向的观点都被称为"新的孤立主义"（New Isolationism）或"新孤立主义"（Neo-Isolationism）。

第三章　塔夫脱时期：
　　新孤立主义的萌芽

在美国新孤立主义的发展历史过程中，以二战爆发前以及二战结束后美国国会著名的孤立主义参议员塔夫脱为代表的政客，首先提出了外交政策与对外贸易政策领域的新孤立主义萌芽式观点。因此，本书将1942年至1952年塔夫脱参议员在美国政治中较为活跃的这段时间称为新孤立主义思想萌芽的"塔夫脱时期"。在塔夫脱时期，美国的贸易自由化实践继续向着有利于贸易自由派所希望的方向发展。关贸总协定的建立使行政机构（总统）可以更加便捷地促进美国的贸易自由化进程，但寻求保护的美国弱势产业也获得很多制度性补偿，这些补偿使弱势产业在美国扩大贸易自由化的同时也能尽量免受自由化的负面冲击。塔夫脱时期贸易自由化对产业工人的负面冲击因为补偿的存在而没有非常明显。在塔夫脱时期，保守主义运动正处于发展的初步阶段，共和党保守派力量刚刚兴起但尚未能控制共和党的政策议程，因而根本无法将保守派所主张的新孤立主义观点付诸政策实践。自由贸易负面冲击的微弱影响和共和党保守派的微弱力量使塔夫脱时期的新孤立主义只是出现观点和思想的萌芽而根本不可能被付诸实践。

第一节　自由化实践与对保护主义的补偿

塔夫脱时期的美国贸易自由化实践奠定了美国在国际社会大规模参与多边自由贸易的基础。美国对发起关贸总协定谈判的领导与在这个多边贸易平台后来运行中的主导地位推动了塔夫脱时期的美国贸易自由化的初步发展。然而，由于在塔夫脱时期保护主义利益集团在国会拥有强大的政治影响力以及游说能力，总统在推动贸易自由化和参与多边贸易平台的过程中为寻求部分保护主义产业的支持，只能给予保护主义产业部分制度性的补偿——采取国会立法对这些产业进行特别保护，因此，塔夫脱时期的保护主义势力，尤其是劳动力密集型产业在贸易自由化的环境下受到的冲击较小，反对多边自由贸易的新孤立主义在塔夫脱时期没有变成新孤立主义的政策实践。

一、美国的贸易自由化实践

二战结束后，随着罗斯福去世和支持新政的政治力量的下降，美国国内经济民族主义（当时主要是支持采取保护主义的共和党人）和贸易国际主义派（支持罗斯福的民主党人）的冲突逐渐演变为贸易国际主义派占上风，这体现为主张贸易自由化的国务院在国际经济政策中的影响力逐渐压倒主张保护主义的财政部。[①] 再加上当时美苏冷战正在形成和酝酿的过程中，国务院的政策专家们也把复苏战后民主国家的经济力量作为提振自由世界和对抗苏联的基础战略，因而总统领导的行政部门和国务院在推动战后美国多边贸易自由化政策的过程中发挥了主导作用。[②] 1947年，由美国国务院牵头谈成的、旨在降低关税壁垒的《国际贸易组织宪章》（*International Trade Organization Charter*，ITOC）有53个国家参与并签字，但由于这个多边贸易协定既在贸易开放方面受到国内保护主义势力的反对，又因为在条款规定方面过于宽松（自由派认为这个协定的条款内容杂乱，在促进自由贸易的同时又

---

① Jean Christopher Graz, "The Political Economy of International Trade: The Relevance of International Trade Organization Project," *Journal of International Relations and Development,* no. 2 (1999): 288.

② Richard N. Gardner, *Sterling-Dollar Diplomacy in Current Perspective* (New York: Columbia University Press, 1980), pp.12-13.

给很多国家以保护主义的借口）而受到国内贸易自由派的反对。[①]《国际贸易组织宪章》既没有获得参议院外交委员会的通过，也没有在参议院进行投票表决。虽然该贸易协议最终因为美国的缺席而胎死腹中，但这是美国在二战后牵头发起的首次多边自由贸易制度构建的努力，这个失败的蓝图为后来关贸总协定的建立提供了有益的镜鉴。

美国的贸易谈判者并未等待《国际贸易组织宪章》在国会缓慢的辩论过程。在《国际贸易组织宪章》结果尚未明朗的时候，为执行《国际贸易组织宪章》中所谈成的国际贸易与投资准则，由国务院领导的美国贸易代表又在日内瓦进行旨在降低关税和规定贸易行为的规则谈判。由于有《国际贸易组织宪章》的谈判基础，新的《关税与贸易总协定》在首轮谈判后很快就达成并由23个国家签署。与《国际贸易组织宪章》相比，《关税与贸易总协定》保留了自由派期望看到的、促进自由贸易的基本内容。虽然《关税与贸易总协定》的核心目标依然是促进参与该协议的国家基于互惠原则继续降低进口关税，但这个协议实际上把很多原来只适用于双边贸易关系（或地区贸易关系）的贸易规则国际化或者多边主义化了。例如，《关税与贸易总协定》首次将最惠国待遇原则普遍适用于所有签署方，《关税与贸易总协定》也在条款中规定了贸易国家在投资政策与税率方面必须公平对待外国投资的"非歧视"原则（national treatment rules）。另外，《关税与贸易总协定》还确立了适用于所有成员的贸易反倾销、反补贴规定，给贸易成员判定他国是否存在倾销和补贴行为作出细节和操作上的限定。[②]与此同时，《关税与贸易总协定》还创新性地对国家的贸易保护主义行为作出深入界定，为国家采取保护主义关税留下空间。例如，尽管最惠国待遇原

---

① William Diebold, Jr., *The End of I.T.O. Essays of International Finance* (Princeton: Princeton University Press, 1952), p.10, p.15, p.23.

② Robert E. Baldwin, "U.S. Trade Policy since 1934: An Uneven Path toward Greater Trade Liberalization," (Boston: National Bureau of Economic Research, 2009), pp.5-6.

则普遍适用于所有《关税与贸易总协定》成员，但如果成员通过"另起炉灶"的方式达成其他多边贸易协定，则《关税与贸易总协定》允许新贸易协定的成员在贸易壁垒方面对原来《关税与贸易总协定》的其他成员采取歧视性的关税待遇。[①] 又如，《关税与贸易总协定》规定国家可以以保护国内产业安全和平衡严重的贸易赤字为由采取增加关税等贸易救济措施。

从贸易决策机制的角度来看，《关税与贸易总协定》并没有像1933年的《互惠贸易协定法案》那样使行政分支主导关税谈判的贸易自由化权力有所增加，但《关税与贸易总协定》的关税互惠原则落实到具体的贸易实践中有利于在商品价格方面占据绝对优势的美国。在关税谈判中，其他国家向美国优势产品的开放程度远大于美国对其他国家优势产品的开放程度。因此，尽管《关税与贸易总协定》的关税互惠原则在规定上适用于所有成员，但事实上拥有更多优势产业的美国才是《关税与贸易总协定》的最大受益者和贸易自由化规则的制定者。[②]美国通过《关税与贸易总协定》搭建出把美国优势产业和国际自由贸易机制对接的平台，同时也为美国在冷战期间继续参与贸易自由化谈判打下国际制度基础。为促进《关税与贸易总协定》在国会的通过并使其避免重蹈《国际贸易组织宪章》的覆辙，美国国内的贸易自由派在条款的遣词造句中有意写明："协议方的共同行动"而非协约共同体具有最高权力（highest authority）。这个条款向国会表明，《关税与贸易总协定》只是符合《互惠贸易协定法案》规定下的"贸易协定"（trade agreement），《关税与贸易总协定》不属于需要国会批准美国加入的"国际组织"（International Organization）。[③] 国务院的贸易自由派通过国际

---

①　Nistan Chorev, *Remaking U.S. Trade Policy: From Protectionism to Globalization*, p.54.

②　Richard H. Steinberg, "In the Shadow of Law or Power? Consensus-Based Bargaining and Outcomes in the GATT/WTO," *International Organization* 56, no. 2 (2002): 347-348.

③　John H. Jackson, "The General Agreement on Tariffs and Trade in U.S. Domestic Law," *Michigan Law Review* 66, no. 2 (1967): 249.

贸易协议的方式构建出美国主导下的具有国际组织意义的全球多边贸易机制的雏形。在《关税与贸易总协定》通过后，美国依靠该协议指导下的关税谈判及贸易准则平台，在后续工作中又进行了两轮大规模的关税削减谈判，即1960—1962年的狄龙回合（Dillon Round）谈判和1964—1967年的肯尼迪回合（Kennedy Round）谈判。两轮谈判为美国的优势产品出口清除了很多高关税壁垒，增加了美国的对外出口额度，但相应地，美国的总进口关税也大幅下降了，在1962年，美国的平均进口关税降到12%以下，1967年降至低于10%。关税的下降使外国产品对美国国内保护主义产业的冲击开始增加。[1]

二、对保护主义的补偿与实际效果

在《关税与贸易总协定》成立以后阶段性地满足贸易自由派对于扩大美国优势产品出口要求的同时，保护主义产业却因为互惠关税谈判所导致的外来进口冲击而承受更大的压力，但保护主义在这段时期也积极应对贸易自由化的挑战，通过寻求国会内部保护主义议员的支持，保护主义游说集团成功地在这段时期内促成了很多由国会立法进行的贸易保护措施，这种对保护主义的"补偿"弱化了贸易自由化对保护主义产业的冲击。

《关税与贸易总协定》通过后，开放的进口市场使国会及美国国内的保护主义开始意识到外国优势产品出口对美国国内市场的冲击，保护主义开始游说寻求额外的制度"补偿"，以期望国会通过其他贸易保护渠道来确保他们的产业利益。在保护主义的游说下，国会也确实通过特殊的立法（授权新的《贸易扩展法案》）直接对国内部分产业进行贸易保护，对总统提出对美国的部分弱势产业进行特别保护的要

---

[1] Judith Goldstein, *Ideals, Interests, and American Trade Policy* (Ithaca: Cornell University Press, 1993), p.163; Paul Q. Hirst, Grahame Thompson, *Globalization in Question: The International Economy and the Possibilities of Governance* (Malden: Polity Press, 1999), p.38.

求。国会在《互惠贸易协定法案》中只是授予总统在谈判中拥有降低关税的权力，对其他贸易保护主义手段的使用权力依然掌握在国会手中。例如，国会只要通过立法对进口商品实施"配额"（import quotas）规定就能达到限制进口、保护弱势产业的目标。同时，受自由贸易冲击较大的利益集团也通过游说国会，使他们的产业可以在关税谈判中受到特殊的照顾。[①] 国会也可以针对易受自由贸易冲击的具体某类产业进行专门的立法，要求参加谈判的总统在美国的敏感（弱势）产业（玻璃制造、陶瓷、手工艺品、纺织、制表、石油化工、煤炭、造纸、制铅、制锌等行业）方面不能作出降低关税的让步。[②] 例如，在1948年的《贸易扩展法案》中，国会要求对某些敏感产业设置"伤害临界点"（peril point），即一旦关税委员会（Tariff Committee，美国国际贸易委员会的前身）研究认定这些受进口冲击严重的产业可能或正在受到实质性伤害，总统就应对这些产品设置最低进口关税而不再按照自由贸易协定的规定来降税。[③] 在1951年，国会再次引进贸易修正法案，要求总统在贸易谈判中必须考虑到个别产业受到的冲击后果，甚至在极端情况下，自由贸易协定应允许美国保留退出权利以保护国内产业的完整。[④] 在1955年，国会要求《贸易扩展法案》增设涉及"国家安全"条款对部分弱势产业进行保护，条款规定总统在贸易谈判中不得降低对国家安全有重要影响的产业产品的关税。[⑤] 美国国会在塔夫脱时期采取的保护主义政策说明，《关税与贸易总协定》的签署刺激了国会对总统贸易政策的保护性干预，贸易保护主义依然可以通过大量的国会游说

[①] I. M. Destler, *American Trade Politics: System under Stress* (Washington, DC: Institution for International Economics, 1995), p.22.

[②] Richard A. Watson, "The Tariff Revolution: A Study of Shifting Party Attitudes," *Journal of Politics* 18, no. 4 (1956): 691.

[③] William Diebold, *The United States and the Industrial World: American Foreign Economy Policy in the 1970s* (New York: Praeger Publishers, 1972), p.3.

[④] Ibid., pp.155-156.

[⑤] Robert A. Pastor, *Congress and the Politics of U.S. Foreign Economy Policy, 1929–1976*, p.103.

和立法来有选择地保护国内弱势产业免受外国产品的进口冲击。在塔夫脱时期，国会干预总统贸易自由化政策并给予保护主义产业制度"补偿"的权限和方式依然很多。

在塔夫脱时期，美国已经开始建构最早的多边自由贸易制度，美国支持自由贸易的行政机构（总统）和利益集团也在国际谈判中取得很多贸易自由化成果，这些自由化的成功在有利于贸易自由派的同时，也打开美国市场并使美国的保护主义产业受到更大的进口压力。但是，由于塔夫脱时期的保守主义在国会具有强大的游说力量，贸易自由派在增加自己制度性"收益"的同时，也对保护主义给予足够多的"制度性"照顾，如"产业安全"和"国家安全"条款以及国会直接进行的立法式保护。因此，在塔夫脱时期，保护主义利益集团和政治代表反对多边主义自由贸易制度建设的呼声并不高，美国在贸易领域的新孤立主义尚未出现。

第二节　保守派力量的初步发展

保守主义外交思想中包含着新孤立主义的思想元素，保守主义外交思想的兴盛直接影响着新孤立主义观点的兴盛。在塔夫脱时期，保守主义运动的发展尚处于起步阶段。塔夫脱所领导的共和党保守派力量尚处于起步阶段，因而不可能在争夺对共和党政策议程的控制权时压倒来自东北部的共和党温和派，更不可能在国会和总统选举层面占据上风。在塔夫脱时期，政治力量尚处于弱势的共和党保守派只能提出他们自己的新孤立主义观点，而不可能通过总统和国会这些权力平台将他们的新孤立主义观点付诸实践。

一、保守主义外交与新孤立主义

保守主义外交政策的根源是保守主义政治思想的延伸。由于各国的政治社会情况不同，保守主义在各国的发展都有不同的特色，但保守主义政治思想的很多基础假定是相通的，这也决定了美国的保守主义外交政策依然是基于保守主义最基本的假定得出的。首先，保守主义认为人性（human nature）不是完美的，人性是自利的，因此，要想通过完美的政治制度设计或革命式的制度变革来实现理想政治是不可能的。延伸到外交领域，保守主义者由个人的自利性演绎到国家的自利性，因而既不相信温特所谓"康德社会文化"的建构，也不相信以革命式的国家关系理念来改造国际社会以实现世界和平。因此，保守主义者对诸如联合国、国际法之类的国际机制深表怀疑，保守主义者也很警惕美国的国家主权受到诸如联合国这样的国际组织的侵蚀。在保守主义看来，革命式的新型国际关系理念不符合现实情况，基于主权国家和权力逻辑的国际关系"现状"尽管有很多缺陷，但总体上有利于国际社会的稳定。其次，从个人对权力和利益的追求欲望出发，保守主义对权力充满顾虑，认为国际社会的无政府状态是国际关系的实然现象。因此，国家应最大限度地攫取权力来强大自身，应不断扩大军备开支以阻遏他国侵略，追求自身的绝对安全。保守主义认为，军事力量是自身安全的最有效保障，军事安全利益高于经济和其他安全利益，在与他国合作的过程中必须留有戒心以防止他国收益超过自己。[1] 保守主义致力于追求美国的绝对安全形势，主张美国应警惕其他国家通过非对称方式对美国形成潜在威胁，尤其是某些对美国怀有敌意的"流氓国家"及其拥有大规模杀伤性武器的可能性，这对美国的安全至关重要。[2] 基于对国际社会无政府状态的认识，保守主义者认为在具备相对国力优势的情况下，美国没必要按照联合国和国际法的规

---

[1] Joshua Muravchik, *The Imperative of American Leadership: A Challenge to Neo-Isolationism* (Washington: D.C.: The AEI Press, 1996), p.135.

[2] Charles Krauthammer, "The Unipolar Moment," *Foreign Affairs* 70, no. 1 (1990): 29; "Introduction: National Interest and Global Responsibility," in Robert Kagan and William Kristol (eds.), *Present Dangers* (San Francisco: Encounter Books, 2000), pp.3–24.

定行事，而应按照美国自身利益最大化的目标行事。国际制度的基础也是权力，因为只有以武力作支撑，国际制度才会发生作用。[①] 因此，保守主义外交政策的思想核心就是传统孤立主义和新孤立主义的思想基础——美国例外论和美国优先论。保守主义者的外交政策风格具有重视国家自利、重视军事权力、追求绝对安全、反对超主权国际组织、在自己认为必要时敢于单边行动等特征。当然，以上特征并非美国保守主义外交政策的全部，保守主义也并非只是注重绝对安全和追求单边主义的，但如果对保守主义外交观点进行分类，就可以发现保守主义外交观点中确实存在新孤立主义的观点或主张。

（一）保守主义外交流派与新孤立主义

很多美国学者曾给美国的保守主义外交观点做过类型区分与梳理。如阿兰·托纳尔森（Alan Tonelson）将"美国保守主义"（American Conservative）外交划分为三种类型：保守的现实主义者（conservative realist）、民主圣战者（democratic crusader）、最小化主义者（minimalist）。保守的现实主义者的典型代表是尼克松政府时期的基辛格，他们在理念上当然支持美国的权力优势、美式民主自由，但他们对使用美国武力和对外干涉非常谨慎，担心打着民主与自由旗号的美国外交理念会使美国卷入不必要或不符合美国国家利益的冲突。这些人认为实现世界和平的方式并非对所有国家进行民主化改造，而是在确保美国实力超群的基础上维持地区军事优势和美国的联盟体系。他们提醒国际主义者，即使是在冷战结束以后，美国使用威尔逊式的"民主和平论"来改造世界的想法也不符合现实。[②] 托纳尔森把第二种保守主义外交

---

① John Bolton, "Kofi Annan's UN Power Grab," *The Weekly Standard* (October 4, 1999): 13–14; David Frum, "The International Criminal Court Must Die," *The Weekly Standard* (August 10, 1998): 27–29; Frank Gaffney, "Making the World Safe for VX," *Commentary* 106, no.4, (October 1998): 19–24.

② Alan Tonelson, "Beyond Left and Right," *The National Interest*, no. 34, (1994): 9.

称为民主圣战者或新保守主义者。① 这些人认为冷战结束后美国可以
利用其超级优势地位推动全球"民主化"，在外交中践行美国的"民主、
自由、人权价值观"。② 托纳尔森把第三类保守主义外交的代表——最
小化主义者又称为孤立主义者，这些人有很多属于"自由至上主义者"
（libertarian），如来自卡托研究所（Cato Institute）和传统基金会的部分
学者，也有像布坎南、佩罗特这样的政客。最小化主义者反对美国参
与国际机制，也反对美国对外干涉，认为美国应管好自己的国内事务，
实现不依赖他国的"战略独立性"（strategic independence）。③

欧亚基金主席查尔斯·梅纳斯（Charles Maynes）和《国家利益》
杂志主编亚当·加芬克（Adam Garfinkle）把保守主义一翼（conservative
wing）的外交政策分为三类：控制派（controllers）、塑造派（shapers）、
节制派（abstainers）。④ 控制派主张美国应利用好苏联解体的机遇，通
过其单极权力的优势塑造国际体系，在某些情况下不惜使用武力和
单边主义方式，防止可以挑战美国的其他国家崛起，塑造美国霸权
基础上的民主化世界。梅纳斯认为新保守主义者如威廉·克里斯托
（William Kristol）和罗伯特·卡根（Robert Kagan）是典型的控制派。⑤
塑造派属于"谨慎的现实主义者"，他们认为美国追求霸权的政策是
危险的，美国应认识到自身权力的局限性，谨慎使用武力，与其他国
家共同塑造有利于美国的国际体系，塑造不利于敌人崛起的国际环

---

① 托纳尔森认为民主圣战者和新保守主义者的典型代表包括来自企业研究所的戈林
（Patrick Glynn）、瓦滕伯格（Ben Wattenberg）、穆拉维奇克（Joshua Muravchik）、1993年以前
的克劳萨默（Charles Krauthammer）和《新共和》杂志的编辑们，参见：Alan Tonelson, "Beyond
Left and Right," p.11.

② Alan Tonelson, "Beyond Left and Right," p.11.

③ Ibid., p.12.

④ Charles Maynes, "Contending Schools," *The National Interest*, no. 63 (2001): 50; Adam
Garfinkle, "Strategy and Preventive Diplomacy," *Orbis* 45, no. 4 (2001): 500.

⑤ Ibid., p.51.

境。塑造派的典型代表是理查德·哈斯（Richard Haass）。[①]梅纳斯将保守主义的节制派称为孤立主义者，节制派则认为全球化的发展会使美国的主权和独立性受到侵蚀，认为美国应谨慎参与联合国等国际机制，谨慎参与经济全球化。节制派的典型代表是布坎南。[②]《外交》的主编吉登·罗斯（Gideon Rose）将保守主义外交政策分为：主张大胆推广美国外交理念、追求美国单极权势的新保守主义，慎用权力、注重联盟和权力制约、塑造而非强制敌对国行为的保守主义。[③]美国外交战略史学者科林·杜伊克（Colin Dueck）将保守主义外交政策分为四种类型：保守现实主义（conservative realists）、保守鹰派（conservative hawks）、保守民族主义（conservative nationalists）、保守反干涉主义（conservative anti-interventionists）。现实主义者强调权力制衡、运用权力的外交艺术；鹰派重视军事实力建设，认为无论是基于现实的还是理念的目标，军事手段是最可靠的；民族主义者强调防止美国国家主权被国际组织侵蚀，在冲突中打着民族主义的旗号拒绝让步；反干涉主义者拒绝美国在国际组织或条约中作出外交承诺，不愿意卷入与美国无直接关联的国际冲突。[④]

从以上诸多学者对美国保守主义外交政策的分类可以看出，保守主义外交观点不能直接等同于新孤立主义外交观点，但保守主义诸多外交流派中的部分流派观点属于新孤立主义外交观点，因为部分流派观点的思想基础正是"美国优先论"和"美国例外论"。在托纳尔森对保守主义流派作出的分类中，民主圣战者主张美国基于推广世界民主的目标而可以采取单边主义行动，带有极强的"美国例外论"色彩，

---

①　Charles Maynes, "Contending Schools," p.54.

②　Ibid., p.56.

③　Gideon Rose, "Present Laughter or Utopian Bliss?" *The National Interest*, no. 58 (2000): 45-47.

④　Colin Dueck, *Hard Line: The Republican Party and U.S. Foreign Policy since World War II* (Princeton: Princeton University Press, 2010), p.6.

因而属于新孤立主义。最小化主义者也是基于"美国优先论"的思想，即美国只需要"管好"和美国直接有关的国际事务，美国不必去介入那些和自己无关（最小化主义者认为那些没有与美国产生直接关系的事务都属于和美国无关）的国际问题，因此，最小化主义者的观点也属于新孤立主义。杜伊克将保守主义外交流派划分为四类，这四类流派中的两类——保守民族主义和保守反干涉主义都属于新孤立主义：保守民族主义主张以美国的"民族"利益为基础来定义其外交政策，美国不能为迎合国际组织和其他多边主义平台的利益而牺牲自己，因而主张美国在国际事务中以美国利益为基础"我行我素"；保守反干涉主义反对美国干涉一切和美国没有直接关联的国际事务，因而也属于新孤立主义。在梅纳斯的保守主义外交流派划分中，单边民主推广主张美国可以抛开多边主义共识推广其美式意识形态，这种观点同样是基于"美国例外论"思想，因而属于新孤立主义观点。在罗斯的保守主义外交流派划分中，控制派倾向于支持美国使用单边主义塑造只有美国是单极大国、由美国控制国际局势、由美国来推广民主制度的国际格局。控制派具有强烈的"美国例外论"思想特点，因而属于新孤立主义。节制派担忧美国的主权会在参与国际多边主义平台的过程中受到侵蚀，使美国在国际事务中为其他国家牺牲自己的利益，因而对美国介入国际事务非常谨慎。节制派观点的思想基础具有鲜明的"美国优先论"特点，因而属于新孤立主义。因此，从以上四位学者对保守主义流派的划分可以看出，保守主义外交流派中确实有部分流派的观点属于新孤立主义观点。如果保守主义者们，尤其是那些最小化主义者、民主圣战者、保守民族主义者、反干涉主义者、单边民主推广者、单极控制者、节制者，通过选举或任命掌控美国的外交决策权力，其所信奉的这些新孤立主义观点或者会以外交口号的形式提出，或者会被直接付诸外交实践。保守主义外交和新孤立主义存在明显的关联关系。

（二）保守主义者与新孤立主义

除了学者对美国保守主义外交的分类，美国保守主义外交政策的若干特征也成为助推新孤立主义观点和新孤立主义实践的重要因素。

首先，美国的保守主义者不喜欢外交中的模糊性、不确定性和无序性，保守主义者们喜欢对比分明的实力差距、由美国控制的国际秩序，这也是很多美国的保守主义学者不喜欢梅特涅式的注重外交家个人权术以及在变化的形势中维持大国均势的外交风格的原因。[①] 美国的保守主义外交追求"绝对优势、秩序和控制力"，这也导致美国的保守主义外交家们在面对国际冲突时总是偏向于思考如何彻底解决问题而非管控问题。这种对外交绝对性的支持很容易驱使外交决策者抛开他国的意见和国际共识而采取单边行动。

其次，美国的保守主义者对威胁更敏感，对威胁的反应也更极端。[②] 因为对潜在威胁的敏感，保守主义者都重视军事安全，追求美国无论在何种情况下都要维持绝对优势的军备力量；因为对威胁的反应更极端，保守主义者们在冲突中会选择更加极端的方式应对，如美国二战期间的孤立主义者们主张"美国堡垒"式防务政策，或者像经历"9·11"事件后的纽约市民转向安全保守主义，支持美国采取单边主义政策。[③]

最后，美国的保守主义者偏爱民族主义和民粹主义情绪，在外交

---

① James Sidanius, "Cognitive Functioning and Sociopolitical Ideology Revisited," *Political Psychology* 6, no. 4 (1985): 654; John Jost, Jack Glaser, Arie W. Kruglanski, Frank J. Sulloway, "Political Conservatism as Motivated Social Cognition," *Psychological Bulletin* 129, no. 3 (2003): 339.

② Emanuele Castano, Bernhard Leidner, Alain Bonacossa, John Nikkah, Rachel Perrulli, Bettina Spencer, Nicholas Humphrey, "Ideology, Fear of Death, and Death Anxiety," *Political Psychology* 32, no. 4 (2011): 601-621; John Jost, Jaime Napier, Hulda Thorisdottir, "Are Needs to Manage Uncertainty and Threat Associated with Political Conservatism or Ideological Extremity?" *Personality & Social Psychology Bulletin* 33, no.7 (2007): 989.

③ George Bonanno, John Jost, "Conservative Shift among High-Exposure Survivors of the September 11th Terrorist Attacks," *Basic and Applied Social Psychology* 28, no.4 (2006): 311-323.

政策中认同民族自豪感、追求团结与强大的国家认同、追求美国"民主自由观"必然压倒其他"邪恶"国家的胜利与荣耀感。这种本民族至上的认同使保守主义者抗拒美国接受联合国或其他国际公约领导的做法；受宗教影响的保守主义民众都有着美国例外主义的信仰，基于对本国自由民主制度的自信，他们的狂热情绪很容易被打着民粹主义旗号的政治精英所唤起，从而在外交中相信"美国必胜"。例如，金里奇在2012年共和党初选辩论中面对众多保守主义听众时说道："安德鲁·杰克逊对美国的敌人有句简洁明了的话：杀光他们。"金里奇的话在听众中引起巨大的欢呼声，当罗恩·保罗委婉地反驳和批评金里奇时，听众则对他报以嘘声和嘲笑。①

在现实的公众民调中，美国的保守主义选民在外交观点中表现出很强的新孤立主义特点。保守主义选民对国际组织的好感度要比自由主义选民低很多，对单边主义的青睐程度要比自由主义选民高很多。根据俄克拉荷马大学在2011年对美国自由派和保守派外交政策的民调，保守派选民和自由派选民对待联合国的好感度差距最大，差值达到49%。②芝加哥委员会和盖洛普的民调也反映出几乎同样的结果，在芝加哥2010年的民调中，当被问到7个国际组织（国际贸易组织、国际刑事法庭、世界卫生组织、国际货币基金组织、世界银行、联合国、国际原子能机构）的权力是否应得到加强时，保守主义者的支持热情要比自由主义者低很多。③在盖洛普机构2013年的民调中，认为联合国在世界中扮演"必要角色"的保守主义者的比例比自由主义者低31个

---

① Anatol Lieven, *America Right or Wrong: An Anatomy of American Nationalism* (New York: Oxford University Press, 2012), p.94.

② Peter Hays Gries, *The Politics of American Foreign Policy: How Ideology Divides Liberals and Conservatives over Foreign Affairs* (Stanford: Stanford University Press, 2014), p.7.

③ "The Chicago Council Released Global Views 2010—Constrained Internationalism: Adapting to New Realities," September 16, 2010, p.21, p.77, accessed March 21, 2017, https://www.thechicagocouncil.org/publication/constrained-internationalism-adapting-new-realities.

百分点，有67%的保守主义者认为联合国的成就是"非常糟糕"的。①

鉴于以往的民调只是简单直接地询问美国选民"是否支持美国在国际事务中发挥更加积极的作用"或者美国是否应"管好自家的事"，受访民众肯定会选择措辞更为温和或"使人舒服"的回答，如超过半数的美国人（2013年为52%）会认为美国应"管好自家的事"。②这样的回应可能会导致民调结论给人造成多数美国选民正在倾向孤立主义的错觉，但事实上美国公众在很多议题上是支持国际主义的。民调过于简单的问题会导致公众的民意结果被歪曲解读。③为更清楚地研究美国保守主义和自由主义对介入国际事务、参加多边组织、使用军事力量的态度差异，学者彼得·格里斯（Peter Gries）领导团队在2011年设计了3组问题，3组问题分别以"国际接触/孤立主义"（engagement/isolationism）、"多边主义"、"军事主义"（militarism）为主题，通过询问受访者是否：（1）是/否支持美国积极介入国际事务；（2）是/否支持国际组织权力的增加和联合国；（3）是/否支持美国在全球的军事部署和维持美国全球军事力量的绝对优势，让受访者根据赞成或反对的程度在1—7区间内（4为中间立场）打分。随后，格里斯团队对数据进行回归分析发现：从总体上看，自由主义选民要比保守主义选民更加偏爱国际主义；自由主义和保守主义外交偏好差距最小的问题组是"国际介入/孤立主义"，自由主义的支持程度为2.87，保守主义的支持程度为3.68，这说明真正主张美国采取完全孤立主义的美国公民并不多，

① "Solid Majority of Americans Say UN Doing a Poor Job," Gallup, February, 2014, accessed March 21, 2018, http://news.gallup.com/poll/167576/solid-majority-americans-say-doing-poor-job.aspx.

② 皮尤研究中心在2011年、2013年、2014年、2016年、2017年关于美国公民对介入世界事务态度的调查都用到 "mind its own business", Public Uncertain, Divided over American Place in the World, Pew Research Center, April, 2016, accessed May 21, 2018, http://www.people-press.org/2016/05/05/1-americas-global-role-u-s-superpower-status/。

③ Steven Kull, I. M. Destler, *Misreading the Public: The Myth of a New Isolationism* (Washington DC.: Brookings Institution Press, 1999), p.16.

但保守主义主张美国介入世界事务的动力要更高。然而，根据格里斯建立的更加详细的模型，社会保守主义和政治保守主义者要比自由主义选民更加偏向孤立主义，这点在自由意志论者中体现得更加明显；[①]在关于"多边主义"和"军事主义"两个议题方面，保守主义和自由主义的外交偏好差距就变得很大了。在国际组织（多边主义）议题上，保守主义者对联合国的支持率17%要比自由主义者低49个百分点，对世界银行的支持率要比自由主义者低21个百分点。[②]在对美国军事力量的使用方面，保守主义者中注重文化传统和社会传统的选民对美国使用军事手段的支持热情很高，保守主义选民总体上比自由派选民更加支持美国使用军事力量。[③]对于美国公众介入世界事务、多边主义和使用武力态度的调查，格里斯团队的民调显得更加清晰和翔实。通过对保守主义和自由主义两种意识形态影响选民外交偏好的回归分析，格里斯团队的结论说明：对于现实中的美国公众来说，保守主义的选民更加偏爱单边主义、排斥多边主义，保守主义中的自由至上者更加偏爱不干涉政策，但保守主义总体上更加喜欢使用美国的军事力量来实现国家利益。因此，美国现实政治中的保守主义选民也具有非常明显的新孤立主义色彩。

从上文对保守主义、保守主义外交和新孤立主义关系的分析可以看出，由于保守主义外交和新孤立主义有着直接的关联作用，因此，保守主义政治力量的发展和崛起，保守主义政治力量掌握美国外交决策权，保守主义政治力量推出的保守主义外交政策，这三方面将直接推动新孤立主义从塔夫脱到布坎南，再到特朗普时期的发展演变。

---

① Peter Hays Gries, *The Politics of American Foreign Policy: How Ideology Divides Liberals and Conservatives over Foreign Affairs*, p.53, p.100, p.102, p.103.

② Ibid., p.104.

③ Ibid., p.108; Michael Crowson, "Right-Wing Authoritarianism and Social Dominance Orientation: As Mediators of Worldview Beliefs on Attitudes Related to the War on Terror," *Social Psychology* 40, no.2 (2009): 93.

二、保守派力量的初步发展

新孤立主义起源于塔夫脱时期，因为塔夫脱所领导的共和党保守派最先在美国政治活动中提出属于新孤立主义的外交观点。然而，由于在塔夫脱时期共和党的保守派力量尚处于发展初期，其政治势力远未壮大，塔夫脱所领导的共和党保守派没有压倒共和党内部以艾森豪威尔为首的东北部自由派共和党人，因而无法在共和党自由派赢得总统宝座后将保守派的新孤立主义的外交政策付诸实践。因此在塔夫脱时期，新孤立主义开始萌芽并轻微地影响到艾森豪威尔政府的外交议程，但由于保守派的政治力量尚处于发展初期，保守派既没有控制共和党的主流也没有赢得政治权力，因此新孤立主义也只能在这个时期停留于观点式的萌芽阶段。然而，由于塔夫脱的观点代表着美国优先论和美国例外论在冷战开始以后对美国自由国际主义大战略的观点反馈，因此塔夫脱的新孤立主义思想属于古典式的新孤立主义。

（一）保守主义和保守派的早期发展

在塔夫脱时期，共和党基于对罗斯福新政的态度早已分裂为来自中西部的共和党保守派和来自东北部的共和党自由（温和）派，但塔夫脱所领导的保守派的政治力量尚处于发展阶段，共和党的内政、外交议程依然被来自东北部的自由派精英所把持。东北部的共和党人代表着东北部大企业和商业集团的利益，他们自认为是共和党自林肯以来保守主义传统的真正继承者，他们主张贸易保护、小政府、放任自由市场。1929年经济危机爆发后，他们起初是愿意在国会与罗斯福合作、主张采取紧急措施来恢复经济的。[①] 然而，随着新政的扩展，东北部的共和党自由（温和）派很快与罗斯福发生分裂。1934年，共和党自由（温和）派组建反对新政的"美国自由联盟"（American Liberty

---

① James Patterson, *Congressional Conservatism and the New Deal: The Growth of the Conservative Coalition in Congress 1933-1939* (Lexington: University of Kentucky Press, 1967), p.7.

League），攻击罗斯福的新政使政府权力过大、干预经济过多。① 然而，共和党人使用保守主义思维来攻击罗斯福和民主党的战术并没有起到唤起保守主义选民的作用。1936年大选中，共和党候选人兰登和共和党人的惨败也使得自由（温和）派共和党人在攻击罗斯福新政方面更加谨慎。来自东北部地区的自由（温和）派共和党人在很多议题上开始与罗斯福进行妥协与合作，很多联邦层面的政府合同也被外包给共和党代表的大企业，共和党人史汀生和诺克斯分别在罗斯福政府担任陆军部长和海军部长。② 1938年的中期选举中，更加保守的塔夫脱成为共和党内保守主义的"新星"，但共和党内的自由派力量也有所增加，来自马萨诸塞州的自由（温和）派共和党人洛奇当选参议员，新当选的共和党人如洛奇并非完全否定新政。③ 东北部的华尔街共和党人依然在1940年的总统选举提名中否定了更加保守的塔夫脱，选择了立场更加温和的威尔基。④ 威尔基尽管在竞选中抨击罗斯福的新政政策，反对政府干预市场、支持私有化，但依然认同罗斯福的部分社会福利项目，这是当时共和党"温和派"或"自由派"的典型立场。⑤

（二）保守派试图夺权的努力

在1944年的共和党提名大会上，温和派共和党人托马斯·杜威（Thomas E. Dewey）被提名为候选人，但更加保守的来自中西部地区的塔夫脱等共和党人则对杜威过于温和的竞选路线表示不满，塔夫脱

① George Wolfskill, *The Revolt of the Conservatives: A History of the American Liberty League, 1934-1940* (Boston: Houghton Mifflin, 1962), pp.11-31.

② Michael Miles, *The Odyssey of the American Right* (New York: Oxford University Press, 1980), pp.42-43.

③ Henry Cabot Lodge, *The Storm Has Many Eyes: A Personal Narrative* (New York: W.W. Norton & Co., 1973), p.27.

④ 威尔基在共和党提名投票中得到来自东北部共和党人的56%的支持，参见：Richard Bain, Judith Parris, *Convention Decisions and Voting Research* (Washington DC.: Brookings Institution, 1973), p.37。

⑤ Wendell Willkie, "Address Accepting the Presidential Nomination in Elwood, Indiana," August 17, 1940, accessed March 21, 2017, http://www.presidency.ucsb.edu/ws/index.php?pid=75629.

党人认为杜威应该在竞选中挑战"新政"背后的哲学基础而非只是反对"新政"。事实上，塔夫脱等共和党保守（右）派认为杜威的立场与民主党人的区别只是量的而非质的。在杜威败选后，塔夫脱曾对他的助手这样说："如果我被提名，那我本来可以赢下这次选举的。我确信如果杜威在选战中表现更强硬，在面对选民时在某些立场上更加强硬的话（杜威可以赢下这次选举）。"[①] 威尔基和杜威的提名反映出当时共和党内来自东北部的自由（温和）派依然掌控着共和党总统候选人提名，掌控着共和党的意识形态走向。而且，东北部的共和党人偏爱立场温和的候选人，他们虽然批评罗斯福的新政措施，但也主张妇女平权、种族平等和适当的社会福利。然而，东北部共和党人在大选中的惨败和对民主党人的妥协（甚至是共识）让塔夫脱等共和党内的右翼集团非常不满。共和党保守（右）派也在1940年大选后开始独立行动，在立场上更加保守，在国会以不妥协的姿态推行自己喜欢的法案，在共和党内则开始疏远东北部自由派共和党人。1946年中期选举后共和党控制众议院多数，在更加保守的参议员塔夫脱、肯尼思·威利（Kenneth Wherry）和众议院议长约瑟夫·马丁（Joseph Martin）的领导下，很多保守主义法案，如减税、去行政管制、改革劳工条例、减少政府开支、限制总统任期等法案在国会通过。这些法案的通过让塔夫脱等共和党右派认识到，共和党右派必须甩开来自东北部的那些妥协分子才可以直接推行他们自己喜欢的保守主义政纲。[②]

共和党控制的第80届国会不仅满足了很多共和党保守主义者的反新政愿望，也使得来自中西部的共和党保守（右）派和来自东北部的共和党自由（温和）派之间的分歧越来越大。1948年共和党的总统提

① James Patterson, *Mr. Republican: A Biography of Robert A. Taft* (Boston: Houghton Mifflin, 1972), p.425.

② Donald Critchlow, *The Conservative Ascendancy: How the Republican Right Rose to Power in Modern America*, p.38.

名明显地体现出保守（右）派对自由（温和）派的不满。在更加保守的塔夫脱和更加自由的杜威之间，共和党自由（温和）派最终还是选择了与东北部商业集团联系更紧密的杜威。[①] 虽然塔夫脱党人在提名大会上支持了杜威，但在政策立场上依然坚持己见，认为共和党应该向"右"转而非与民主党的自由主义同流合污。在竞选中，塔夫脱领导的共和党右翼向杜威施压，要求杜威在竞选中采用更偏向保守主义的竞选立场，如对共产主义在美国的渗透更加强硬、采取更加保守的财政预算、提出对新政的反击计划。塔夫脱党人认为，共和党保守派领导下的第80届国会已经给共和党的未来的政策趋向作出表率，1946年中期选举的结果意味着美国选民对民主党和杜鲁门的不满，共和党需要乘胜拿下1948年大选。然而，杜威领导的共和党自由派并没有理会塔夫脱党人的要求，杜威在竞选中继续坚持温和派共和党人的路线：反对新政但主张增加预算、试图讨好劳工组织、抨击塔夫脱党人领导下通过的反劳工法案（Taft-Hartley Act），在很多议题上与塔夫脱领导的国会保守派相冲突。由于杜鲁门1947年的低支持率和对自己必胜的预判，杜威选择在竞选中不攻击杜鲁门，而是倡导更加模糊、温和、多元的政策方向。[②] 然而，杜威派（或自由派）共和党人和塔夫脱派（或保守派）共和党人之间的分歧正好为杜鲁门提供了攻击的机会。结果，共和党不仅输掉1948年大选，也失去国会多数党的地位。对于大选失败的原因，塔夫脱派和杜威派相互指责对方应为失败负责。杜威的竞选助理赫伯特·布罗内尔表达出东北部共和党人对塔夫脱党人的极度不满："击败杜威的不是民主党人，是（保守主义的）第80届国会。我们采用了一种进步主义的、理性的党纲……我当时被杜威派去和国

---

① Michael Bowen, *The Roots of Modern Conservatism: Dewey, Taft, and the Battle for the Soul of the Republican Party* (Chapel Hill: University of North Carolina Press, 2011), p.59.

② Michael Bowen, *The Roots of Modern Conservatism: Dewey, Taft, and the Battle for the Soul of the Republican Party*, p.71.

会（共和党）领导层协商以统一我们的党纲内容。他们拒绝和我们站在同一路线。这么多年来他们一直在通过非常保守主义的方式反对新政……我们没有把这些事公之于众，因为那样只会证明杜鲁门是对的：共和党的确存在着分裂。国会中的（共和党）领导层应该为1948年的选举失利负责。"[1] 同样地，塔夫脱领导的保守主义共和党人则认为，杜威过于温和的竞选战术是他输掉大选的原因，输掉大选是因为杜威不够保守而非党内分裂。这也导致塔夫脱派共和党人认为，杜威自由派共和党人不仅不能赢得选举，而且还多次阻挠保守派共和党人的总统提名。这正如当时支持塔夫脱的共和党人观察到的："共和党在1940年、1944年、1948年三次输掉大选，使用了除塔夫脱以外的所有候选人，但他们依然在重弹过往的老调：塔夫脱就是赢不了。"[2] 自由派和保守派直接的政治路线分歧从1948年开始更加明显地体现出来。路线的分歧也使保守派共和党人更加执着于夺取共和党内的权力并进而追求对总统和国会的控制。

（三）保守派夺权的失败

共和党保守派认为，既然塔夫脱在1948年支持杜威，那么1952年的总统提名应当属于塔夫脱。事实上，塔夫脱也在1948年初期的民调中领先温和派共和党人支持的艾森豪威尔。[3] 然而，在艾森豪威尔突然宣布竞选以后，杜威派共和党人转而支持更加温和的艾森豪威尔。在塔夫脱与艾森豪威尔激烈竞争的1952年提名大会上，"公平参与"修正案（Fair Play Amendment）的提出使投票支持塔夫脱的南方代表人数

---

[1]　Nicol Rae, *The Decline and Fall of the Liberal Republicans: From 1952 to Present*, p.35.

[2]　Donald Critchlow, *The Conservative Ascendancy: How the Republican Right Rose to Power in Modern America*, p.39.

[3]　Michael Bowen, *The Roots of Modern Conservatism: Dewey, Taft, and the Battle for the Soul of the Republican Party*, p.137.

减少，最终导致塔夫脱在首轮投票就败下阵来。[①] 艾森豪威尔在获得提名后采取缓和与团结的态度与塔夫脱会面，塔夫脱本着宽怀大度的精神与艾森豪威尔和解，艾森豪威尔则承诺将部分共和党右翼的要求写入竞选党纲。[②] 1952 年的总统提名使支持塔夫脱的保守主义共和党人相信，东北部的共和党温和派（以杜威和布罗内尔组织的州长会议为首）再次使用政治伎俩"偷走"他们的总统机会。[③] 塔夫脱自己也相信是"纽约金融利益集团的权力"和"国内五分之四有影响力的报纸"使他输掉选举。尽管共和党温和派同意在党纲中部分地写入塔夫脱党人的要求，但共和党的保守派从未相信艾森豪威尔会成为保守主义者的总统。事实上，艾森豪威尔上任后继续采取温和的中间路线，他继承了大部分新政传统，采取扩展基础设施建设和社会福利的政策，政府部门继续在膨胀，在外交领域与苏联签署限制核试验条约并缓和美苏关系。这些政策都招致保守主义共和党人的激烈批评。塔夫脱于 1953 年去世以后，艾森豪威尔政府内部支持塔夫脱的共和党保守派也被清除。[④]

总之，在塔夫脱时期，共和党内部的保守派和自由派在面对罗斯福新政的情况下提出逐渐分裂的两种路线，即温和的保守主义（东北部共和党人）与更加激进的保守主义（塔夫脱领导的中西部和南方共和党人）。在两派的总统提名角逐中，激进的共和党保守派在经历对自

---

① 在 1952 年的共和党提名投票中，很多南方州（路易斯安那州、佐治亚州和得克萨斯州）的共和党选民倾向于支持艾森豪威尔，但代表南方州投票的党代表却指定了支持塔夫脱的党员参加提名投票，因此，受杜威和布罗内尔支持的共和党温和派（杜威组织的共和党州长会议）提出"公平参与"修正法，让那些支持塔夫脱的、有争议（未反映州选民民意）的党代表不能参与投票，导致塔夫脱在首轮投票中以微弱（595∶500）差距落败，参见：James Patterson, Mr. Republican: A Biography of Robert A. Taft, p.552。

② "Republican Party Platform of 1952," July 7, 1952, accessed March 21, 2017, http://www. presidency.ucsb.edu/ws/index.php?pid=25837.

③ Donald Critchlow, *The Conservative Ascendancy: How the Republican Right Rose to Power in Modern America*, p.39.

④ Michael Bowen, *The Roots of Modern Conservatism: Dewey, Taft, and the Battle for the Soul of the Republican Party*, p.172.

由派共和党人的多次失望和愤怒以后开始有意识地背离共和党自由派。塔夫脱领导的保守派认识到，要想实现保守主义，就必须先实现共和党的保守化，让保守主义控制共和党。正如东北部共和党人在20世纪30年代至40年代掌控共和党提名的政治、经济方式那样，保守主义共和党人也开始有意识地组织竞选团体，探索竞选资金来源，利用国内外政治议题进行广泛的宣传动员，攻击民主党人和共和党中间派，动员基层社会中的保守主义选民，以最终实现保守主义从地方到联邦层面的崛起。然而，在塔夫脱所处的时期，塔夫脱等保守派在总统选举中失败使其难以把控当时的美国外交决策权位，因而难以将其新孤立主义的外交政策付诸实践。

（四）保守派与自由派的力量对比

在塔夫脱时期，由于保守主义运动处于发展的初期，共和党保守派的政治力量尚处于被共和党自由派压制的时期，保守派也未能夺取共和党的控制权，未能赢得总统选举，未能控制参众两院。相反地，塔夫脱时期的总统职位由信奉自由国际主义的自由派艾森豪威尔控制，国务院由信奉自由国际主义的自由派杜勒斯控制，国防部由同样是自由国际主义者的"冷战设计者"洛维特（Robert A. Lovett）控制，美国驻联合国代表由支持艾森豪威尔的东北部自由派共和党人洛奇控制，参众两院也由民主党和共和党自由派控制。在这样的情况下，塔夫脱等保守派与自由派的政治力量对比非常悬殊。1952—1954年共和党保守派与自由派的力量对比参见表3-1。

表3-1　1952—1954年共和党保守派与自由派的力量对比

		保守派控制	自由派控制
总统	国务院	0	4（艾森豪威尔） （杜勒斯） （洛维特） （洛奇）
	国防部		
	驻联合国代表		
参议院		0	1（自由派）
众议院		0	1（自由派）

资料来源：作者整理。

第三节　新孤立主义的思想萌芽

作为来自美国中西部地区的典型共和党传统保守派的代表，塔夫脱在二战后的外交政策代表着当时共和党保守派整体的新孤立主义主张。在二战以前，塔夫脱等共和党保守派支持传统的孤立主义立场。二战结束后，基于对美国布局其冷战战略的不满，塔夫脱等共和党保守派逐渐走向新孤立主义，但塔夫脱等保守派的新孤立主义外交主张并未被付诸实践。

一、孤立主义向新孤立主义的转变

在珍珠港事件发生前，塔夫脱和很多反对新政的、来自中西部的共和党人反对罗斯福采取援助共产主义苏联以抵御希特勒的侵略的行为，他们也主张美国应避免采取刺激希特勒防止其对美宣战的行为，如塔夫脱担心美国在大西洋进行的海军巡航、商船护航或向英国运送军火的行为会引发美德海军冲突从而把美国拖入战争。英美两国在1941年签署《大西洋宪章》后，塔夫脱发言怀疑罗斯福总统签署这样的国际协议是否符合宪法授权。同年8月，塔夫脱差点在国会试图阻止美国新的征兵法修正案的通过。①珍珠港事件发生后，塔夫脱并未因自己以前的反介入言论而感到后悔。随着盟国在战事中的顺利进展，很多共和党人中的国际主义者开始畅想美国主动参与下的世界秩序蓝图，但塔夫脱依然对类似国联的超国家组织和罗斯福当时提出的实现世界"四种自由"的理念表示怀疑。塔夫脱认为罗斯福的"四个自由"内容太过宽泛模糊，担心美国在实现这些形而上理念的过程中可能会走向"圣战"，走向帝国主义，或者美国的主权被国际社会侵犯，但塔夫脱认为传播自由理念的最好方式是美国做好自由的表率。②当英美两国于1944年7月在布雷顿森林商议建立国际货币基金组织和国际复兴开发银行时，塔夫脱与传统的共和党国际主义者发生分歧，认为美国的关税政策和货币政策不应该受到国际经济组织的影响，如果美国想发展贸易关系，就应该和其他国家进行双边协商，美国的货币政策必须是自主的，这样才能保持美国在经济政策方面的行动自由。③最后，罗斯福政府当然没有理会当时还是重商主义者（或者是贸易保护主义者）的塔夫脱等共和党人的主张而最终建立布雷顿森林体系，当杜勒斯试图向塔夫脱解释布雷顿森林体系对美国的好处时，塔夫脱的回应是冷淡的："也许你可以改变我的想法……但我不想听你讲这个体系的任何事。"④在二战结束前，塔夫脱自己对战后美国外交政策的设想是：尽

①　Mark Chadwin, *The Hawks of World War II* (Chapel Hill: University of North Carolina Press, 1968), pp.235-241; Robert Dallek, *Franklin D. Roosevelt and American Foreign Policy, 1932-1945* (New York: Oxford University Press, 1995), pp.276-278; Robert A. Taft, *The Papers of Robert A. Taft: 1939-1944* (Ohio: Kent State University Press, 1997), p.242.

②　James T. Patterson, *Mr. Republican: A Biography of Robert A. Taft* (Boston: Houghton Mifflin, 1972), pp.248-291; Robert A. Taft, *The Papers of Robert A. Taft: 1939–1944*, pp.470-481.

③　Richard E. Darilek, *A Loyal Opposition in Time of War: The Republican Party and the Politics of Foreign Policy from Pearl Harbor to Yalta* (Westport, Conn.: Greenwood Press, 1976), p.67; John W. Malsberger, *From Obstruction to Moderation: The Transformation of Senate Conservatism, 1938-1952* (London: Susquehanna University Press, 2000), pp.127-142; Robert A. Taft, *The Papers of Robert A. Taft: 1939-1944*, pp.552-558.

④　David Tompkins, *Senator Arthur H. Vandenberg: The Evolution of a Modern Republican, 1884-1945* (Lansing: Michigan State University Press, 1970), pp.196-197.

量减少介入外国事务，专注于国内事务；不要"带头"建立国际和平组织以免自己的主权被侵蚀；对于那些地区性的复杂冲突，美国则最好不要介入。[①]

二战结束后，尽管塔夫脱投票支持美国加入联合国，但他对联合国的怀疑和担忧从未停止。正如很多传统的共和党反干涉主义者所认为的那样，联合国框架中的安理会常任理事国大国否决制依然以大国政治为基础，联合国依靠集体行动来确保和平的实现依然以军事力量为基本手段。塔夫脱认为，美国如果要参加联合国关于集体安全行动的决议内容，就必须首先通过国会的批准，否则美国不应服从联合国安理会的决议。[②] 美苏冷战开始后，杜鲁门政府以遏制苏联共产主义的扩张为理由，在国内和国际层面增加军费、扩充军备、增加对欧洲的经济援助、建设联盟体系，此时的塔夫脱尽管在口头上对共产主义很强硬，但在实际行动中则依然对杜鲁门政府的国际主义外交政策颇有抵制。在杜鲁门政府提出对西欧、希腊、土耳其等国家的援助计划后，塔夫脱认为这是在浪费和挥霍美国纳税人的钱财，属于"免费向世界撒钱"的行为，而且，通过像马歇尔计划这样大的经济援助项目去援助苏联的"后院"国家，完全有可能激起苏联的敌对反应。[③] 在担任参议院多数党领袖的短暂时间内，塔夫脱以反对新政的财政思维对杜鲁门政府提出的国防预算计划进行压缩，使对外援助金额被迫削减。塔夫脱领导的参议院直接拒绝了杜鲁门政府提出的全面军事训练计划，

---

① Colin Dueck, *Hard Line: The Republican Party and U.S. Foreign Policy since World War II*, p.64.

② Robert Dallek, *Franklin D. Roosevelt and American Foreign Policy, 1932-1945*, p.522; Robert Divine, *Second Chance: The Triumph of Internationalism in America during World War II* (New York: Atheneum, 1967), pp.270-271; James T. Patterson, *Mr. Republican: A Biography of Robert A. Taft*, p.296.

③ Robert A. Taft, *The Papers of Robert A. Taft: 1939-1944*, pp.354-365.

共和党人认为这个计划使美国社会过于军事化。[①] 在批准美国加入北约的参议院辩论中，塔夫脱依然力排众议地反对。塔夫脱认为，美国加入北约会把世界分裂为两大对抗的军事阵营，这是违背《联合国宪章》第51条款精神的。[②] 参议院最终以82票对13票同意美国加入北约，但塔夫脱依然属于反对美国对他国进行军事义务承诺的少数派成员。

二、新孤立主义的思想萌芽

1949年至1950年发生的国际事件对塔夫脱这类中西部共和党人的冲击是最大的。1949年，苏联成功试验原子弹，美国政府支持的国民党在中国大陆迅速溃退。1950年，朝鲜战争爆发。在如此紧张的国际形势下，美国国内快速发酵的苏联间谍案在媒体曝光下使共和党保守派以歇斯底里的方式攻击杜鲁门政府对共产主义太软弱，包庇和保护国内（尤其是国务院）亲共产党的"间谍"。[③] 与此同时，共和党保守派也开始重新定位他们自己的冷战政策立场。宗教保守派认为杜鲁门政府的对苏"遏制"战略太过软弱，因为遏制战略居然可以容忍代表着"自由与正义"的美国与代表着"专制与邪恶"的苏联共存。宗教保守派代表詹姆斯·伯恩汉（James Burnham）认为，"遏制"本身是防御性和绥靖式的，这只会导致自由世界向共产主义投降。要想击败苏联的扩张，美国必须采用"解放"战略主动全面出击，以所有受共产主义统治的地方为战场，采用政治、经济、意识形态、外交、军事手段与共产主义政府战斗到底，而且，美国绝不在战斗与对抗中妥协、

---

① Thomas Paterson, ed., *Cold War Critics: Alternatives to American Foreign Policy in the Truman Years* (Chicago: Quadrangle Books, 1971), p.177; Michael J. Hogan, *A Cross of Iron: Harry S. Truman and the Origins of the National Security State, 1945-1954* (New York: Cambridge University Press, 1998), pp.20-21, pp.70-71, pp.115-118, pp.120-121, pp.157-158.

② Clarence Wunderlin, *Robert A. Taft: Ideas, Tradition, and Party in U.S. Foreign Policy* (Lanham MD: Rowman & Littlefield, 2005), p.149.

③ John Earl Haynes, *Red Scare or Red Menace? American Communism and Anticommunism in the Cold War Era* (Chicago: Ivan R. Dee, 1996), p.23.

让步或协商，美国追求的是共产主义的彻底灭亡。① 军事鹰派麦克阿瑟在朝鲜战场被解职后在国会发表告别演说，麦克阿瑟提出对中国进行经济和海上封锁、进行军事侦察、大规模轰炸中国在东北用于支持朝鲜战争的基地和交通设施、支持国民党军队进攻大陆等观点。② 面对陷入僵局的朝鲜战争，美国民众的心态似乎陷入两极分化：要么全面出击击败中国，要么完全撤出朝鲜半岛。在准备参加1952年总统选举的情况下，塔夫脱专门撰写《美国人的外交政策》来阐述他对冷战时期美国外交政策的定位。

在全面陈述自己对当下美国外交政策的观点中，塔夫脱对杜鲁门政府"遏制"战略的批评是核心。塔夫脱批评的出发点依然是经济保守主义的，即美国无休止的对外介入会导致税收不断拔高、财力徒遭浪费。塔夫脱认为，"遏制"战略迫使美国对全球所有和苏联有关的事务作出回应，这样美国的海外介入和花销就会永远增加，联邦政府的权力就永无被限制的可能，美国的经济和国民士气会被拖入无休止的泥淖中。塔夫脱主张强烈的反共政策，但他认为美国可以采取"廉价"的反共方式：美国拥有得天独厚的地缘防御优势，又在核武器和海军方面享有对苏联的巨大优势，美国只需要"偶尔把行动延伸至欧洲、亚洲和非洲，在某些被选定的地区实现胜利"即可。基于此，塔夫脱认为美国根本没有必要在西欧部署地面部队，因为西欧国家联合起来就足以防御苏联了。在东亚，塔夫脱则变成反共鹰派，主张在朝鲜战场进行反击，支持中国台湾地区的国民党集团反攻大陆，利用秘密颠覆等手段搞垮共产主义国家的国内秩序。塔夫脱赞同麦克阿瑟把朝鲜战争的战火延烧到中国东北的观点。最后，塔夫脱主张建立国际法而

---

① Daniel Kelly, *James Burnham and the Struggle for the World: A Life, Wilmington* (Delaware: ISI Books, 2002), pp.140-147; Peter Scoblic, *U.S. VS. Them: How a Half Century of Conservativism Has Undermined America's Security* (New York: Viking, 2008), pp.28-31.

② General Douglas MacArthur, "Farewell Address to Congress," April 19, 1951, accessed March 21, 2017, http://www.americanrhetoric.com/speeches/douglasmacarthurfarewelladdress.htm.

反对他认为无所作为的联合国。[①]

三、未能实践的新孤立主义

由于保守主义当时尚处于发展阶段，塔夫脱领导的保守派完全没有控制外交决策的权力，因此，塔夫脱在当时相对极端的新孤立主义外交观点最终没有被属于自由国际主义的杜鲁门政府和艾森豪威尔政府所采用。在杜鲁门时期，塔夫脱保守主义的财政政策可能使当时的杜鲁门政府在提高国防开支的同时压低了社会开支，但当时美国的国防开支并没有因为塔夫脱的影响而有所减少。[②] 塔夫脱外交观点中的新孤立主义特色正如美国历史学家施莱辛格所批评的那样：一方面，塔夫脱要求美国要反对共产主义的扩张，但又要求美国在抵制苏联和共产主义时必须节约国力和资源，减少海外军事部署和介入，这是典型的传统孤立主义；另一方面，塔夫脱根本不管美国盟友的关切和《联合国宪章》的规定，主张美国直接采取"全面出击"战术，全面升级与中国和苏联的冲突，这是典型的单边主义——"新孤立主义"观点。[③]在艾森豪威尔时期，艾森豪威尔总统是作为自由派共和党人青睐的温和派来执行其外交政策的。艾森豪威尔的外交政策既奉行自由国际主义，但又在军费开支、对外干涉以及对国际组织的态度方面有力地抵制了塔夫脱等保守派的新孤立主义干扰。首先，艾森豪威尔政府并未走向单边主义，艾森豪威尔政府继续巩固和加深了美国所领导的北约，继续加深美国与其盟国的联盟关系，继续与东南亚国家签署地区防御和合作条约，继续支持联合国和其他国际组织的作用。同时，艾森豪

---

①　Robert A. Taft, *A Foreign Policy for Americans* (Garden City N.Y.: Doubleday, 1951), pp.11-23, p.39, pp.47-66, pp.73-87, pp.100-120.

②　Colin Dueck, *Hard Line: The Republican Party and U.S. Foreign Policy since World War II*, p.82.

③　Arthur M. Schlesinger, Jr. "The New Isolationism," *The Atlantic*, May 1952, accessed March 21, 2017, https://www.theatlantic.com/past/docs/politics/foreign/asiso.htm.

威尔政府也没有完全对苏联等共产主义国家"全面出击",艾森豪威尔政府非常谨慎地处理与苏联的关系,在维持对苏施压的过程中又寻求与苏联的对话缓和,在增加军费开支的同时又警惕美国国内"军工复合体"的负面影响。[①] 总之,由于塔夫脱等共和党保守派在当时的共和党内部尚未压倒共和党自由派,在当时的政府内尚未占据政治上风,保守派只能在美国外交实践中提出自己的新孤立主义主张而没有将新孤立主义付诸实践的政治权力,这也导致塔夫脱时期的新孤立主义只是出现观点上的萌芽而没有出现实践中的萌芽。塔夫脱时期的新孤立主义思想萌芽情况参见表3-2和图3-1。

表3-2　塔夫脱时期的新孤立主义思想发展程度[②]

新孤立主义主张	新孤立主义思想发展程度
反对联合国等多边主义组织或协定（A）	1
反对多边自由贸易（B）	0
反对联盟体系（C）	1
支持单边主义武力干涉（X）	单边进攻中国 单边入侵印度支那（2）
支持不干涉政策（Y）	0
反对对外援助（Z）	1

资料来源：作者自制。

---

① Colin Dueck, *Hard Line: The Republican Party and U.S. Foreign Policy since World War II*, p.85.

② 在塔夫脱时期,由于塔夫脱等保守派的外交政策根本没有被艾森豪威尔政府实践,因此本书直接通过图表来表现塔夫脱外交观点中新孤立主义倾向的程度。

图3-1 塔夫脱时期的新孤立主义思想发展程度

资料来源：作者自制。

第四节 结 语

在塔夫脱时期，美国的贸易自由化进程是继续向前发展着的，总统和其他支持自由贸易的行政部门获得更多的参与多边贸易平台、降低进口关税的谈判权限。然而，贸易自由派在获得己方想要的自由化成果的同时，也给予那些寻求贸易保护的弱势产业很多制度性的补偿，这些补偿使美国的弱势产业在美国扩大市场开放的背景下，可以通过其他保护主义的渠道来尽量使自己免受自由化的负面冲击。这些补偿减少了美国弱势产业受到贸易自由化负面冲击的力度。与此同时，塔夫脱时期的共和党保守派刚刚与共和党温和派在政治理念上"决裂"并开始了明显的争权行动。然而，保守主义运动尚处于发展的初级阶段，保守派的力量依然很弱小。保守派在这个时期甚至无法控制共和党，更谈不上在总统选举和国会选举中占据权力优势。因此，在塔夫脱时期，贸易自由化负面冲击的微弱影响和保守派力量的弱小使得新孤立主义只是出现了"萌芽式"的思想观点而不可能被付诸实践。

第四章 肯尼迪至里根时期：
新孤立主义观点的发展

从1961年肯尼迪总统上台到1988年里根总统下台这一时期，美国的新孤立主义观点开始从言论层面部分地走向实践层面，包括美国逐渐在外交政策中体现出单边主义色彩浓厚的新孤立主义倾向，在对外贸易中也体现出保护主义色彩浓厚的新孤立主义倾向。因此，本书把1961—1988年美国新孤立主义发展的时期称为"肯尼迪至里根时期"。

在肯尼迪至里根时期，美国的贸易自由化实践继续向着更加有利于贸易自由派的方向发展。通过两次影响重大的贸易法改革，即1962年和1974年贸易法改革，贸易自由派促使美国的贸易开放程度得到更大范围的提高，弱势产业受到进口的负面冲击压力也越来越大。然而，贸易自由派在实现己方的利益收益时也给予美国的弱势产业很多新的制度补偿。这些制度补偿使美国的主要制造业依然可以相对便捷地获得贸易保护，从而确保其产业不会受到自由化的严重冲击。肯尼迪至里根时期也是保守主义运动和保守派政治力量蓬勃发展的"黄金时代"。南方地区的"翻红"给保守主义运动注入强大的政治力量，促成了共和党保守派的"背书人"里根在20世纪70年代的政治崛起与1980年大选的胜利。然而，胜选后的里根在外交领域并没有重用那些曾经鼎力支持他的保守派，而是选择任命支持自由国际主义的共和党人。保守派在里根时期依然没有占据权力优势地位。因此，肯尼迪至里根时期的新孤立主义观点尽管大量涌现，但贸易自由化的负面冲击不甚明显以及保守派政治力量未能控制政府，使这个时期的新孤立主义只能停留于"说而不做"的言辞层面。

第一节　贸易自由化与对保护主义群体的制度性补偿

从肯尼迪到里根时期，美国的贸易自由化进程先后经历过两次影响重大的贸易法改革，即《1962年贸易扩展法》改革和《1974年贸易法》改革。这两次改革都极大地加深了美国参与世界贸易的程度，使美国的贸易自由化大为受益。然而，在这两次重要的贸易制度改革过程中，保护主义势力依靠其在国会较大的政治影响力和强大的游说能力，使自由派在获得制度性"收益"的过程中也给予保护主义相应的制度性"补偿"。例如，保护主义集团利用"201条款"使得对自己的产业进行保护的"门槛"降低了，保护主义使用"双反"的"门槛"标准降低了，这些制度性补偿使寻求保护主义的产业在这个时期受到贸易自由化进程的负面冲击相对温和。因而，保护主义反对美国参与多边国际贸易的呼声并不大，这个时期美国在贸易领域的新孤立主义未能被付诸实践。

一、贸易自由化的实践

从肯尼迪到里根时期，美国参与国际自由贸易的政策实践主要是基于美国贸易史上两次意义重大的贸易法改革，即《1962年贸易扩展法》改革和《1974年贸易法》改革。两次贸易法改革分别赋予贸易自由派更多的自由化权限，这些自由化权限加速了美国开放国内市场和参与贸易自由化谈判的进程，这些贸易自由化进程的负面影响本应该使美国国内的弱势产业尤其是劳动力密集型产业处于非常严峻的不利地位。然而，保护主义在国会的强大政治影响力使自由派在这两次贸易法改革中为使法案顺利通过而不得不作出妥协让步，对弱势产业继续进行制度性的补偿，这些制度性的补偿很好地缓和了进口对劳动力密集型产业的冲击。

（一）《1962年贸易扩展法》与贸易自由派的新"收益"

1962年的美国贸易法改革成果——《1962年贸易扩展法》对增加总统贸易自由化权限及促进贸易自由化方面有着变革性的意义。

第一，通过本次改革，总统再次获得在贸易谈判中大幅降低关税的国会授权：国会允许总统可以基于1962年的关税税率，在1967年之前实现降税50%的目标，个别进口关税税率低于5%（1962年）的商品甚至可以实现完全免税进口。[①]

第二，国会授权总统可以在未来的关税谈判中改变谈判方式，即由原来针对进出口商品的"逐项进行式"（item by item）谈判转变为"一揽子式"（across the board）谈判。新的谈判方式使美国贸易代表在谈判过程中不必就大量进出口门类逐项进行冗长的讨价还价，而是可以把主要的、大宗的进出口商品作为谈判重点，并从美国整体贸易收益的角度来定位关税谈判的总体利弊。"一揽子式"谈判方法提高了美国参与贸易自由化谈判的工作效率。[②]

第三，国会从《关税与贸易总协定》运行开始后非常重视的"伤害临界点"条款或者"特殊情况下的例外条例"（escape clause）在《1962年贸易扩展法》中的作用被减弱。这个条款是美国弱势产业在肯尼迪时期赖以保护自己的重要工具，在关税委员会的评估和决意下，总统必须采取行动对具体达到进口"伤害临界点"的产业进行保护。在《1962年贸易扩展法》的规定下，关税委员会对产业受进口冲击的伤害评估只能作为"建议"递交给总统。关税委员会对加征保护性关税的影响力降低了，这意味着总统可以在某些产业受到低关税伤害后，

---

① United States Congress House Committee on Ways Means (1967), Legislative history of H.R. 11970, 87th Congress, Trade Expansion Act of 1962 Public Law 87-794. Washington: U.S. G.P.O.

② Raymond A. Bauer, De Sola Pool, Lewis A. Dexter, *American Business and Public Policy: The Politics of Foreign Trade* (Chicago: Aldine Atherton, 1972), p.77.

为防止贸易自由派产业受到贸易报复，最终可以不采取贸易保护措施对本国的弱势产业进行保护。[①] 同样地，美国的弱势产业赖以保护自己的"国家安全"条款的使用也受到适用范围方面的削弱，保护主义使用"232条款"的难度和程序增加。[②]

第四，通过建立特别贸易代表办公室（Special Trade Representative Office），国会将具体执行贸易谈判的主体机构从原来的国务院转移到由总统任命的特别贸易代表（Special Trade Representative, STR）。国会此举的最初目的是减慢国务院领导的贸易自由化进度，鉴于国务院在处理美国的贸易政策时总是带有严重的自由贸易倾向（自由国际主义战略的经济体现），国会认为设立特别贸易代表办公室可以使负责贸易的行政分支从贸易利益而非外交、政治利益的角度真正地代表国内各方利益集团，在贸易谈判中连接美国国内与贸易相关的决策部门（国会、财政部、商务部）。然而国会没有意料到的是，由于特别贸易代表是由总统来提名和任命的，其在谈判过程中所持有的贸易立场更多地受到支持贸易自由化的总统而非保护主义势力强大的国会的影响。只要总统是支持自由贸易的（事实上，冷战时期的总统都是积极推动国际贸易制度建设的），设置特别贸易代表这个新的高级贸易职位实际上更加有利于推进自由派的贸易议程。因为总统在未来的贸易谈判中可以利用其人事任命的权力和在贸易谈判中拥有信息不对称的优势，通过任命支持自由贸易的特别贸易代表来参与谈判并推动美国贸易自由化进程。[③]

第五，从贸易决策机制的角度来看，《1962年贸易扩展法》无疑继

---

① Judith Goldstein, Stefanie Lenway, "Interest or Institutions: An Inquiry into Congressional—ITC Relations," *International Study Quarterly* 33, no. 3 (1989): 331.

② Judith Goldstein, *Ideals, Interests, and American Trade Policy* (Ithaca: Cornell University Press, 1993), p.188.

③ Steve Dryden, *Trade Warrior: USTR and American Crusade for Free Trade* (Oxford: Oxford University Press, 1995), pp. 50-59.

续增加总统领导的行政机构在关税谈判中的权限，增加了行政机构对贸易谈判主动权的掌控。这种掌控包括：《1962年贸易扩展法》授权总统继续进行旨在降低互惠关税的谈判、总统可以任命特别贸易代表以负责贸易谈判、总统可以在国内保护主义利益集团的请求下采取个别的保护性政策。然而事实上，总统总会在具体的贸易政策执行中以美国的整体贸易利益为出发点，以增加美国出口或担心他国贸易报复为借口，拒绝或拖延寻求保护主义的弱势产业的利益诉求。与此同时，总统所代表的行政机构对具有贸易保护主义倾向的国会和关税委员会的抵制能力也有所提高。虽然关税委员会在收到保护主义的呼吁或请求时对总统提出保护主义的判决建议，但是总统在很多情况下都会选择无视或不执行关税委员会的保护性政策。[1]

1967年，美国钢铁研究所联合其他受低关税影响的行业集体向国会施压，要求国会通过限制钢铁进口的配额法案以保护美国钢铁产业。然而，即使在如此强大的游说压力下，约翰逊政府依然拒绝与国会合作。约翰逊认为，对钢铁进口设置配额肯定会引来其他国家共同的关税报复，从而导致全球商品价格上涨并进而影响美国消费者的整体利益。[2] 因此，《1962年贸易扩展法》在制度方面更有利于总统领导的行政机构在具体的贸易决策中贯彻自由贸易议程。以上这些都属于《1962年贸易扩展法》对于贸易自由派的"收益性"作用以及对美国贸易自由化的积极促进作用，这些"收益"是以削弱美国弱势产业原来依赖的保护主义渠道和便利为前提的。

（二）《1974年贸易法》与贸易自由派的"收益"

《1974年贸易法》的起草反映出尼克松政府利用其总统权力来有目

---

[1] Judith Goldstein, Stefanie Lenway, "Interest or Institutions: An Inquiry into Congressional—ITC Relations," p.318.

[2] David Hagy, *Hegemonic Decline: Great Britain, the United States, and Steel* (Ph.D. diss., Tulane University, 1993, New Orleans), p.77.

的地创造有利于自由贸易的贸易决策机制，让贸易自由派获得更多的制度性"收益"，从而继续开放国内外市场，促进贸易自由派所期望的产品出口。在《1974年贸易法》的起草过程中，尼克松有意地削弱保护主义倾向比较明显的商务部和劳工部对法案起草内容的影响，有意地增强支持自由贸易的国务院、国家安全委员会、总统特别贸易代表和经济顾问委员会这些机构对法案内容的影响。尼克松支持自由贸易的意图也必然会导致法案起草的出发点将立足于贸易自由化，使贸易自由派获得相比于《1962年贸易扩展法》更多的自由化权限，并对美国弱势产业仰赖的关税保护制度进行新的限制，从而使美国的贸易决策机制更加倾向于自由化。①

在贸易自由化的国内制度改革方面，《1974年贸易法》在贸易决策程序层面继续作出有利于总统和贸易自由派的变化。

第一，国会通过的该法案不仅授予总统继续参与互惠关税谈判（以降低关税壁垒为目的）的自由行动权，而且授予总统进行旨在降低非关税壁垒贸易谈判的自由。相比于《1962年贸易扩展法》，总统的贸易权限再次增加。

第二，法案首次确立了美国参与贸易谈判和达成贸易协定的"快车道"机制。由于总统在降低非关税壁垒的谈判中肯定会触及国内贸易政策和立法方面的改动问题，但任何涉及国内法律变更的国际协议都要国会批准，贸易法案则需要国会两院的共同批准，这使得美国贸易代表在以往的贸易谈判中经常碰到协议已经签署但国会拒绝批准或要求对协议进行内容修正的先例，导致美国贸易谈判者在自由化谈判过程中无法高效地给出承诺或让步，无法快速地使协议付诸执行。1974年开始的"快车道"机制对这个问题的解决作出了回应。《1974年贸易法》规定，在国会已经授予总统贸易谈判"快车道"权限的前提下，

---

① Nistan Chorev, *Remaking U.S. Trade Policy: From Protectionism to Globalization*, p.89.

总统在完成贸易谈判并达成贸易协定后，国会将不再对贸易协定的具体内容进行修正，而是通过参众两院的一次性投票来决定国会是否批准该贸易协定。[①]"快车道"机制表面上赋予国会对已经谈成的贸易协定拥有最后的否决权，但实际上通过对总统进行更多的贸易授权放开了总统在贸易谈判中进行关税让步和权衡总体收益的自由，增加了美国谈判代表在多边贸易谈判中的可信度，使美国参与多边贸易机制谈判的效率更高。

第三，《1974年贸易法》把采取贸易保护措施的权力进一步从国会转移到总统。例如，法案中的"301条款"要求国会把决定是否采取贸易报复的权力授予总统。在行政机构认定美国的贸易对象国有歧视性政策、贸易补贴、倾销及其他"不公平"或不合理关税政策的情况下，总统可以权衡是否采取贸易报复措施。在《1974年贸易法》中，"301条款"的规定表面上偏向于保护主义利益集团，但实际上是否采用"301条款"并采取贸易保护行动的决策权由总统把持，这反而有利于总统利用其权力来阻挠贸易保护主义行为。[②]

第四，新的贸易法案通过制度设计使保护主义利益集团在通过国会或其他渠道来实现其保护主义目标时会遇到更多程序层面的困难。例如，法案表面上为照顾美国弱势产业的诉求，特别对贸易调整援助项目、例外（特殊）条款的适用范围、反倾销、反补贴这些保护主义措施进行新的修订，但修订后的保护主义规则反而使保护主义利益集团在通过这些法案采取贸易保护主义时变得更加困难。[③]以上这些制度方面的变革都属于贸易自由派在《1974年贸易法》改革中获得的制度性"收益"，这些收益造成了保护主义寻求关税保护的渠道被总统限

---

① I. M. Destler, *Renewing Fast-Track Legislation* (Washington DC: Institute for International Economics, 1997), pp.7-8.

② 参见1974年贸易法关于"301条款"的规定：*Trade Act of 1974*, F:\COMP\90-99\93-618. XML, p.191, https://legcounsel.house.gov/Comps/93-618.pdf。

③ Nistan Chorev, *Remaking U.S. Trade Policy: From Protectionism to Globalization*, p.88.

制，使贸易自由化对国内保护主义势力的冲击和影响继续增加。

二、对保护主义的制度补偿与实际效果

通过两次贸易法改革，贸易自由派希望继续扩大行政部门参与国际贸易自由化谈判的自主权，继续压制保护主义采取保护性关税的制度渠道，两次法案的内容也在一定程度上实现了贸易自由派的自由化改革初衷。然而，保护主义利益集团和保护主义的政治代表也在这两次贸易法改革的谈判过程中积极向贸易自由派施压，通过对法案细节内容的争论向贸易自由派争取到很多新的制度性的保护主义"补偿"。

（一）《1962年贸易扩展法》的制度性补偿与效果

《1962年贸易扩展法》在给予贸易自由派更多政策自由权限的同时也对国内部分主张保护主义的产业代表作出很多让步和妥协，这些妥协也为美国弱势产业保证自己生存并顶住贸易自由化的负面冲击提供了有力的制度基础。例如，在《1962年贸易扩展法》的起草与辩论阶段，由于降低关税的谈判将不利于美国国内劳动力密集型产业的竞争力，该法案遭到美国劳动力密集型产业如纺织与服装、玻璃与化工、木材、石油、钢铁等产业的联合反对。为平息贸易保护主义的担忧和反对，让法案在国会获得足够的票数而获得通过，当时参与谈判的肯尼迪政府向保护主义代表承诺：在未来的贸易谈判中政府肯定会为这些容易受到进口冲击的敏感产业作出特殊安排。例如，肯尼迪政府专门通过谈判为美国的纺织产业和服装产业达成进口"自动限制协议"（Voluntary Restraint Agreement, VRA），对美国的服装和纺织品进口实施配额制度，将进口数量保持在固定的范围内，并对超过进口配额的这两类产品征收保护性关税。在其他产业的专门保护方面，肯尼迪政府对受低关税进口商品冲击程度严重的木材产业实施政府补贴，以减少木材产业因为进口压力而产生的损失。按照关税委员会的建议，肯尼迪政府对美国进口的毛毯和玻璃征收保护性关税，对本国的毛毯、

玻璃产业进行专门保护。基于保护主义集团的游说压力，肯尼迪政府不再把关税委员会建议的铅、锌、石油等受低关税伤害程度较大的产业列入降税谈判中。[①]为安抚由于贸易自由化而导致工人失业所带来的工会的不满情绪，国会亲自行动，在《1962年贸易扩展法》中为这些受贸易自由化冲击严重的行业设置特别拨款项目，以资助这些产业更新它们老旧的生产线，资助那些因为贸易自由化而失业的工人进行职业技术再培训，以促进低技能工人的再就业。《1962年贸易扩展法》对由于贸易自由化而造成的失业工人推出贸易调整计划援助项目（Trade Adjustment Assistance, TAA），开创了美国国会有组织地通过社会福利性立法来保护受贸易自由化负面冲击的工人的先例。自1962年起，美国国会开始周期性地修改贸易调整援助法案为失业工人再就业和培训提供资金资助。[②]

《1962年贸易扩展法》通过后，由于保护主义利益集团依然拥有强大的游说能力，其通过国会立法来实现产业保护的目的基本上也可以达到。从《1962年贸易扩展法》中带有保护主义性质的条款来看，大多数受低关税冲击较大的产业依然在关税上受到比原来更加优惠的照顾，关税保护也有效地缓解了劳动力密集型产业受到进口冲击的压力。典型的例如，在当时属于典型劳动力密集型产业的棉纺织业和钢铁产业都受到这些"补偿"式制度的特别保护，因而免于受到贸易自由化的严重打击。

在棉纺织产业的保护方面，肯尼迪至里根时期对这个最容易受到贸易自由化冲击的产业进行了很好的保护，棉纺织产业在这段时期内受到的负面冲击得到一定程度的缓和。自1924年起，受外来进口增加的影响，美国商品占据国内市场的份额持续降低，其中，纺织业和钢

[①]　Robert A. Pastor, *Congress and the Politics of U.S. Foreign Economy Policy, 1929-1976*, p.116.

[②]　J. F. Hornbeck, "Trade Adjustment Assistance (TAA) and Its Role in U.S. Trade Policy," *CRS Report for Congress*, August 5, 2013, p.6, https://fas.org/sgp/crs/misc/R41922.pdf.

铁业受进口冲击的情况最为明显。1958—1960年，美国的棉纺织品进口额增加150%，这导致美国在棉纺产业的进出口盈余从1958年的1.25亿美元骤降至1960年的1900万美元。棉纺产业组织的游说集团在1962年以前进行的多次游说（要求总统对纺织品进口设定配额）都以失败告终，艾森豪威尔政府通过冗长而没有结果的调查程序实际上以拖延战术拒绝了美国纺织品制造商联盟（American Textile Manufacturers Institute）请求采取关税保护的游说。然而到了1961年，正当贸易扩展法在国会的辩论进入高潮时，美国纺织业重新利用其对南方州的巨大政治影响力对国会进行政治施压。[1] 在纺织业巨大的游说施压下，肯尼迪总统不得不提出保护棉纺产业的"七点议程"（seven point program）。其中包括：对所有进入美国海关的棉纺织品加征8.5%的保护性关税、研究棉纺产品在美国和全球两个层面的价格差及竞争力差距、允诺在《关税与贸易总协定》层面就棉纺产业与其他对美国出口棉纺产品的国家签署专门的保护性关税协议等。[2] 事实上，肯尼迪及后来的约翰逊和尼克松政府都忠实地执行了保护棉纺织品产业的承诺。1962年2月，肯尼迪政府在多边关税谈判中达成关于棉纺织品进口的长期协议，该协议规定总统可以在美国纺织品市场受到"市场伤害"（market disruption）的情况下发布行政命令以降低美国的棉纺产品进口，为美国本土的棉纺产业"减压"。该协议也规定美国将从协议签署时期开始停止进口纺织品两年，并在随后的时间内逐渐减少棉纺产品的进口配额，增加本国棉纺产品的国内市场占有率。1962年4月，肯尼迪总统直接下令禁止从日本进口八种棉纺织品。关于棉纺产品的长期保护协

---

① 由于肯尼迪需要南方民主党人的支持在国会通过《1962年贸易扩展法》，而且美国的棉纺织业主要分布在美国南部并给南方各州创造了超过50%的就业机会，因而棉纺产业游说集团对南方民主党人的影响很大，参见：Anne O. Krueger, *The Political Economy of Trade Protection* (Chicago: University of Chicago Press, 1996), p.45。

② Thomas Zeiler, *American Trade Policy in the Early Cold War* (New York: Columbia University Press, 1992), p.79.

议对美国棉纺产业的保护持续到1974年，直到其被新的旨在继续保护美国棉纺产业的《多边纺织品协议》（Multi-Fiber Arrangement）所取代。新的多边纺织品协议也同样起到保护美国纺织品产业的效果。[①] 总之，由于纺织品产业的大力游说，从肯尼迪到里根总统时期，美国的纺织品产业受到极为有效的政策保护，虽然这种保护不是由高额的保护性关税而是由总统参与谈判达成的进口配额来实现的，但进口配额与保护性关税在保护具体的产业方面所起到的效果并无区别。已经有研究表明，从肯尼迪时期到尼克松时期，美国对纺织品和服装产品进口设定的进口配额数量相当于间接地给进口纺织品加征了26%的关税、给进口服装加征53%的关税。[②] 因此，在《1962年贸易扩展法》通过以前，正是因为国会中来自南方州的贸易保护主义议员的压力，总统领导的贸易自由派为获得国会中足够的支持票数而不得不对弱势产业作出部分制度性的"补偿"。也正是在这种制度性"补偿"的背景下，美国国内纺织品产业基本守住了对国内纺织品市场的占有率，出口美国的外国纺织品历经近40年后在美国的市场占有率只上涨了15%。[③] 与其他同样受到贸易自由化负面冲击的产业相比，这个数据已经是美国弱势产业所能取得的瞩目成就了。棉纺织品进口的长期协议对美国纺织品及服装产业的保护性影响参见表4-1。

---

① Anne O. Krueger, *The Political Economy of Trade Protection*, p.47.

② William R Cline, *The Future of World Trade in Textiles and Apparel*. Rev. ed. (Washington, D.C.: Institute for International Economics, 1990), p.154.

③ Anne O. Krueger, *The Political Economy of Trade Protection*, p.48.

表4-1　棉纺织品协议对美国纺织品及服装产业的保护性影响[1]

	国内总产量（万磅）	就业人数（万人）	每小时工资（美元）	产业盈利（亿美元）
长期协议前	6477	92.4	1.38	6.59
长期协议后	12474	101	2.95	13.17

资料来源：作者整理。

从肯尼迪时期到里根时期，《1962年贸易扩展法》通过以后，美国政府也对钢铁这个典型的劳动力密集型制造业进行了有效保护，钢铁产业和钢铁工人在这段时期内受到贸易自由化的负面冲击程度因为政府的保护而相对温和。自1947年《关税与贸易总协定》生效以来，美国的钢铁产业起初在战后初期至20世纪50年代末的国际竞争中处于优势地位。在塔夫脱时期，美国的钢铁企业甚至积极支持总统参与多边贸易自由化谈判，支持降低欧洲国家的钢铁进口关税以扩大美国钢铁的海外市场占有率。然而从肯尼迪时期开始，由于日本和西欧开始加速以政府力量推动本国钢铁产业的发展，这些国家的钢铁产业逐渐在新技术普及和产品成本控制方面取得相对于美国钢铁产业的竞争优势。与此同时，美国国内频繁出现的钢铁工人罢工事件也导致国内钢铁出现供不应求的状况。频繁的罢工也带来国内钢铁生产成本和国际钢价的上升，这迫使购买和使用钢铁的美国企业不得不从国外大量进口钢铁。[2] 1958—1959年，美国的钢铁进口从1700万吨猛增至4400万吨。由于美国国内钢价在国际钢价中处于弱势竞争地位，美国在这段时期内的钢铁出口也下降到1700万吨的历史新低水平，美国从原来的钢铁出口大国转变为钢铁进口大国。[3] 进入20世纪60年代，美国的钢铁产

---

① 本图表由作者根据下面资料数据整理，参见：Gary Hufbauer, *Trade Protection in the United States: 31 Case Studies* (Washington, D.C.: Institute for International, 1986), pp.119-123。

② Christopher Hall, *Steel Phoenix: The Fall and Rise of U.S. Steel Industry* (New York, N.Y.: St. Martin's Press, 1997), pp. 38-45.

③ Ibid., p.44.

业已经在成本价格、炼钢技术和产量三个方面落后于日本和欧洲。然而，《1962年贸易扩展法》却依旧致力于通过多边贸易谈判来实现更低水平的钢铁进口关税以满足大量消耗进口钢铁的贸易自由派。《1962年贸易扩展法》通过以后，美国的进口钢铁占比从1964年的7.3%上涨至1968年的16.7%，这极大地引起美国钢铁利益集团的危机感。钢铁利益集团开始通过施压国会要求对他们进行制度性的保护主义"补偿"。

钢铁市场的不景气加强了钢铁工会（United Steel Workers）与钢铁企业的合作，双方的合作增强了保护主义游说集团的政治影响力。在《1962年贸易扩展法》通过以后，双方联合通过施压国会议员，要求国会专门以立法的形式来保护美国的国内钢铁市场和钢铁产业。[1]早在1966年进口钢铁占到国内市场10%的时候，美国钢铁产业联合会（American Iron and Steel Institute）主席沃辛顿（L. B. Worthington）已经开始施压和要求国会通过法案采取保护性关税了。[2] 到1967年底时，美国钢铁联盟终于可以成功动员起足够的议员在国会就保护钢铁产业进行专门立法。由印第安纳州的万斯·哈特克（Vance Hartke）参议员领导的国会钢铁集团（Congress Steel Caucus）要求对钢铁进口采取配额制度，规定美国每年进口的钢铁所占国内市场的份额不得高于9.6%。[3] 尽管国会对钢铁产业的保护主义诉求遭到约翰逊政府的抵制，关于对钢铁进口进行配额立法的听证会依然在众议院筹款委员会（House Committee on Ways and Means）展开，强大的保护主义压力使国会对钢铁进口实施配额式立法的趋势似乎已经不可逆转。在国会强硬坚持通过立法保护美国钢铁产业的情况下，日本和德国等钢铁大国被迫主动与美国政府达成自动出口限制协议（Voluntary Restraint

---

[1] Anne O. Krueger, *The Political Economy of Trade Protection*, p.17.

[2] William T. Hogan, *Economic History of the Iron and Steel Industry in the United States 5* (New York: Heath, 1971), p.2038.

[3] 9.6%是1964年至1966年进口钢铁占美国市场的平均值，参见：Christopher Hall, *Steel Phoenix: The Fall and Rise of U.S. Steel Industry*, p.51。

Agreement）。在协议中，日本钢铁公司和欧洲煤钢共同体向美国承诺：日欧将自觉限制对美国的钢铁出口，从1969年起，日欧对美钢铁出口将不超过1400万吨，在后续的3年中，日欧对美钢铁出口的增幅将不超过5%，该协议的有效期为5年。[①]美日欧达成的钢铁自动出口限制协议基本上满足了美国钢铁产业联盟通过其他贸易保护主义形式来维持其国内市场地位的要求。事实上，对钢铁产业的制度性"补偿"也确实起到贸易保护的作用。根据美国劳工部统计，在1969—1974年美国实施钢铁进口配额制期间，美国国内钢铁产品的价格上涨了20%。[②]与此同时，美国的钢铁进口占比也从1968年的16.7%下降至1973年的12.4%。对于自动出口限制协议中规定的每年以5%增速来进口钢铁的美国钢铁产业来说，12.4%的进口占比已经是很不错的贸易保护成绩了。[③]

（二）《1974年贸易法》的制度性补偿与效果

为使保护主义势力依然强大的国会通过整体支持自由贸易的《1974年贸易法》，总统领导的贸易自由派已经学会使用以部分制度性让步换取国会支持贸易法改革的"招数"。同时，总统可以对贸易救济措施作出制度性加强，这样既可以满足保护主义者，又可以防止保护主义集团通过对国会的游说，避免国会通过单边主义的贸易保护措施对美国的整体贸易形势造成冲击。在《1974年贸易法》的起草和国会辩论期间，贸易自由派必须向保护主义势力如工会作出补偿性让步以换取他们对该法案的支持。[④]正如当时的副特别贸易代表威廉·皮尔斯

---

① Christopher Hall, *Steel Phoenix: The Fall and Rise of U.S. Steel Industry*, p.53.

② James Johndrow, "The Effects of Trade Restrictions on Imports of Steel," U.S. Department of Labor, Bureau of International Labor Affairs, The Impact of International Trade and Investment Employment, Washington DC., 1978.

③ Barry Bosworh, *Brookings Papers Economic Activity*, no. 2 (1976): Table 1, p.304.

④ Robert A. Pastor, *Congress and the Politics of U.S. Foreign Economy Policy, 1929-1976*, pp.142-143.

（William Pearce）所说："要使法案获得公众支持还需要很多工作，支持《1962年贸易扩展法》的利益集团早已发生变化，大多数与工会有关联的产业肯定会反对我们的法案。"[1] 因此，尼克松政府发动支持自由贸易的游说集团积极与反自由贸易的工会组织接触，向工会领导和其他保护主义利益代表表明新的贸易法中也包括足够的贸易救济（保护）措施以"补偿"它们可能受到的贸易自由化的负面冲击。

尼克松政府认识到保护主义势力并非铁板一块，因而采取重点突破的办法，对反贸易自由化势力的主要的劳动力密集型产业进行特别安抚。例如，属于劳动力密集型产业的棉纺织品和服装业在南方各州拥有相当大的政治影响力，美国钢铁产业的游说能力也不容小觑，它们如果联合反对《1974年贸易法》，尼克松总统想在国会通过该法案的阻力可想而知。这正如在众议院筹款委员会工作的约翰·哈里斯（John Harris）说的："钢铁和纺织，只要你能让这两个产业不反对你的贸易法案，你就能让其他产业的反对形同虚设。"[2] 针对钢铁和纺织这两个反对多边自由贸易的重点产业，尼克松政府先后使用其他的保护性"补偿"方式来"安抚"它们。在对纺织品产业的"安抚"方面，尼克松政府于1973年通过多边贸易谈判达成《多边纺织品协议》，该协议对进入美国市场的人工纺织品实施配额限制，减缓了美国纺织品产业在本国的竞争压力，从而暂时平息了纺织产业对《1974年贸易法》的反对。在对钢铁产业进行的保护性"补偿"方面，尼克松政府也通过1972年的双边钢铁进出口谈判，与对美国出口钢铁的国家达成自动限制进口协议，该协议也对国内的钢铁产业进行特别保护，从而使钢铁产业对《1974年贸易法》的反对声音有所降低。同样被尼克松政府抛出的"补偿"式贸易保护政策"收买"的产业还包括：瓷器、制鞋、彩电、收音机、石油等产业。尼克松或者承诺在未来的谈判中给予它们特别的

---

[1] Nistan Chorev, *Remaking U.S. Trade Policy: From Protectionism to Globalization*, p.85.

[2] Robert A. Pastor, *Congress and the Politics of U.S. Foreign Economy Policy, 1929-1976*, p.158.

关税保护，或者承诺与别国达成自动限制出口协议以缓解它们的竞争压力。① 总之，尼克松政府以特殊的贸易保护政策"收买"了部分强烈反贸易自由化的劳动力密集型产业，同时也对部分影响议员投票的选区产业作出特殊保护，从而使阻挠《1974年贸易法》在国会获得通过的反贸易自由化声音大为减少。《1974年贸易法》也在给予保护主义重点产业其他制度"补偿"的背景下获得通过。

《1974年贸易法》不仅给予美国当时的重点产业以制度性的"补偿"，在对弱势产业原来非常倚重的保护渠道——贸易救济措施——的改革方面，该法案也作出很多制度性的"补偿"以平息弱势产业的焦虑。在《1974年贸易法》中，贸易自由派从制度上对保护主义作出贸易救济措施在执行宽松度方面的让步，使保护主义利益集团寻求关税保护的渠道变得更加方便，寻求关税保护的"门槛"标准更低，这无疑也属于对弱势产业的制度"补偿"。

第一，尼克松政府在《1974年贸易法》通过前向保护主义承诺将加大对受贸易负面冲击的弱势产业和工会的补偿力度，这说明贸易自由派在获得贸易自由化"收益"以后在对弱势产业进行"止损"。保护主义寻求贸易保护的主要动力是国外进口商品对其国内市场的冲击从而带来产业倒闭和工人失业，如何处理贸易自由化所带来的负面冲击本来就是历届支持自由贸易的总统必须面对的问题。以往的保护主义游说集团往往通过国会渠道加征保护性关税或设置进口配额，但这种方法实际上是让自由贸易的受益者来承担自由贸易的负面效应，因为美国的保护主义政策所带来的其他国家的关税报复往往会直接打击美国国内需要大量廉价进口或大量出口国外的贸易自由派。为了在"补偿"弱势产业和工人的情况下不引来其他国家的贸易报复而伤害贸易自由派，《1974年贸易法》继续加强和沿用1962年的贸易调整计划援

① 　Daniel Verdier, *Democracy and International Trade: Britain, France, and the United States, 1860-1990* (Princeton: Princeton University Press, 1994), p.276.

助项目以解决这个问题，即把保护主义政策所带来的负面影响从原来的自由贸易派转移到政府整体，通过政府事后拨款救助而非事前采取贸易保护政策来帮助受损企业。[①] 为了消除工会和劳动密集型产业对《1974年贸易法》的反对，尼克松政府有意地对《1962年贸易扩展法》中贸易调整计划援助项目的相关内容作出修改，修改内容主要是降低政府对受进口冲击影响较大企业和失业工人的补助资格，让更多的受自由贸易负面冲击的企业和工人可以领取到政府救济。自1962年的贸易调整计划援助项目出台后，由于政府在决定企业和工人能否受到贸易调整计划援助项目资助方面的标准过高，很少有企业和工人可以向政府证明他们的衰落和失业是由于自由贸易的负面冲击造成的，这也导致贸易调整计划援助项目在1962—1974年并未对美国自由贸易的"输家"进行有效救助。[②] 在工会的压力下，尼克松政府两次修改并降低贸易救助的标准，先是把救助条件由进口对产业和工人造成"主要伤害"降格为"实质性伤害"，随后又降为"重要伤害"。[③] 标准的降低有利于更多的企业和工人，在哪怕是自由贸易间接影响到工人失业的情况下，也可以申请领取政府的救助。与此同时，申请领取贸易救助的程序也被尼克松政府修改简化，由更熟悉工人失业情况的劳工部取代贸易委员会来审查和批准工人和企业提出的救助申请，申请政府救助的行政过程也更加高效了。[④] 所有这些规定更加有利于受自由贸易负面冲击的弱势产业和工人更加便捷地获得政府的资金补助，减缓了弱势产业和工人受到自由贸易负面冲击的程度。

---

① Fred Bergsten, "Crisis in U.S. Trade Policy," *Foreign Affairs* 49, no. 4 (1971): 634.

② CRS Report for Congress: *Trade Adjustment Assistance (TAA) and Its Role in U.S. Trade Policy*, Specialist in International Trade and Finance, August 5, 2013, p.7, accessed August 21, 2018, https://www.everycrsreport.com/files/20130805_R41922_7e63dac6636c3d82b8df3cc9bf09ece63e140360.pdf.

③ Nistan Chorev, *Remaking U.S. Trade Policy: From Protectionism to Globalization*, p.93.

④ Jagdish N. Bhagwati, ed., *Import Competition and Response* (Chicago: University of Chicago Press, 1982), pp.326-327.

第二，在《1974年贸易法》中关于贸易救济条款（主要是"201条款"）的适用"门槛"标准的改革方面，总统也对弱势产业给予很多制度性的"补偿"。例如，在"201条款"适用标准的修改方面，总统保留了对贸易委员会采取保护性关税的建议拥有最终决定权这个关键权限，这是自由派阻挠保护主义渠道的最后"关卡"，但法案也给予弱势产业在"201条款"适用性方面的"补偿"以安抚贸易保护主义代表。法案放宽了弱势产业寻求使用"201条款"对自己进行关税保护的"门槛"标准，而且在"201条款"运行实践的程序方面，总统也将部分权限与当时倾向保护主义的国会分享。在修改例外条款的过程中，总统领导的贸易自由派对降低例外条款的使用标准进行了仔细的斟酌讨论。尽管《1962年贸易扩展法》授予贸易委员会在弱势产业发起请愿的情况下可以建议总统提高关税，以达到限制进口和保护发起请愿的相关产业，但在1962—1974年，支持自由贸易派并打压保护主义派的总统仅有两次同意贸易委员会提出的保护性关税建议。由于国会需要简单多数来推翻总统对贸易委员会关税建议的否决，1962年贸易扩展法案通过以后，保护主义集团向贸易委员会发出的保护主义请愿几乎没有收到总统的回应。① 因此，基于保护主义者们对"201条款"执行效果的愤怒，尼克松政府的贸易自由派都认为，要想减少1974年贸易法案的通过阻力，法案必须放宽"201条款"的适用条件，"问题不在于是否放开关于进口限制的标准，问题在于放开多少"。② 在起草法案时，尼克松政府先主动放松"201条款"的使用条件，同意把采取进口限制的前提条件由"进口竞争是产业伤害的主要原因"改为"进口竞争是产业伤害的首要原因"，随后又在国会辩论中把启动进口限制的条件改为

---

① Judith Goldstein, *Ideals, Interests, and American Trade Policy*, p.188; Judith Goldstein, Stefanie Lenway, "Interest or Institutions: An Inquiry into Congressional—ITC Relations," p.318.

② Nistan Chorev, *Remaking U.S. Trade Policy: From Protectionism to Globalization*, p.95.

措辞更为模糊的"实质性原因"。[①] 修改后的"201条款"更加有利于保护主义者在申请贸易保护的时候获得贸易委员会的支持，因为在适用标准降低以后，证明其产业受到进口"实质性"伤害的理由很明显地更加容易了。同时，在总统驳回贸易委员会提出的贸易保护建议的权限方面，由于国会对总统以往支持贸易自由化不采取贸易委员会建议的"历史表现"非常不满，尼克松和贸易自由派不得不在保留总统贸易决策权的前提下对国会作出让步。在贸易委员会同意企业代表提出进口保护请愿后，总统只能以国家安全为理由驳回贸易委员会的保护主义建议，而且，国会在不同意总统驳回的情况下可以通过决议案直接推翻总统的否决，让"201条款"规定下的贸易保护措施（保护性关税或者进口配额）强行付诸执行。[②] 在"201条款"的适用性方面，贸易保护主义在表达其贸易诉求方面的条件限制被尼克松政府在《1974年贸易法》中放松了。"201条款"适用性的放松更加有利于具体的弱势产业寻求关税保护，因而属于自由派在《1974年贸易法》中对弱势产业的制度性"补偿"。

事实上，1974年以后的美国贸易政策实践也证明，保护主义的确通过自由派对"201条款"更加高效的制度"补偿"，部分地推动了政府对它们相关产业的保护。1974年贸易法案通过后，越来越多的受冲击企业确实开始寄望于"201条款"来实现贸易保护，寻求保护主义的企业申请使用"201条款"的案例数量也明显增加，1963—1974年，仅有26个申请使用"201条款"的案例，而从1975—1979年，申请使用"201条款"的数量则达到42例。[③] 由于《1974年贸易法》中的"201条款"认定产业收到进口伤害的标准降低，在贸易自由化立场上相对中

[①] I. M. Destler, *Making Foreign Economic Policy* (Washington DC: Brookings Institution, 1980), p.145, p.158.

[②] I. M. Destler, *American Trade Politics*, p.143.

[③] *Operations of the Trade Agreements Program* (Washington, D.C.: United States International Trade Commission, 1991).

立的国际贸易委员会最终作出同意采取"201条款"的比率也越来越高。1974年以前，国际贸易委员会作出同意结论的比例为38%，《1974年贸易法》通过以后，国际贸易委员会作出同意采取保护性关税结论的比例上升到61%。[①] 可以说，在贸易保护主义的努力下，保护主义者的呼吁终于突破了国际贸易委员会的判定这个关口，总统最终同意对产业进行关税保护的次数也有所增加（见表4–2）。

表4–2　里根上任前的美国"201条款"调查

时间（年）	申请次数	国际贸易委员会列为"同意"次数	总统部分地或全部地同意国际贸易委员会的次数
1963—1974	26	10	4
1975—1979	42	26	7

资料来源：作者整理。1963年至1974年关于"201调查"的数据参见美国关税委员会（国际贸易委员会的前身）发布的 *Operation of the Trade Agreements Program, 1948-1990* (Washington, D.C.: United States International Trade Commission);同见美国国际贸易委员会发布的年度贸易数据：*Year in Trade, 1947-2016*, accessed August 21, 2018, https://www.usitc.gov/research_and_analysis/year_in_trade.htm。

第三，在国会立法保护方面，《1974年贸易法》也为国会中主张保护主义的议员发挥其影响力留下制度性空间，尽管这种空间经常受到总统的压制，但国会依然在保护主义利益集团的压力下很好地利用了这些制度性空间。从里根至布坎南时期，鉴于总统非常强烈地抵制保护主义利用"201条款"，作为对总统支持贸易自由派行为的抵制，国会最初的反应是利用《1974年贸易法》中的规定，威胁使用国会投票否决的方式推翻总统对使用"201条款"的否决。事实上，尽管国会从未在实践中使用这种方法，但国会的威胁在很多情况下使总统觉得是

---

① United States International Trade Commission, *Year in Trade* (Washington, D.C.: U.S. International Trade Commission, 1997), accessed August 21, 2018, https://permanent.access.gpo.gov/lps1074/.

可信的，因为国会也逐渐发展出很多对总统进行施压的方法。[1] 这些方法具体包括：（1）国会可以威胁总统。如果总统否决对"201条款"的使用，国会就直接对特定产业的保护进行量化式的保护主义立法，在法案中规定产品进口配额或保护性关税的税值。虽然总统也可以利用其政治资源阻挠国会通过类似《斯穆特-霍利关税法》那样的贸易保护法案，但如果某些产业对国会的影响力过大，国会通过贸易保护立法的威胁依然让总统忌惮。事实上，具有强大游说能力的钢铁、纺织等产业就始终在尝试通过贸易保护性立法，如国会中的"钢铁党团"（Steel Caucus）在1977年就试图通过保护钢铁生产的"买美国货"法案。[2] 总统为防止国会的保护性立法，就必须向国会主动提出解决保护主义者们诉求的办法——直面和解决弱势产业的诉求。（2）当总统驳回国际贸易委员会使用"201条款"保护本国产业的建议时，国会可以向总统发出可能推翻总统决策的威胁信号，或者直接发声要求总统重新考虑对国际贸易委员会的建议，从而间接地施压使总统最终同意对部分产业采取关税保护。例如，1976—1977年，当福特总统否决了国际贸易委员会关于钢铁保护的调查结论时，美国贸易代表弗雷德里克·丹特（Frederick Dent）向总统表明：国会推翻总统否决的可能性非常大。迫于国会和钢铁集团的游说压力，福特最终不得不同意使用"201条款"对某些钢铁产品进行关税保护。又如，在1977年关于鞋类产品的"201条款"调查中，在国际贸易委员会已经认定鞋类产业衰落的"实质性原因"不是受进口压力的影响，明确否决鞋类产业代表关于使用"201条款"的请求以后，国会干脆通过决议要求国际贸易委员会重新调查并得出新的结论。迫于国会的压力，卡特政府被迫改变主

---

① I. M. Destler, *American Trade Politics* (Washington D.C.: International Institute for Economy, 1995), p.146.

② Michael Hodin, *A National Policy for Organized Free Trade: The Case of U.S. Foreign Trade Policy for Steel, 1976-1978* (New York: Garland, 1987), p.305.

意，同意对国内市场价值11亿美元的鞋类商品进行贸易保护。①（3）国会以进行保护主义立法来威胁总统，强迫总统与利益集团进行直接的协商对话，让总统了解到具体产业的保护主义诉求，使总统不得不承诺使用其他的贸易保护方法（非"201条款"）来实现贸易保护的目的。例如，总统可以通过与他国达成自动进口限制协议，要求美国的贸易对象国家自动限制出口额度，从而减缓美国国内产业受到的进口竞争压力。例如，20世纪80年代初的钢铁游说集团在要求美国商务部与国际贸易委员会对欧共体的钢铁出口进行"双反"调查后，国际贸易委员会在26个反补贴和18个反倾销案例中都认定欧共体存在倾销或补贴行为，建议美国采取相应的关税保护行动。如果国际贸易委员会的结论被总统采纳，美国将在钢铁产业领域采取大范围和大规模的贸易保护措施，美欧贸易关系将受到很大的负面冲击。②碍于钢铁游说集团的保护主义压力，但又不想引起美欧之间的贸易摩擦，里根总统另辟蹊径地选择与欧共体达成新的钢铁自动限制出口协议。美欧双方在协议中相互作出让步：美国钢铁企业放弃对欧共体的"双反"调查申请（这意味着总统不必对欧共体出口美国的钢铁加征保护性关税），欧共体则承诺对美出口的钢铁商品不超过美国钢铁市场总量的5.5%。在自动限制出口协议的影响下，进口钢铁占美国国内市场的比例又回落到20%。③1980年，美国汽车工人联合会（United Auto Workers）和福特汽车公司试图利用"201条款"寻求进口保护，甚至在申请调查前，游说能力强大的企业工人联合会就迫使国会举行关于美国汽车贸易的听

---

① Nistan Chorev, *Remaking U.S. Trade Policy: From Protectionism to Globalization*, p.114.

② 在里根总统之前，卡特总统通过全面生产维护机制来保证美国进口的钢铁价格与国内价格基本同步，但该机制规定钢铁价格时是以日本的钢铁生产成本和全球平均钢价为参考基础的，随着20世纪70年代末美元的升值，这个价格机制实际上已经无法保护国内钢铁价格，因而从1980年起美国钢铁产业又开始向商务部申请反倾销调查，参见：Christopher Hall, *Steel Phoenix: The Fall and Rise of U.S. Steel Industry*, pp.129-132。

③ Anne O. Krueger, *The Political Economy of Trade Protection*, p.21.

证会。然而，国际贸易委员会以3比2的票数认定汽车进口并未给美国国内汽车产业造成"实质性伤害"（substantially），因而否决了汽车产业寻求贸易保护的请求。[①] 国际贸易委员会的否决使美国汽车工人联合会直接向国会施压，参议院议员约翰·丹弗斯（John Danforth）和劳埃德·本特森（Lloyd Bentsen）于1981年直接诉诸国会对汽车进口进行保护性关税立法，法案要求把美国进口日本的汽车数量限制在每年160万辆以下。[②] 为防止国会进行进口配额立法，里根被迫派出贸易代表与日本就汽车出口进行协商，日本政府也主动宣布将出口美国的汽车数量限制在每年168万辆以内，在现有出口数量的基础上减少7.7%。[③] 美日汽车自动进口协议的直接结果是日本汽车出口对美国汽车的竞争压力有所下降，这导致美国国内汽车价格的上涨和美国汽车产业盈利的增加。[④] 从表4-3中的数据对比也可以看出，美日汽车自动进口协议对美国汽车产业的发展的确起到一定程度的保护作用。

表4-3　自动进口限制协议对美国进口日本汽车的影响

时间段	进口量（万辆）	进口占比（%）	总产量（万辆）	就业人数（万人）	每小时工资（美元）
自动进口限制协议前	199	22.2	638	602	16.29
自动进口限制协议后	197	18.9	677	605	22.80

资料来源：作者整理，参见：Trade Protection in the United States: 31 Case Studies，pp.253-255。

---

① *Operations of the Trade Agreements Program* (Washington D.C.: United States International Trade Commission, 1981), p.14, accessed August 21, 2018, https://www.usitc.gov/publications/332/pub1307_old.pdf.

② "Quota Drive Ended by Japan's Promise to Curb Auto Sales," *Washington Post*, May 2, 1981.

③ Gary Hufbauer, Diane Berliner, *Trade Protection in the United States: 31 Case Studies* (Washington D.C.: Institution for International Economics, 1986), p.250.

④ Anne O. Krueger, *The Political Economy of Trade Protection*, p.38.

　　第四，贸易自由派与保护主义在修正《1974年贸易法》中关于"双反"程序的博弈中，自由派也对保护主义给予制度上的"补偿"，具体体现为让保护主义依赖的"双反"在程序方面更加便捷高效，使保护主义者可以更加便利地通过"双反"来保护自己的产业。事实上，保守主义利益集团从1974年以后也的确开始大量使用"双反"来保护自己的产业利益。当然，"双反"的使用也起源于自由派对保护主义的诱导——自由派希望保护主义者们可以更多地使用"双反"而非"201条款"来进行贸易保护。在《1974年贸易法》通过前，总统则有意识地将保护主义的实现渠道由原来的国会立法和"201条款"转移到打击不公平贸易的"双反"上面来。总统希望保护主义者们可以通过"双反"措施来保护自己的产业利益，"双反"可以作为对保护主义者们减少使用"201条款"和国会立法保护的制度"补偿"。

　　1977年，受到进口严重冲击的钢铁产业提出20多项保护主义法案，要求国会直接对钢铁进口进行立法，卡特政府强烈反对这些提案，因为提高关税肯定将引发他国的关税报复。为平息钢铁游说集团的不满，卡特政府选择通过严格进行"双反"调查来回应。卡特主动与"钢铁党团"成员接触并告知他们，如果钢铁企业发起"双反"调查申请，他将很乐意接受并愿意在未来严格实施这项调查，即向钢铁产业暗示他将在"双反"调查结束以后对钢铁进口采取保护性关税。卡特的贸易代表罗伯特·施特劳斯（Robert Strauss）也在众议院筹款委员会上作证时故意暗示钢铁企业：寻求进口保护（import relief）的方法不只有"201条款"或国会立法，"双反"调查也是非常有效的保护主义手段。[①] 在总统的暗示下，卡特和国会中"钢铁党团"成员以及钢铁产业代表会面。在会面中，卡特明确表示，他不会使用"201条款"对进口钢铁加税或采取进口配额，但卡特承认美国的贸易伙伴确实在钢铁贸

---

　　① Nistan Chorev, *Remaking U.S. Trade Policy: From Protectionism to Globalization*, p.120.

易中存在不公平贸易行为，为应对这些国家的不公平贸易政策，卡特向"钢铁党团"承诺将对美国进口钢铁启动严厉的"双反"调查。[1]卡特政府有意地把企业寻求保护主义的渠道从"201条款"或国会立法引导至"双反"调查，这的确有限制保护主义和迎合自由派的考虑，但迫于国会和保护主义力量的压力，卡特政府也的确在"双反"方面兑现其"严格执行"的承诺。在作出承诺后的短短3个月，钢铁企业就向财政部提交了23项反倾销调查申请，反倾销调查的巨额工作量很快就让财政部无法应对。[2]考虑到反倾销调查涉及的钢铁出口国家大部分是欧共体国家，针对欧洲出口进行限制很可能使日本等亚洲国家对美国的钢铁出口随之增加，从而导致钢铁反倾销的保护主义目的无法实现。权衡再三后，卡特政府最后采用新的"价格调节机制"（Trigger Price Mechanism, TPM）来保护本国钢铁产业。在价格调节机制的规定下，任何国家（不只是欧共体）出口美国市场的钢铁价格必须以基础价格（高于原来出口价格但略低于美国国内市场价格）在美国销售，如果进口钢铁的价格低于这个基础价格，针对该产品的反倾销程序和关税惩罚将自动启动生效。[3]关于钢铁的价格调节机制通过后，钢铁游说集团自动撤回原来的反倾销调查申请。卡特政府避免了向欧洲国家采取进口配额或量化性保护关税的做法，转而使用新的贸易制度对钢铁产业进行保护。在钢铁产业游说集团的不断施压下，钢铁产业短暂地（1977—1980年）受到价格调节机制的保护。尽管在价格调节机制的规定下美国国内销售的钢铁价格依然比进口钢铁每吨要高出20美元，但随着价格调节机制的运用和美元的缓慢贬值，美国国内钢铁产品的价格先后3次上调（涨幅为13%），钢铁产量也逐渐增加，钢铁企业的盈

---

① Michael Hodin, *A National Policy for Organized Free Trade: The Case of U.S. Foreign Trade Policy for Steel,1976-1978*, p.286.

② William R. Cline, *The Future of World Trade in Textiles and Apparel*, p.59.

③ Anne O. Krueger, *The Political Economy of Trade Protection*, p.18.

利额从1977年的2200万美元暴涨至1978年的12.76亿美元，有16 000多名原来因进口冲击而下岗的钢铁工人重新走上工作岗位。[①] 从美国钢铁产业的产量、收益和就业率来看，1977—1980年卡特政府迫于保护主义的反倾销压力而采取的"补偿"式保护主义制度——价格调节机制——对保护国内钢铁产业和钢铁工人的作用是非常明显的。钢铁（碳钢）的价格调节机制执行前后的美国国内钢铁产业数据参见表4-4。

表4-4 钢铁（碳钢）价格调节机制对美国钢铁产业的影响

时间段	进口量（万吨）	进口占比（%）	国内总产量（万吨）	就业人数	每小时工资（美元）
价格调节机制前	1931	17.8	9115	337 396	13.04
价格调节机制后	1550	16.3	10 000	341 931	20.16

资料来源：作者整理，参见：*Trade Protection in the United States: 31 Case Studies*，pp.164-166。

总之，《1962年贸易扩展法》和《1974年贸易法》在增强自由派参与贸易自由化谈判权限的同时，也给美国弱势产业提供了其他补偿式的保护主义渠道，美国的弱势产业也很好地利用了这些渠道，从而在一定程度上实现了对弱势产业和产业工人的保护。对弱势产业的补偿式保护使里根时期美国的弱势产业受到贸易自由化相对温和的负面冲击，弱势产业和产业工人在贸易领域的新孤立主义也不可能发展到大规模的观点层面和实践层面。

[①] Christopher Hall, *Steel Phoenix: The Fall and Rise of U.S. Steel Industry*, p.129.

第二节　共和党保守派的继续壮大

从肯尼迪时期到里根时期，保守主义运动实现实质性的发展，保守派开始在共和党内占据主流并确立了对共和党内政外交议程的设置权力。与此同时，新保守主义也从20世纪70年代初开始发展并加入共和党保守派阵营中。里根所领导的保守派在1980年大选的胜利使部分主张新孤立主义外交政策的保守派进入里根政府，新孤立主义似乎拥有被付诸实践的机会。然而，在美苏冷战的大背景下，在竞选中受到新孤立主义者支持的里根毅然采取稳健和温和的自由国际主义政策，没有在总统执政过程中重用和实践新保守主义主张的新孤立主义路线。而且，保守主义只是在总统选举层面获得胜利，在地方选举层面，只是取得部分进步且并未实现对自由派的根本性权力逆转。因此，保守派未能控制国会以及里根总统对保守派在外交上的"背叛"，导致里根时期的新孤立主义属于言辞性（rhetoric）新孤立主义——新孤立主义依然停留于观念层面而未能被付诸实践。

一、共和党保守派继续壮大

20世纪60年代至70年代自由主义进程所带来的保守主义浪潮必然会体现到政治层面，具体的表现就是保守主义共和党人在地方选举和联邦选举层面的胜利。保守主义运动在南方各州最直接的体现是南方的宗教保守派、白人、小政府主义者、反共分子、军事防务鹰派等开始投票支持共和党并疏远采取自由主义政策的民主党。[①] 在联邦选举层面，尼克松政府以前民主党无论是在地方选举还是在总统选举方面都可以从南方各州获得稳定的选票。在1968年以前，民主党可以在总

---

① 此处所指的"南方各州"包括11个：亚拉巴马、阿肯色、佛罗里达、佐治亚、路易斯安那、密西西比、北卡罗来纳、南卡罗来纳、田纳西、得克萨斯、弗吉尼亚。

统选举中获得南方各州至少50%、有时多达70%的选票。[1] 在1968年以后，尼克松采取的"南方战略"笼络了大量南方种族与宗教保守派，民主党候选人仅获得南方各州约30%的选票。[2] 1968—2000年，民主党从未在联邦总统选举中获得该地区50%以上的选票。与南方各州选民在联邦层面较快地（在20世纪60年代末至70年代）背离民主党总统候选人相比，共和党在南方各州的地方选举中尽管有所收获但速度远不如联邦层面。很多美国学者以"由上到下"理论来解释共和党在国会及州议院层面缓慢扩展的原因。[3] 但不可否认的是，共和党在约翰逊推行自由化政策后依然在20世纪70年代的地方选举中取得比较稳定的扩展。在国会选举层面，民主党在1960年以前几乎控制南方各州90%的众议院选区和100%的参议院席位，对南方拥有绝对掌控力。然而自约翰逊政府的自由化议程实施后，共和党在南方各州的众议院席位占比逐渐增长：由1960年的不满10%到1972年的30%，由1986年的40%到2002年的60%。在参议院方面，共和党在南方各州席位的占比由1960年的0%增长至1972年的36%，由1980年的50%增长至1996年的70%！[4] 从20世纪70年代开始，南方各州对共和党的重要性逐渐增加。南方各州共和党议员占共和党议员总数的比例变化参见表4–5。

---

[1]　David Lublin, *The Republican South: Democratization and Partisan Change* (Princeton: Princeton University Press, 2004), p.35.

[2]　Augustus Cochran, *Democracy Heading South: National Politics in the Shadow of Dixie* (Lawrence: University Press of Kansas, 2001), p.93.

[3]　"由上到下"（top-down）理论指共和党在南方的成功最先是从联邦层面开始然后才逐渐扩展至地方层面，参见：Joseph A. Aistrup, *The Southern Strategy Revisited: Republican Top-Down Advancement in the South* (Lexington: University Press of Kentucky, 1996); 同见：Charles S. Bullock III, "Regional Realignment from an Officeholding Perspective", *The Journal of Politics* 50, no. 3 (1988): 553-574。

[4]　David Lublin, *The Republican South: Democratization and Partisan Change*, p.37.

表4-5　南方各州共和党人占国会共和党人的比例变化

单位：%

	1948年	1960年	1972年	1982年
参议院	0	0	32	50
众议院	2	6	32	29

资料来源：作者整理，参见：Nicol Rae, *The Decline and Fall of the Liberal Republicans: From 1952 to Present*, p.161。

在州长层面，1967年以前的11个南方各州州长都是民主党人，1971年南方的共和党人州长数量增加至3个，1982年则增加至5个，1996年增加至7个。[①] 在更低一级的南方各州议会层面，共和党在选举中的进展速度相对缓慢但仍值得注意（如表4-6）。

表4-6　1964—2000年共和党在南方各州议会中的人数变化

单位：人

州	1964年	1972年	1980年	1994年	2000年
亚拉巴马	2	2	4	28	35
阿肯色	1	1	7	12	40
佛罗里达	9	35	33	48	64
佐治亚	3	16	13	36	41
路易斯安那	2	4	10	15	31
密西西比	0	2	3	20	27
北卡罗来纳	12	29	20	56	48
南卡罗来纳	0	17	14	48	56
田纳西	24	49	39	40	41
得克萨斯	1	11	23	41	48
弗吉尼亚	11	20	33	46	52

资料来源：作者整理，参见：Charles D. Hadley, Lewis Bowman, *Southern State Party Organizations and Activists* (Westport, Conn.: Praeger, 1995); David Lublin, *The Republican South: Democratization and Partisan Change*, p.49。

---

① David Lublin, *The Republican South: Democratization and Partisan Change*, p.41.

在共和党开始"侵蚀"民主党的南方基本盘的过程中，保守主义政治新星在国会选举中的崛起尤其引人注目，他们采用坚定的保守主义立场"推翻"民主党在南方各州的传统"统治"，这使他们具有在共和党内相对较高的话语权，他们的保守主义立场也继续鼓励着更多的保守主义活动家试图通过国会选举来推翻任何非保守主义（无论民主党或共和党）的国会议员。例如，1972年极端保守主义的媒体评论人杰西·赫尔姆斯（Jesse Helms）成为北卡罗来纳州首个共和党参议员。赫尔姆斯在电台评论中采用极端保守主义理念来评论攻击当时政府的自由派做法（包括对尼克松政府），这使他得以在北卡罗来纳州树立其坚定的保守主义者的形象。[1] 在选举中，赫尔姆斯以54%的得票轻松获得共和党在北卡罗来纳州参议员选举的历史性胜利。赫尔姆斯也在当选后以强硬的保守主义形象多次在参议院投票中推行其整套保守主义理念。[2] 保守主义在1978年中期选举后开始逐渐取代温和派共和党。在1978年中期选举中，温和派共和党人参议员如马萨诸塞州的埃德华·布鲁克（Edward Brooke）连任失败、新泽西州参议员克利福德·凯斯（Clifford Case）输掉初选、堪萨斯州参议员詹姆斯·皮尔森（James Pearson）宣布退休。在温和派共和党人逐渐削弱的情况下，保守主义者利用"水门事件"后的选举制度改革筹建资金充足的保守主义政治行动委员会（典型的如"全国保守主义政治行动委员会"），帮助那些早已树立保守主义形象的保守主义积极分子利用平权运动、种族、堕胎、税收等议题猛烈攻击温和派议员。在1978年的选举中，新罕布什尔州的戈登·汉弗莱（Gordon Humphrey）、科罗拉多州的威廉·阿姆斯特朗（William Armstrong）、艾奥瓦州的罗杰·耶普森（Roger Jepson）、得克萨斯州的约翰·托尔（John Tower）、北卡罗来纳州的

---

① 　Ernest B. Furgurson, *Hard Right: The Rise of Jesse Helms* (New York: Norton, 1986), p.80.

② 　William D. Snider, *Helms and Hunt: The North Carolina Senate Race, 1984* (Chapel Hill: University of North Carolina Press, 1985), p.9.

赫尔姆斯、南卡罗来纳州的斯特罗姆·瑟蒙德（StromThurmond）、弗吉尼亚州的约翰·华纳（John Warner）、犹他州的奥林·哈奇（Orrin Hatch）、怀俄明州的马尔科姆·瓦罗普（Malcolm Wallop）[1] 都是在保守主义政治行动委员会的资金支持下赢得选举的。在选举过程中，他们把对手抨击为自由派的代表、把自己塑造为真正的社会保守派。[2] 在众议院方面，共和党保守派在1978年最值得提到的选举是纽特·金里奇（Newt Gingrich）在佐治亚州7区的胜利以及罗恩·保罗（Ron Paul）在得克萨斯州22区的重新当选。金里奇的崛起使共和党人开始在国会层面积极主动地采取更加协调的政治战术以统筹发展保守主义在国会的势力。20世纪70年代，共和党打着反自由化政策在南方的兴起以及保守主义共和党人通过国会选举在共和党内的兴起直接导致共和党温和派（或自由派）在国会的空间越来越小。温和派（或自由派）共和党议员在参众两院共和党中的占比在70年代以后逐渐下降。

二、新保守主义的出现和发展

20世纪六七十年代的自由主义进程不仅引起美国社会中保守主义势力的抵制，也引起民主党内部或自由派内部对当时运动过于"左"倾的不满，从而导致新保守主义知识派系的产生。从当时新保守主义知识派系的影响力来看，"新保守主义"很难被称为一种社会运动而更像是当时不同意民主党与自由派做法的政治异见思想的集合，新保守主义者称其为反对自由主义正统的"思想洪流"（current of thought）。[3]

---

① 哈奇和瓦罗普的竞选受到传统基金会创始人维利奇、科尔斯创建的"自由国会永存委员会"（Committee for the Survival of Free Congress）的资金支持，参见：Donald Critchlow, *The Conservative Ascendancy: How the Republican Right Rose to Power in Modern America*, p.129。

② Donald Critchlow, *The Conservative Ascendancy: How the Republican Right Rose to Power in Modern America*, p.163, p.164.

③ Irving Kristol, *Neo-Conservatism: The Autobiography of an Idea* (New York: Free Press, 1995), p.24.

类似埃尔文·克里斯托尔（Irving Kristol）和诺曼·波德霍雷茨 (Norman Podhoretz)、丹尼尔·莫尼汉（Daniel Moynihan）、珍妮·科克帕特里克（Jeane Kirkpatrick）这样的新保守主义代表早年也都是民主党内的自由派，克里斯托尔早期甚至是支持共产主义革命的"托洛茨基派"。[①]然而，随着《苏德互不侵犯条约》的秘密内容在美国被曝光以及美苏冷战的进行，原来反对资本主义制度和支持大众革命以实现社会平等的左派知识分子开始在思想上转变为反共产主义、反对激进革命的民主党自由派。[②]20世纪60年代民主党越来越激进的自由化倾向最终使新保守主义知识分子们决定跳出民主党认同来反对自由主义意识形态。在1972年的民主党提名中，民主党候选人麦戈文利用民主党提名改革后的机会，将大量新的，代表少数族裔、妇女、同性恋、支持堕胎群体的民主党代表纳入全国党代表行列，让他们在提名大会上获得宣扬自己自由主义主张的机会。[③]同时，麦戈文在外交政策方面也传递出类似于极"左"派的信号，麦戈文认为美国打着民主自由的旗号在全球遏制共产主义反而导致美国陷入越战泥潭、浪费数万美国人的生命。麦戈文主张削减军事开支和裁军谈判，更多地依靠国际组织来解决国际冲突。[④]

麦戈文过于"左"倾的国内政策和外交政策立场引起民主党内坚定反苏反共、反对大众民主和少数道德保守派的不满。当时还是民主党人的科克帕特里克把那些过于自由主义化的民主党人抨击为"聚集在麦戈文旗帜下的革命式精英"，这些人试图把自由主义转变为民主党

---

① Irving Kristol, "Memoirs of a Trotskyist," *The New York Times*, January 23, 1977.

② Peter Collier, David Horowitz, eds., *Second Thoughts: Former Radicals Look Back at the 60's* (Lanham: Madison Books, 1989), p.184.

③ Theodore White, *The Making of the President, 1972* (New York: Atheneum, 1973), p.180.

④ Gary Hart, *Right from the Start: A Chronicle of the McGovern Campaign* (New York: Quadrangle, 1973), p.70; William Greider, "McGovern Calls for Idealism; Would Abandon Power Politics in World Affairs," *Washington Post*, October 6, 1972.

"至高无上的意识形态"，麦戈文所代表的这些上层女权主义者、高收入同性恋者、高学历白人正在忽视蓝领工人、美国白人和传统的美国式价值观。① 新保守主义者们认为像麦戈文这类极端左派可能会"绑架"民主党的意识形态，使民主党成为激进自由主义的代表。在外交政策方面，新保守主义对当时越战后民主党自由派主张美苏缓和、撤出越南、支持国际组织的立场提出激烈的批判。新保守主义派认为，麦戈文代表的"新左派"（New Left）根本不理解苏联社会主义的本质及其对自由社会的冲击，麦戈文主张撤出越南的想法也没有认识到世界民主体系对美国国家利益的重要性。新保守主义认为，知识界必须为美国的外交政策提供"知识与道德的指引"；尽管美国采取的方法可能受人诟病，美国成为帝国式的、领导世界的国家对于世界道义是有益的，新保守主义因而在外交政策方面肯定美国的道德追求和民主追求。② 也正是基于对民主党"新左派"及其对苏软弱外交的批评，新保守主义者们在20世纪70年代开始形成少数知识群体。这些强调以维护自由和美国传统价值的新保守主义者尽管在约翰逊、尼克松、卡特政府时期备受冷落，但他们的外交政策主张在里根时期逐渐得到体现。③ 新保守主义者之中也有很多人最后加入共和党并使其带有道德理念的外交政策体现于美国外交。新保守主义思想最终成为美国新孤立主义外交政策的源头之一。

在新保守主义者看来，苏联共产主义的威胁是迫在眉睫的，但卡特政府不断在外交上让步和撤退，这是民主党从越南战争以后产生的不敢使用美国力量的"新孤立主义"（New Isolationism）。在世界多极

---

① Jeane Kirkpatrick, "The Revolt of the Masses," *Commentary*, February 20, 1973.

② Irving Kristol, "American Intellectuals and Foreign Policy," *Foreign Affairs* 45, no. 4 (1967): 608; Irving Kristol, "We Can't Resign 'Policeman of the World'," *New York Time Magazine*, May 12, 1968, pp.26-27.

③ John Ehrman, *The Rise of Neo-conservatism: Intellectuals and Foreign Affairs, 1945–1994* (New Haven: Yale University Press, 1995), p.137.

化和苏联对第三世界国家扩张的国际背景下，新保守主义主张美国必须重新守住其超级大国地位以维护世界秩序。[1] 新保守主义认为，苏联的扩张意味着对美国民主和自由的威胁，苏联永远不会停下其扩张的本性，这是既定的"现实"，美国对此"没有其他选择"，需要对苏联势力范围的发展保持警醒，主动出击与苏联在第三世界地区竞争。[2] 新保守主义警告道，如果美国采取"绥靖政策"，不在第三世界和东欧抵抗苏联，民主国家必将在苏联的压力下失败，美国的民主是无法在"独裁世界"中单独存活的。[3] 卡特时期的新保守主义对美国相对国力的下降、苏联在第三世界的扩张和核武器方面的赶超、卡特政府继续奉行缓和与妥协的外交风格是非常焦虑的，这也导致他们激烈批评卡特政府的外交政策。

在1976年的选举中，新保守主义者们依然忠于民主党并支持卡特，但卡特在外交团队的任命方面却完全没有对新保守主义者们"投桃报李"。相反，许多被新保守主义抨击的左派参议员的助手被安排进卡特政府担任高层外交工作，这激起新保守主义者们的愤怒。[4] 新保守主义者们攻击卡特的外交政策缺乏明确"观念"（concept），从"美国早年

---

① Norman Podhoretz, "Making the World Safe for Communism," *Commentary*, April, 1976, pp.32-35; Walter Laqueur, "The West in Retreat," *Commentary*, August, 1975, p.44; Peter Berger, "The Greening of American Foreign Policy," *Commentary*, March, 1976, pp.23-27; Walter Laqueur, "The Third World Fantasy," *Commentary*, February, 1977, p.43.

② Nathan Glazer, "American Values & American Foreign Policy," *Commentary*, July, 1976, p.33, p.34; Robert Tucker, "Beyond Détente," *Commentary*, March, 1977, p.43; Edward Luttwak, "Defense Reconsidered," *Commentary*, March, 1977, p.57; Bayard Rustin, Carl Gershman, "Africa, Soviet Imperialism and the Retreat of American Power," *Commentary*, October, 1977, pp.33-38.

③ Walter Laqueur, "The West in Retreat," p.48; Norman Podhoretz, "Making the World Safe for Communism," p.39; Nathan Glazer, "American Values & American Foreign Policy," p.36,

④ John Ehrman, *The Rise of Neoconservatism: Intellectuals and Foreign Affairs, 1945-1994* (New Haven: Yale University Press, 1995), p.110.

的高度理念中退步"为"没有目标和前后矛盾的实用主义"。① 新保守主义者们反对卡特政府与苏联继续第二阶段的战略武器限制谈判,他们与保罗·尼采(Paul Nitze)等现实主义者组成反对战略武器限制谈判的"当前危险委员会"(Committee on the Present Danger),该委员会通过研究报告和公开声明致力于向公众说明战略武器限制谈判更加有利于苏联的导弹优势,根本不懂核军控技术的新保守主义者们或撰文或直接邀请当前危机委员会成员撰文来反对第二阶段战略武器限制谈判,所有文章大意则是卡特政府肯定在谈判中被苏联"欺骗"或"愚弄"了,因为与苏联进行军控谈判意味着苏联只可能在保有其核优势的情况下才会同意签约。② 新保守主义者们建议美国回到杜鲁门和凯南的"遏制"时期,重视对民主理念的倡导,对苏联的任何行为都要进行严格和强有力地"遏制",把苏联在第三世界的扩张成果"推回去"(roll back),向第三世界国家证明美国依然是可靠的世界领导者,在必要时刻不惜直接动用武力。③ 然而,卡特政府根本没有注意和听取他们的观点,卡特继续在外交中重视谈判与协商的作用并取得很多谈判成果,包括与苏联达成第二阶段战略武器限制谈判、成功促成埃及与以色列的和平协定、达成新的巴拿马运河协议等。新保守主义者们则不断攻击卡特的这些外交成果。在1980年总统大选来临时,新保守主义者寄望于亲犹太人的纽约州参议员丹尼尔·莫尼汉参选。当莫尼汉宣布拒绝挑战卡特后,新保守主义者们最终对民主党感到失望转而开始支持在外交政策领域与他们更加契合的里根。

---

① Walter Laqueur, "The World of President Carter," *Commentary*, February, 1978, p.56, p.63; Robert Tucker, "America in Decline: The Foreign Policy of 'Maturity'," *Foreign Affairs* 58, no. 3 (1979): 462-474.

② Eugene Rostow, "The Case Against SALT II," *Commentary*, February, 1979, p.30; Edward Luttwak, "Ten Questions about SALT II," *Commentary*, August, 1979, pp.25-30.

③ Ben Wattenberg, "It's Time to Stop America's Retreat," *The New York Times Magazine*, July 22, 1979, pp.14-16; Richard Pipes, "Soviet Global Strategy," *Commentary*, April, 1980, p.39; Walter Laqueur, "Containment for the 80s," *Commentary*, October, 1980, pp.34-41.

三、共和党保守派的政治崛起

福特输掉1976年选举使得里根成为共和党内部少有的总统角逐人。随着卡特政府在经济议题和外交议题（伊朗人质事件）方面的疲软无能，美国民众对于恢复总统领导力和重振美国自信心的期盼开始显现。[①] 里根凭借其积极正面的道德形象、强硬的保守主义风格和强大的感召力正好迎合了当时美国选民对卡特政府的失望情绪，因而在初选中以压倒性优势迫使布什很快退选。里根在33个州的初选中赢下29个州并获得60%的初选票。[②] 在1980年的共和党提名大会上，保守主义共和党人已经控制了撰写党纲的权力，1980年的共和党党纲成为共和党历史上最为保守的党纲。[③] 在整个大选过程中，保守主义意识形态成为里根塑造自己竞选理念的核心词汇。里根在竞选过程中完全基于保守主义意识形态来定位其在税收、政府管制、政府大小、堕胎政策、妇女平权、种族问题、宗教世俗化、国防开支、外交政策等方面的立场。简言之，里根在竞选中向选民提出的主张都是经过保守主义意识形态这面"棱镜"折射出来的。里根攻击大政府是造成问题而非解决问题的根源，承诺在未来3年内减税30%，减少社会福利项目，降低政府管制，这使他赢得了传统经济保守主义者的支持；里根还在竞选中极力笼络南方福音派、天主教等反对堕胎、支持学校进行宗教教育、反对激进文化和妇女平权运动的文化保守主义者。这些文化保守派选民是当时草根保守主义的主力，他们对20世纪六七十年代联邦最高法院关

---

① John F. Stacks, *Watershed, the Campaign for the Presidency, 1980* (New York: Times Books, 1981), p.225.

② Donald Critchlow, *The Conservative Ascendancy: How the Republican Right Rose to Power in Modern America*, p.171.

③ 1980年的党纲延续了所有1976年党纲的保守主义政策主张，但共和党在1976年党纲中支持的平权法案（*Equal Rights Act*）也因为保守主义者的要求而最终没有被写入党纲，参见：Jeff Greenfield, *The Real Campaign: How the Media Missed the Story of the 1980 Campaign* (New York: Summit Books, 1982), p.159。

于堕胎与公立学校圣经教育的判决极度愤怒，他们也对当时福特和卡特政府支持的妇女平权法案以及年轻人的集会游行、性开放现象强烈排斥。[①] 里根个人的保守道德观与对宗教的虔诚态度很轻松地赢得这批社会保守派对共和党的支持。[②] 在1980年8月，里根受邀在"宗教圆桌"会议上发表演讲，面对1.5万名福音派教徒，里根说："我知道你们不能为我背书，但我想让你们知道，我能为你们和你们正在做的事情背书。"[③] 里根的这次演讲和他与福音派在道德追求方面的契合使他在选举中拿下南方地区；里根在竞选中批判卡特的对苏政策过于软弱并承诺将大幅增加军备，开始把苏联在全球的优势推回去，这使很多共和党鹰派愿意支持他。为最大限度地拉拢选民，里根也高频度地访问美国的传统工业地区"锈带"，以分裂民主党的"传统票仓"——天主教徒和蓝领工人。[④] 里根在竞选中表达出的强烈的爱国主义、道德取向、家庭价值同样吸收了大量中间选民。最终，里根以压倒性的选举人票优势（489∶49）赢得总统选举，成为共和党历史上首位保守主义者总统。里根的胜利标志着南方的草根保守主义势力开始在总统选举层面支持共和党，成为共和党的核心基础选民。里根的胜利更标志着自罗斯福新政以后保守主义从思想转变为政治运动、从政治运动上升为政策现实，保守主义首次进入白宫并被全面地付诸政策层面，正式成为共和党保守派"变革"当时已经相当自由化的美国社会的核心理念。[⑤]

---

① Andrew Busch, *Reagan's Victory: The Presidential Election of 1980 and the Rise of the Right* (Lawrence: University Press of Kansas, 2005), pp.22-44.

② 关于宗教对里根影响的论著，参见：Paul Kengor, *God and Ronald Reagan: A Spiritual Life* (New York: Regan Books, 2004), p.165。

③ "Reagan Backs Evangelicals in Their Political Activities," *The New York Times*, August 23, 1980.

④ 这些支持里根的传统民主党人被称为"里根民主党人"（Reagan Democrats），参见：Yanek Mieczkowski, "Reagan Runs His Campaigns for the Presidency, 1976, 1980, and 1984," in Andrew L. Johns, *A Companion to Ronald Reagan* (Hoboken, NJ.: Wiley Blackwell, 2015), pp.141-162。

⑤ John F. Stacks, *Watershed, The Campaign for the Presidency, 1980*, p.252.

由于从肯尼迪时期到里根时期保守主义已经经历长足的发展，保守派支持的里根成功赢得总统选举，同时，保守派在地方性的国会选举中也取得巨大进展，保守派已经在共和党内占据主流。然而，由于冷战大环境的影响，里根在关键外交决策位置的任命方面并未启用支持新孤立主义的保守派人士，除科克帕特里克担任美国驻联合国代表以外，保守派依然未能掌控外交决策的权力。即使在国会，虽然保守派已经占据在共和党内的主流，但是在共和党内温和派与民主党自由派在外交政策领域进行合作的情况下，保守派也未能控制国会多数。[①]因此在里根时期，保守派与自由派的权力对比依然是不利于保守派的（见表4–7、表4–8和图4–1）。

表4–7 共和党保守派1969—1984年在国会的力量占比[②]

单位：%

	91届国会（1969—1970年）	94届国会（1975—1976年）	97届国会（1981—1983年）	98届国会（1984年）
参议院	63	69	78	85
众议院	64	83	81	87

资料来源：Nicol Rae, *The Decline and Fall of the Liberal Republicans: From 1952 to Present*, p.168。

① 在里根时期，共和党保守派未能控制众议院多数，虽然共和党已经控制参议院多数，在参议院中，尽管共和党控制参议院（里根所在的四届国会中共和党与民主党在参议院的人数比为53∶47和55∶45），保守派在共和党中占比很大，但共和党温和派与自由派的民主党人联合起来依然使保守派无法控制参议院多数。

② 莱希利（James Reichley）把国会共和党议员划分为四种类型，代表中西部小城市、来自中西部州的"忠诚派"（stalwarts），代表社会保守主义、极端反共鹰派、来自南方州的"基础派"（fundamentalists），代表大商业集团、来自东北部州的"温和派"（moderates），主张社会改革的进步派（progressives），参见：James Reichley, *Conservatives in an Age of Change: The Nixon and Ford Administrations* (Washington, D.C.: Brookings Institution, 1981), pp.23-34。本表格将偏向自由主义的"进步派"和"温和派"都纳入共和党的温和派中。

表4-8　里根时期保守派与自由派的力量对比

		保守派控制	自由派控制
总统	国务院	2（里根） （科克帕特里克）	3（黑格/舒尔茨） （温伯格） （鲍威尔）
	国防部		
	驻联合国代表		
	国家安全局		
参议院		0	1
众议院		0	1

资料来源：作者整理。

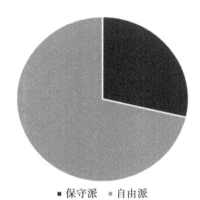

■ 保守派　■ 自由派

图4-1　里根时期（1981—1988年）保守派和自由派的力量对比

资料来源：作者整理。

四、新孤立主义的外交政策主张

里根在竞选中的外交观点部分地与新保守主义所主张的新孤立主义观点契合，其外交政策倡导在"美国例外论"和"美国优先论"基础上的新孤立主义主张。里根重视和信任美国民主自由制度的优越性，重视美国外交中的"观念"；里根痛恨共产主义，认为共产主义是对美式个人自由的威胁；里根主张只有建立"无可匹敌"的军备力量才能抵制共产主义的扩张；[1] 里根的胜利让新保守主义者们欢欣鼓舞，他们认为里根的当选是美国对苏联强硬的开始，也反映出美国人民对卡特软弱外交的背弃和对里根强硬外交的支持。[2] 部分新保守主义者对里根寄予厚望，希望里根的外交政策不仅局限于原来他们所追求的"遏制"，而是将苏联在卡特时期获得的扩张成果彻底推回去，彻底击败共产主义。[3]

里根就职后，新保守主义终于不用像在卡特政府时期那样只提出批评意见，而是被里根接纳进入政府工作，虽然他们被给予的外交岗位并不是最高级的，但是他们与里根政府的联系是紧密的。其中，在竞选期间担任过里根外交政策顾问的科克帕特里克被任命为美国驻联合国代表，在里根团队中担任过竞选助手的艾伯拉姆斯被任命为负责联合国事务的助理国务卿。其他新保守主义者也通过其他渠道与里根政府产生联系。里根胜选后，戴克特和拉姆斯菲尔德共同建立"自由世界委员会"（Committee for the Free World），这个旨在"捍卫和保护自由世界以防止极权和野蛮主义正在增加的危害"的委员会包含很多新保守主义成员，这个委员会和里根政府中的内阁级官员都保持联系。戴克特自己就是白宫的常客并获许和里根总统以及他的助手共进午餐。科克帕特里克的助手曾告诉戴克特说："如果有我可以帮忙的，请告诉我怎么做就好。"国务院政治经济事务局助理杰德·斯奈德（Jed Snyder）和当时同在国务院工作的艾伯拉姆斯都扮演起这个委员会与国务院沟通观点的中间人物。[4] 就连新保守主义者波德霍雷茨也承认："毫无疑问，像我们这样的人比十年前是更多了……那些五年或十年前被

---

[1]　"Remarks at a Conservative Political Action Conference Dinner," The American Presidency Project, February 26, 1982, accessed August 21, 2018, http://www.presidency.ucsb.edu/ws/?pid=42213.

[2]　Robert Tucker, "The Purposes of American Power," *Foreign Affairs* 59, no. 2 (1980): 241.

[3]　John Podhoretz, "The Future Danger," *Commentary*, April, 1981, p.37, p.40, p.45.

[4]　John Ehrman, *The Rise of Neoconservatism: Intellectuals and Foreign Affairs, 1945-1994*, p.141.

批评或认为是很荒谬的新保守主义观点，现在有时候也会收到带着敬意的倾听，甚至在某些情况下，说来也怪，有些（新保守主义）观点竟然成为常理了。"① 在里根政府刚刚执政初期，新保守主义团体与里根政府的联系是比较紧密的，新保守主义者们也乐观地相信，随着里根和美国选民"看清"苏联的扩张本性和捍卫美国自由的紧迫性，美国在接下来的时期必然会对苏联转向全面强硬，新保守主义者们所主张的民主外交与自由外交方式将会被付诸实践。

第三节　言辞性的新孤立主义

然而，作为总统的里根并没有像作为总统候选人的里根那样在执政后完全践行他所承诺的强硬政策，也没有践行新保守主义所倡导的新孤立主义内容。里根在竞选中发出的外交政策观点是强硬而极端的，是美式民族主义的。在1976年与福特角逐共和党提名的初选中，里根为赢得"圣经带"白人、福音派、草根保守主义选民的支持而大打民族主义外交牌，例如在当时的巴拿马运河问题上，里根批评福特提出把运河的控制权交与巴拿马时说道："我们花钱买的，我们付过钱的，我们建造的，它就是我们的，我们打算保有它。"② 里根攻击福特的"缓和"战略出卖了东欧"被奴役的国家"。里根的这些强硬言辞很符合南方草根保守主义者们的期望，因为南方各州的白人福音派都是倾向于坚持美国作为独立自主的民族在国际社会自由行事的，只要符合美国自身的利益，其他如国际规则、多边机制都是可以抛开的。同时，南方各州的草根保守主义者们将宗教情结赋予对美国自由制度的自信，

---

①　Norman Podhoretz, *Our Country and Our Culture: A Conference of the Committee for the Free World* (New York: Orwell Press, 1983), pp.111-112.

②　Murrey Marder, "Accord Is Reached on Panama Canal," *The Washington Post*, August 11, 1977.

因而在外交政策中更加强硬，相信由上帝垂怜的美式自由必然战胜共产主义。① 里根带有民族主义、宗教色彩的外交言论使他赢得1976年初选大多数南方州的支持。在1980年总统选举中，里根再次以强硬的带有宗教色彩和民族主义的外交观点来赢得南方保守主义的支持。他攻击卡特政府的"缓和"政策就像是"农夫在感恩节以前对待他的火鸡那样"，认为第二阶段战略武器限制谈判会有利于苏联对美国进行核讹诈，提醒美国要小心苏联的核突袭，提出公开援助反共反苏的盟友、建立苏联无法匹敌的军事力量。②

里根的这些强硬的外交政策赢得南方地区、保守主义者和外交鹰派的热情支持，保守主义运动的成熟也使里根得以击败卡特当选总统。然而，就职后的里根并没有像保守主义者或新保守主义者所希望的那样践行其新孤立主义承诺：在外交政策中完全拒绝妥协与谈判、无视他国利益或多边制度、全面出击反击苏联。尽管里根在就职后的总统演说中依然按照保守主义或新保守主义的"言辞"来攻击苏联和共产主义以满足他的基础选民的期望，但里根在现实的外交实践中是愿意接受谈判、妥协，认识到实用主义与美国权力的限制的。③ 由于美苏两极的国际大背景，美苏两国的核威慑和爆发核战争的风险是真实存在的，这对于任何美国总统来说都是必须谨慎考虑的问题。里根尽管公开反对第二阶段战略武器限制谈判，提醒美国警惕苏联的先发制人核

---

① 关于美国基督教对保守主义外交政策（单边主义）影响的论述，参见：Walter A. McDougall, *The Tragedy of U.S. Foreign Policy: How America's Civil Religion Betrayed the National Interest* (New Haven: Yale University Press, 2016), pp.3-6; 同见：Mark R. Amstutz, *Evangelicals and American Foreign Policy* (Oxford University Press, 2014); Michael Cromartie, *Evangelicals and Foreign Policy: Four Perspectives* (Washington, D.C.: Ethics and Public Policy Center, 1989)。

② Paul Kengor, *The Crusader: Ronald Reagan and the Fall of Communism* (New York: Regan Books, 2006), pp.53-54, pp.64-65; Kiron Skinner, Annelise Anderson, Martin Anderson, eds., *Reagan: In His Own Hand* (New York: Free Press, 2001), pp.10-12; pp.33-35; pp.60-63; pp.84-85.

③ Colin Dueck, *Hard Line: The Republican Party and U.S. Foreign Policy since World War II*, p.206.

打击，暗示美国无惧苏联的核威慑，但里根个人对核武器的认识是清醒而谨慎的。在卡特时期，里根就曾在电台中表示过自己对核武器的厌恶和完全废除核武器的期望，他认为冷战如果发展为"热战"，世界肯定会经历核武器大屠杀。对于美国当时的核战略原则——"相互确保摧毁"（Mutually Assured Destruction），里根说这是"我这辈子听过的最疯狂的事"。[①] 里根在担任总统期间写给他的批评者和支持者的书信显示，作为总统的里根对外交事务的认识要更加包容和深刻，而非简单地受到保守主义外交观点的支使。[②] 里根在外交政策领域的确采取了很多比前任总统更加强硬的政策，如大幅增加军备、研发反导系统、在第三世界和东欧增加对反苏反共组织的援助，但里根采取强硬的根本目标并非像草根保守主义或新保守主义所说的那样采取圣战式的方法打败苏联并促成其灭亡，而是像里根提出的"以实力求和平"（peace through strength）那样，通过增加美国的军事实力，为美苏在军备谈判或是其他外交谈判中提供有力的筹码，使苏联在谈判中而非在战斗中被迫让步。[③] 事实上，里根在处理很多外交政策的实践中远没有他在外交演说中体现出的那种坚决与不妥协。在1983年北约进行的"神箭手"（Able Archer）军事演习过程中，苏联把北约的演习误判为美国企图发动先发制人核打击的前兆，因而也启动对美先发制人核打击的军事准备。在了解苏联的担心后，里根迅速通过私下里致信给安德罗波夫向苏联澄清美国的意图并发表公开演说来降低美苏敌对氛围。在演说中，里根呼吁美苏建立"更好的工作关系"来解决战争风险这个"首要的问题"，"我们互相厌恶对方国家制度的事实并不是我们拒绝对话的理

---

① Paul Lettow, *Ronald Reagan and His Quest to Abolish Nuclear Weapons* (New York: Random House, 2005), p.16, pp.22-27.

② Colin Dueck, *Hard Line: The Republican Party and U.S. Foreign Policy since World War II*, p.207.

③ Ibid., p.208, p.210, p.213.

由"。[1] 事实上，在里根执政后期，当戈尔巴乔夫向美国传递出苏联愿意与美国进行缓和关系的军控谈判时，在里根的众多苏联问题专家、军方及情报部门都对此持怀疑态度时，里根自己却对谈判和对话体现出前所未有的兴趣和主动性。[2] 里根也没有像他的草根保守主义支持者那样无视联合国和多边主义制度，而是把联合国作为实现军控、对话、和平的重要平台。[3] 因此，现实中里根的外交政策既重视美国民主与自由理念又重视美国的联盟和多边制度，并未执行支持他的新保守主义所倡导的新孤立主义外交主张。

当然，新保守主义者们很快发现里根对他们的"背叛"。克里斯托尔认为里根政府的外交政策依然是"含糊"（muddle）的，缺乏一以贯之的原则。克里斯托尔所谓的原则即是以实现世界民主为目标，全面出击彻底打败苏联。[4] 拉奎尔批评里根政府没有站在意识形态的高度与苏联在意识形态领域进行斗争，而是只采取一些"偶尔的评论、表态和回应"，对于拉奎尔来说，"民主"应该被作为美苏意识形态的主战场。[5] 对里根政府最不满的波德霍雷茨认为里根的外交政策比原来甚至有所倒退，因为里根的对苏政策还是太软弱了，苏联在镇压波兰团结工会运动时，里根政府居然没有切断与苏联和波兰的经济往来，"里根实际上是在采取帮助苏联稳定其帝国统治的策略而非鼓励其帝国内部分裂的政策"。在波德霍雷茨看来，容忍苏联的国内专制比福特时期

①　Donald Reagan, "Address to the Nation and Other Countries on United States-Soviet Relations," January 16, 1984, The American Presidency Project, accessed August 21, 2018, http://www.presidency.ucsb.edu/ws/index.php?pid=39806.

②　James Mann, *The Rebellion of Ronald Reagan: A History of the End of the Cold War* (New York: Viking, 2009), pp.223-269.

③　"Renewing the U.S. Commitment to Peace," President Reagan, 38th Session of the UN General Assembly New York, September 26,1983, in *Realism, Strength, Negotiation: Key Foreign Policy Statements of the Reagan Administration* (Washington, D.C., U.S. Dept. of State, Bureau of Public Affairs, 1984), pp.110-114.

④　Irving Kristol, "The Muddle in Foreign Policy," *The Wall Street Journal*, April 29, 1981.

⑤　Walter Laqueur, "Reagan and Russians," *Commentary*, January 1982, pp.22-26.

的"缓和"政策还要恶劣。里根也被他称为"更像一个政客而非信士（ideologue）"。① 在里根政府中工作的新保守主义者如科克帕特里克、艾伯拉姆斯等人则或者由于现实政治的影响或者权位过低，在具体的政策中并没有明显体现其强硬的新保守主义观点。科克帕特里克被任命为美国驻联合国代表，但作为学者的她也认识到妥协与政治实用主义的必要性，虽然她在具体的工作中确实表露出美国利益高于联合国和民主外交的理念。科克帕特里克在参议院听证会上誓言让联合国成为美国宣传和促进民主的平台。② 她招募了新保守主义者格什曼作为其首席顾问，声称她在联合国的目标是"把多边外交作为政治而非外交"来做。③ 当美国入侵格林纳达后，科克帕特里克在声明中辩护称："《联合国宪章》又没有让我们服服帖帖（supinely）地对恐怖统治屈服。"④ 科克帕特里克在联合国的言行处处表明美国已经受够了第三世界国家利用联合国批评和反对美国的做法，她要求联合国成员为它们在联合国投票中的反美言行负责。⑤ 尽管对联合国的行为不满，科克帕特里克还是重视和支持联合国本身的作用，在《美国在联合国的角色》这篇演讲中，她明确反对有些人基于联合国"侵蚀"美国主权的论调而要求退出联合国的观点。科克帕特里克坦言美国确实对联合国的很多决

---

① Norman Podhoretz, "The New American Majority," *Commentary*, January, 1981, p.28; Norman Podhoretz, "The Neo-Conservative Anguish over Reagan's Foreign Policy," *New York Times Magazine*, May 2, 1982, p.32, pp.88-97; Norman Podhoretz, "The Reagan Road to Détente," *Foreign Affairs* 63, no. 3 (1984): 461.

② Nomination of Jeane J. Kirkpatrick: Hearing before the Committee on Foreign Relations, United States Senate, Ninety-Seventh Congress, first session, on the nomination of Jeane J. Kirkpatrick to be representative to the United nations, January 15, 1981, p.8, p.16.

③ Mary Schwartz, "Jeanne Kirkpatrick: Our Macho UN Ambassador," *National Review*, January 21, 1983, p.49.

④ Ambassador Kirkpatrick's Statement, UN Security Council, 27 October 1983, in *The Department of State Bulletin*, Office of Public Communication.; United States. Department of State. Office of Media Services. December 1938, p.74.

⑤ Bernard Nossiter, "Mrs. Kirkpatrick Asks 40 Nations to Explain Their Anti-U.S. Stand," *The New York Times*, October 14, 1981.

定不赞同，美国在联合国的"票友"也越来越少，但美国需要学会在多边政治而非传统政治中运作，否则永远有人会支持退出联合国。[①] 科克帕特里克支持民主与人权外交，但这种支持是紧随里根外交政策的，民主与人权外交不可能超越里根的务实外交风格。科克帕特里克对里根的外交政策是满意的。与科克帕特里克相比，当时在国务院职务和影响力更低的艾伯拉姆斯则更加中庸，他在外交立场方面紧跟科克帕特里克，尽管强调外交的人权、民主目标，二者都认为民主是需要渐进发展的而非快速改造的，美国外交的目标的确应基于理念但不能过于激进。因此，二者也并未因为里根未能执行他们提倡的新孤立主义外交主张而反对里根。[②]

尽管里根政府的新孤立主义大多数情况下属于修辞式的新孤立主义，但由于保守主义和新保守主义者部分地进入里根的外交团队，因而也对里根政府的新孤立主义主张起到非常微小的影响，里根时期也有过少数的新孤立主义行为。例如在对待联合国的态度上，历来批评联合国的美国驻联合国代表科克帕特里克也确实多次对联合国提出激烈地批评，可以被认为是程度较低的反对联合国的立场。里根政府也抛开多边主义平台对尼加拉瓜政府采取单边主义的武力干涉行动。同时，在黎巴嫩遭遇恐怖主义袭击后，里根政府又直接单方面撤回驻黎巴嫩的美军。这说明，里根时期的新孤立主义已经出现政策实践的萌芽。

里根时期（1981—1988年）对新孤立主义的实践情况参见表4–9和图4–2。

[①]　Jeanne Kirkpatrick, "The U.S. Role in the United Nations," in *The Reagan Phenomenon* (Washington, D.C.: AEI Press, 1983), pp.99-105.

[②]　John Ehrman, *The Rise of Neoconservatism: Intellectuals and Foreign Affairs, 1945-1994*, p.161.

表4-9　里根时期（1981—1988年）对新孤立主义的实践程度

新孤立主义主张	新孤立主义的实践程度
反对联合国等多边主义组织或协定（A）	1（对联合国的批评）
反对多边自由贸易（B）	0
反对联盟体系（C）	0
支持单边主义武力干涉（X）	1（干涉尼加拉瓜）
支持不干涉政策（Y）	1（撤军黎巴嫩）
反对对外援助（Z）	0

资料来源：作者整理。

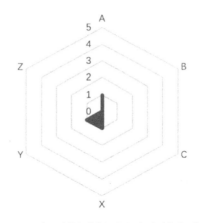

图4-2　里根时期对新孤立主义的实践程度

资料来源：作者整理。

第四节　结　语

总的来看，从肯尼迪至里根时期，两次重大的贸易自由化改革使美国需要贸易保护的弱势产业面临着更大的负面压力，但贸易自由派在改革的过程中继续给予弱势产业很多制度性的补偿，这些补偿也非常有效地帮助了弱势产业，如钢铁、纺织、汽车等劳动力密集型产业顶住了贸易自由化的负面冲击，使贸易自由化的负面冲击没有很大效果。在保守派的力量发展方面，随着保守主义运动的成熟，新保守主义者和保守主义者们在外交领域找到迎合他们新孤立主义外交主张的新总统——里根。里根在竞选中的外交观点具有强烈新孤立主义特色，民族主义主张以美国利益为先、抛开国际组织和盟友单边行动，这种新孤立主义辅之以对美式民主、自由、人权"理念"的宗教自信，提倡美国在外交中全面出击、自由行动，打败任何不同于美国民主制的国家。因此，里根时期的保守主义外交和新保守主义外交都带有新孤立主义的元素。然而，由于冷战大背景的存在，尤其是美苏核威慑与核战争风险的存在，理性的里根不可能完全听取无论是南方保守主义者还是新保守主义者的全面出击、征服共产主义、普及世界民主的新孤立主义建议。因此，在贸易自由化负面冲击效果不甚明显的背景下，在保守派中的新孤立主义者们依然未能掌控外交决策权力的背景下，肯尼迪至里根时期的新孤立主义还是不具备付诸实践的政治基础，而只能被称为"说而不做"的言辞性新孤立主义。

第五章　布坎南时期：
新孤立主义观点的复兴

在1992年总统大选中，作为共和党保守派政客代表的帕特里克·布坎南在竞选中首次全面地提出了新孤立主义的外交观点和对外贸易观点。因此，本书把老布什总统上台的1989年至克林顿总统上台的1993年称之为新孤立主义观点全面复兴的"布坎南时期"。在布坎南时期，美国贸易自由化的实践依然在继续进行，但保护主义利益集团对总统和国会的施压也在增加。正是在保护主义的施压下，布坎南时期美国总统主动地使用"301条款"来保护那些容易受到自由贸易冲击的劳动力密集型制造业。这种保护在布坎南时期使美国的弱势产业和产业工人继续免于受到贸易自由化的严重冲击，但贸易自由化对美国制造业的影响还是开始体现。因此，布坎南时期美国国内开始出现对多边自由贸易的反对呼声，但反对的声音并没有达到很高的程度。与此同时，由于老布什并未在外交政策中采用共和党保守派的新孤立主义主张，保守派依然未能在政府中控制实权。这两个因素共同决定了布坎南时期的新孤立主义观点尽管更加具有体系性，但依然无法被付诸实践。

第一节　保护弱势产业的延续

在布坎南时期，由于国会保护主义势力的积极行动，美国的贸易决策机制继续对国内弱势产业进行新的制度性的补偿。这种制度性补偿使当时美国国内的制造业工人基本上没有受到进口的巨大冲击。尽管自由贸易已经开始在布坎南时期冲击美国的制造业就业情况，但这个时期美国的制造业工人并未大量失业。布坎南时期美国在贸易层面的新孤立主义依然未能从竞选口号转变为政策实践。

一、制度性补偿政策的延续和效果

《1974年贸易法》从制度上倾向给予总统与行政分支更多的贸易自由决策权限，但国会从卡特至布坎南时期一直在把保护主义立法作为其施压总统的杠杆，迫使贸易决策机制从1979年到1990年（布坎南时期）发生有利于保护主义的制度性"逆流"，这些制度性补偿对于保护当时已经明显感受到自由贸易负面冲击的劳动力密集型产业起到重要作用。例如，在国会对于是否批准1979年东京回合《关税与贸易总协定》谈判协定的辩论中，由于美国贸易代表在谈判中向其他国家承诺将提高"双反"调查的标准，规定美国在决定实施"双反"调查时必须以美国企业受到进口的"决定性伤害"（material injury）为前提标准，"决定性伤害"的评判标准无疑地增加了弱势产业使用"双反"来保护自己的难度。在此背景下，国会立即要求在1979年的贸易法中重新定义"决定性伤害"的具体含义，因为这个含义是美国商务部和国际贸易委员会评判企业的"双反"申请是否合理的关键。经过国会的干预，《1979年贸易法》将"决定性伤害"定义为："指的是那些并非无足轻重的、并非决定性的、并非不要紧的伤害（harm which is not inconsequential, immaterial or unimportant）。"[①] 很明显，国会对"决定性伤害"的定义更加宽松，因为进口只要对本国产业造成"并非决定性的"（immaterial）的影响，相关企业就可以发起"双反"申请。新的定义降低了反倾销/补贴的标准，使"双反"调查更容易得出肯定性的

---

① Gilbert Winham, *International Trade and the Tokyo Round Negotiation* (Princeton: Princeton University Press, 1986), pp.311-312.

结论，从而使弱势产业在使用"双反"时可以比较容易地获得关税保护。国会在1979年法案中对"双反"标准在措辞上的重新定义，实际上使美国贸易代表在东京回合中的贸易自由化谈判成果大打折扣，因为在国会的改动下美国的"双反"调查标准并未发生实质变化——"双反"依然和以前那样可以成为弱势产业的制度"补偿"。[①]

为增强总统在"双反"方面的效率和客观性，防止总统领导的财政部以官僚程序为由阻挠美国保护主义的"双反"申请，确保弱势产业可以切实地获得自由派许诺的制度"补偿"，国会在《1979年贸易法》中特别要求总统对行政分支的贸易决策机制进行改革。负责改革事宜的国会相关委员会也批评财政部在过去的"双反"调查中效率低下，无法满足弱势产业的要求。基于保护主义者们对财政部逐渐增加的不满，国会要求把负责"双反"调查的权限由财政部转移到保护主义色彩更加明显的商务部以及立场比较中立客观的国际贸易委员会。1980年，卡特最终决定把实施"双反"调查的权限从财政部转移至商务部，商务部在收集和分析外国贸易行为及外贸决策方面的地位明显提高。[②]与此同时，"总统特别贸易代表"被重新命名为"美国贸易代表"，美国贸易代表在贸易谈判方面的权限也有所增加。原来部分负责贸易战略和贸易谈判的国务院的贸易权限被划入贸易代表办公室，美国贸易代表办公室在机构设置上也有所扩展。[③]商务部和贸易代表在"双反"和贸易保护措施方面的权力获得扩大，这在制度上有利于保护主义者在诉诸这些保护性条款时较少地受到倾向自由贸易的总统、国务院和财政部等行政机构的干扰（虽然不可能完全避免），从而有利于保护主义者更频繁地利用"双反"和"301条款"来实现其产业保护。国会通

---

① Harland Prechel, "Steel and the State: Industry Politics and Business Policy Formation, 1940-1989," *American Sociological Review* 55, no. 5 (1990): 659.

② Stephen Cohen, *The Making of United States International Economic Policy*, pp.181-185.

③ I. M. Destler, *American Trade Politics: System under Stress*, 1986, p.99.

过向总统进行施压，使总统在贸易权限的部门调整方面更加有利于保护主义者利用这些"补偿"性的保护主义机制。

在增强美国贸易代表和商务部的贸易权限后，国会还试图增加美国贸易代表和美国国际贸易委员会（USITC）在贸易法条款方面的裁量权，以削减总统在决定是否最终采取贸易保护的权力，避免总统过于偏私贸易自由派、打压贸易弱势产业，确保弱势产业可以正常地使用贸易保护渠道。例如，在《1984年贸易法》中，国会授予美国贸易代表以更大的自主权，即美国贸易代表在没有收到企业申请或者不必等待总统命令的情况下可以根据外国的不公平贸易行为自行决定对他国发起贸易调查。[①] 在1986年贸易法案的辩论中，国会试图把决定是否采取国际贸易委员会向总统提出进口保护建议的权力移交给美国贸易代表，以求进一步削弱总统在以往"201条款"的使用过程中压制弱势产业和偏爱自由派的权限，该法案甚至在众议院获得通过。[②] 虽然该法案最后在参议院被阻挠，但国会对总统支持自由贸易倾向的不满，也说明在布坎南时期，国会正在试图在贸易决策制度上拆解和削弱总统的贸易决策权，并试图给予其他贸易决策机构（尤其是在当时倾向于保护主义的商务部和更加客观中立的国际贸易委员会）更多的贸易决策自主权力。例如，在1988年贸易法案（Omnibus Trade and Competitiveness Act of 1988）的辩论过程中，国会再次试图剥夺总统在"201条款"方面的权力。参议院财政委员会主席洛伊德·本特森（Lloyd Bentsen）提出，1988年贸易法案应直接取消总统在决定是否采取国际贸易委员会关于"201条款"贸易保护措施建议的裁量权（discretionary power），在企业向国际贸易委员会发起"201条款"调查的申请后，法案应该让国际贸易委员会作出的采取保护性关税的决定

---

① 　Alan F. Holmer, Judith Hippler Bello, Joseph H. Price, "The Trade and Tariff Act of 1984: The Road to Enactment," *The International Lawyer* 19, no. 1 (1985): 328.

② 　I. M. Destler, *American Trade Politics*, 1995, p.91.

无须经过总统的同意而直接产生法律效力。如果没有支持贸易自由的总统对国际贸易委员会保护主义建议的阻挠，弱势产业对"201条款"的使用申请必将泛滥。在贸易自由派的极力游说下，本特森提出的激进变革最终并未发生，但总统在"201条款"方面的决策权在1988年贸易法案中再次被国会削弱。[1] 尽管保护主义者试图压制总统在"201条款"方面的权限时未能实现其目标，国会依然在1988年贸易法案中对倾向于部分支持保护主义的美国贸易代表的权限作出制度性修改。例如，1988年贸易法案缩短了美国贸易代表在"301条款"调查发起后采取行动的时间期限，要求"301条款"调查必须在固定的时间内完成。关于"时间期限"的规定是防止总统采用拖延战术来"敷衍"弱势产业，增加了弱势产业通过"301条款"来保护自己的效率；1988年贸易法案重新扩展了采取"301条款"调查的前提——其他国家"不公平"贸易行为的定义。在定义"不公平"贸易行为时，法案将外国对美国企业的投资政策、知识产权保护、劳工权利等内容也列入其中，这无疑有利于弱势产业利用多样化的理由要求美国贸易代表发起调查并基于调查结果对它们进行关税保护；鉴于国会对里根总统在过往的"301条款"调查中"保护主义"政策不够明显的不满，1988年贸易法案授权美国贸易代表在必要时可以直接下令对美国的贸易对象采取贸易报复行动，报复行动包括对弱势产业起到积极效用的增加进口关税措施。[2] 除此之外，国会还通过修正案的形式继续拓宽美国采取贸易保护措施的制度性范畴，如1989年的"超级301条款"要求把美国贸易代表认定的、存在不公平贸易行为的国家列入特别名单，美国贸易代表必须与名单中的国家进行协商，如果协商在19个月内失败，总统有权采取带有强烈贸易保护色彩的报复行动。"特别301条款"也授予总统可以针对他

---

[1]　Nistan Chorev, *Remaking U.S. Trade Policy: From Protectionism to Globalization*, p.128.

[2]　J. N. Bhagwati, H. T. Patrick, *Aggressive Unilateralism: American's 301 Trade Policy and the World Trading System* (Ann Arbor: University of Michigan Press, 1990), pp.57-58.

国侵犯知识产权的行为进行以增加保护性关税为主要方式的贸易报复。在布坎南时期的最后几年，保护主义势力对"301条款"的丰富不仅体现出国会对"公平"贸易的追求，也体现出国会对贸易保护的追求，因为"301条款"完全可以被用来作为美国政府推行贸易保护政策的工具，属于在自由化进程中对弱势产业的制度性"补偿"。事实上，在布坎南时期美国保护主义政策的实践中，"301条款"这个制度性的"补偿"也被证明是非常有效的保护主义工具。

在里根总统上任初期，由于其主要精力集中于处理国内经济中出现的通货膨胀和汇率等问题，总统在面对保护主义游说的压力时都倾向于不为所动。[1] 从里根总统任期末开始，保护主义集团和国会开始对总统不关心弱势产业的自由主义倾向失去耐心。[2] 在当时，大量由弱势产业提出的要求进口限制的法案充斥于国会，这些保护主义法案的数量从第98届国会的144件增加至第99届国会的277件，虽然这些保护主义法案由于受到里根总统的阻挠而未能在国会获得通过，但受到弱势产业游说压力的国会议员的保护主义情绪正在增加，大量的保护主义法案无疑地引起里根总统的注意。在保护主义议员的政治压力下，里根政府于1985年重新制定以解决贸易赤字为中心的贸易战略，从改革汇率政策尤其是让美元贬值开始应对弱势产业的不满。随着美元的贬值，里根政府致力于通过利用美国优势产业来迫使其他国家开放国内市场以促进美国出口，即公平和互惠的市场开放政策。为回应弱势产业要求的实现"贸易公平"的目标，里根授权其贸易代表大量发起有利于保护美国弱势产业的"301条款"调查，调查的目标是确认其他国家对美国是否存在投资政策或贸易方面的贸易壁垒问题。从形式上

---

[1]　Helen Milner, Peter Rosendorff, "Trade Negotiations, Information, and Domestic Politics: The Role of Domestic Groups," *Economics and Politics* 8, no. 2 (1996): 166.

[2]　Stephen Cohen, *The Making of United States International Economic Policy* (3rd ed.) (London: Praeger, 1988), p.209.

来看，"301条款"是以实现"公平贸易"为目的的，但在调查与执行的过程中，"301条款"实际上也可以被当作保护主义的武器来使用，因为美国政府在看到巨大的贸易赤字时可以使用"301条款"来实现"贸易平衡"，而不是让自由贸易规律（赫克托－俄林模型）来决定赤字的情况。[①] 而且，"301条款"的发起并不一定需要美国企业提交申请，总统和美国贸易代表可以根据美国贸易实践的具体情况而自主决定发起。因此，在弱势产业的主动施压下，总统和美国贸易代表可以直接采取保护主义措施。由于弱势产业通过国会的长期施压，里根政府在第二届任期发起的"301条款"调查数量要明显高于第一届任期。在1981—1984年，里根政府总共发起20起"301条款"调查。1985—1989年，里根政府共发起33起"301条款"调查。在这33起"301条款"调查中，有17起是里根政府自己主动发起的。里根政府发起的"301条款"调查表面上打着"公平贸易"的旗号，但采取的贸易"报复"行动却在客观上对美国弱势产业尤其是劳动力密集型产业起到巨大的保护作用。把"301条款"当作保护主义措施来使用的典型案例是里根时期对美国半导体产业的保护。

从20世纪70年代末起，日本对美国出口的半导体产品给美国的本土半导体产业带来巨大的竞争压力。在70年代末，美国的半导体产品占全球市场份额的60%，日本占全球市场份额的30%。到1985年时，美日产品各占全球市场份额的45%。同时，日本出口占美国的半导体产品所占的市场份额从1982年的7.5%上升至1984年的12.3%。[②] 由于美国在产业政策和投资力度方面与日本存在差距，美国的半导体产业逐渐开始落后于日本。日本半导体产量的暴增和对美国半导体出

[①] Robert Keohane, "Reciprocity in International Relations," *International Organization* 40, no. 1 (1986): 4.

[②] Laura Tyson, *Who's Bashing Whom? Trade Conflict in High-Technology Industries* (Washington D.C.: Institute for International Economics, 1992), p.129.

口的不断增加，导致1981—1985年美国国内半导体产品价格连续下跌，半导体产业在成本方面遇到危机，这引起美国半导体产业联合会（Semiconductor Industry Association）对日本半导体产品出口的抱怨和不满。半导体产业联合会起初试图通过向总统诉诸"232条款"（国家安全）来实现产业保护，因为半导体产业与美国国防采购相关，确实也关系到美国的国家安全议题，但里根政府时期的国防部长、国家安全事务助理、贸易代表、商务部长和中情局长对是否使用"232条款"来保护半导体产业意见不一，里根政府内部最终也没有达成统一意见。[1] 在未能获得总统对半导体产业积极回应的背景下，美国半导体产业联合会于1985年直接向美国贸易代表办公室发起申请，要求对日本半导体出口的"不公平贸易行为"发起"301条款"调查，要求日本对美国开放半导体市场，要求日本政府消除其对美国半导体出口的非贸易壁垒。在这次"301条款"调查中，美国半导体产业联合会表面上要求美日半导体贸易必须实现"市场占有平等"原则，但实际上当时美国产品在日本所占的份额要高于日本产品在美国所占的份额。[2] 也就是说，美日半导体贸易整体上是非常平等的，美国半导体产业联合会实际上是想要求日本政府在谈判中承诺提高日本半导体产品的价格，消除日本半导体产品在美国市场对美国半导体企业的负面冲击，提高半导体产品的全球价格，增加美国半导体产业的整体收益。美国半导体产业联合会的要求属于典型的贸易保护主义行为。在面对美国的要求时，虽然日本方面于1986年向美国半导体产业联合会作出自动削减输往美国半导体产品的数量和提高价格的承诺，以减缓对美国半导体产业的负面冲击，但美国依然拒绝了日本的让步，因为美国半导体产业联合会的目标是要求日本在全球提价而非仅在美国提价。在美国对日

---

① Anne O. Krueger, *The Political Economy of Trade Protection* (Chicago: University of Chicago Press, 1996), pp.38-39.

② Ibid., p.42.

本威胁采取贸易报复的压力下，日本被迫再次向美国让步。美日双方于1986年达成新的半导体协议，日本同意在全球范围内减少半导体出口以提高半导体产品在全球市场中的价格。在"301条款"的应用下，美国半导体产业寻求贸易保护主义的目的初步实现了。

然而在协议的具体执行过程中，日本政府只是执行了限制对美出口半导体产品数量的承诺，而没有执行限制向其他国家市场出口半导体产品数量的承诺，这导致半导体产品的全球价格依然处于低位徘徊状态，导致美国半导体产品在全球的竞争优势依然无法凸显。[①]在国会中保护主义议员的强力施压下，里根总统最终于1987年命令对所有自日本进口的半导体产品加征100%的保护性关税，以补偿日本在全球范围压低半导体产品价格对美国半导体产业带来的损失。这说明在美日半导体贸易争端中，"301条款"对弱势产业的作用远非以实现"公平贸易"或"对等市场开放"那么简单，"301条款"实际上直接成为保护主义者们寻求贸易保护的高效渠道。在布坎南时期的美日半导体争端中，美国半导体产业联合会的真实意图是把"301条款"作为贸易报复和贸易保护的武器，逼迫日本在全球市场中拔高其产品价格，减小美国半导体产业的竞争压力，以更多地获取利润。就此而言，里根时期"301条款"的使用也可以被当成贸易保护的有力措施。事实上，"301条款"也在一定程度上有效地保护了当时就业数量巨大的美国半导体产业。美国对日本发起半导体"301条款"调查前后的美国半导体产业数据参见表5-1。

表5-1 美国对日本半导体"301条款"调查前后的美国半导体产业

	出口量（亿美元）	就业人数（人）	年度工资（美元）
调查前	55.96	172 900	25 322
调查后	109.63	184 600	32 884

---

① Anne O. Krueger, *The Political Economy of Trade Protection*, p.53.

资料来源：作者整理，参见：Anne O. Krueger, *The Political Economy of Trade Protection*, p.15。

总之，从《1974年贸易法》改革开始，尽管贸易保护行为在贸易法的撰写过程中被更加严格地控制起来，总统在贸易谈判和贸易救济措施方面的决策权使贸易保护在程序上变得更加困难，但由于保护主义的积极游说和国会的政治压力，1974年以后的贸易保护主义从原来的依靠特别条款（如"201条款"）进行的量化保护（进口配额和关税）逐渐转移到以"双反"和"301条款"等打着反对"不公平"贸易旗号所进行的贸易保护政策上来（见表5–2和图5–1）。这说明，自由派在增加对一部分保护主义制度进行压制的同时又对弱势产业提出另一部分新的制度补偿，如更多地使用自动限制协议、降低"201条款"使用"门槛"标准、大量地使用"双反"、大量地使用"301条款"。从表5–2可以看出，在里根时期和布坎南时期，美国使用"双反"和"301条款"保护国内弱势产业的频率明显增加。

表5–2 20世纪80年代美国发起的贸易调查

单位：次

年份	201条款	301条款	反补贴	反倾销
1975—1979（平均）	8.8	4.2	2.6	16.6
1980	2	0	11	29
1981	1	5	14	19
1982	3	6	124	71
1983	0	7	31	45
1984	7	2	53	73
1985	4	5	41	62
1986	1	6	29	71
1987	0	5	8	15
1988	1	7	13	42
1989	0	10	7	23
1990	1	0	7	43

资料来源：作者整理，1975—1990年数据参见：Alberto Alesina, Geoffrey Carliner (eds.), *Politics and Economics in the Eighties* (Chicago: University of Chicago Press, 1990), p.262, pp.268-403。

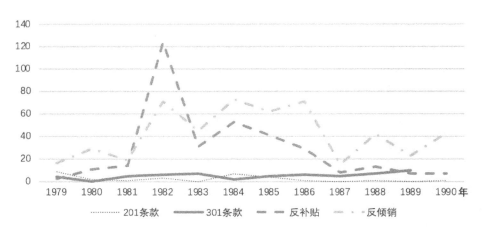

图5-1　20世纪80年代美国发起的贸易调查数据

资料来源：作者整理。

表5-2的数据说明，对于保护主义集团来说，通过强大的游说压力使总统利用"双反"和"301条款"来实现贸易保护的目标可以达成。前文中关于钢铁、纺织品、汽车和半导体（这些都是拥有大量工人的劳动力密集型产业）的保护案例也说明，"双反"和"301条款"可以在短期内部分地满足了保护主义者们的利益诉求，"双反"和"301条款"在短期内也确实保护了美国劳动密集型产业的发展，缓解了多边贸易自由化对美国国内就业岗位和工人经济状况的冲击。在里根时期和布坎南时期，尽管美国国内的贸易自由派有意识地设计出有利于贸易自由化的决策机制，但由于贸易保护主义和国会在制度上的"逆流"式抵制，无论是《1962年贸易扩展法》还是《1974年贸易法》在通过以后，弱势产业总可以有效地利用贸易自由派给予它们的制度性"补偿"——更加宽松的"201条款"使用、自动限制协议、更加高效的"双

反"、更加直接的"301条款"，通过多种多样的贸易保护行为以缓解自由贸易对弱势产业的冲击。因此，在里根和布坎南时期，尽管美国的贸易自由化进程依然在发展着，但由于留给弱势产业的"补偿"式制度依然存在，弱势产业受到的贸易自由化负面冲击得到有效的缓和，这个时期美国产业工人相对较少的失业人数也说明这点。

二、贸易自由化的负面冲击

在布坎南时期，尽管保护主义已经拥有很多可以寻求关税保护的"补偿"式贸易保护渠道，但美国与世界其他国家的自由贸易额度依然在增加，贸易对美国弱势产业的负面冲击也肯定是存在的。然而从布坎南时期的制造业工人就业数据来看，美国政府对弱势产业的制度性补偿依然是有效果的，因为这个时期美国产业工人的就业数量并没有因为自由贸易而大幅度下降，相反地，部分产业领域的工人数量反而有所上升。从塔夫脱到布坎南时期的就业数据来看，国际贸易的确已经引起较多的工人失业，这也部分地导致失业工人对多边自由贸易政策的反对。但美国历届政府在自由化的过程中对弱势产业的制度性补偿使布坎南时期的美国制造业在20世纪90年代初反而维持了相对稳定的发展，失业工人数量也没有明显增加，这使当时的反自由贸易的选民没有足够的政治力量把支持贸易保护主义的布坎南和佩罗特选上台。

自由贸易肯定对美国的产业工人尤其是劳动力密集型产业工人造成负面影响，这在当时的研究中已经有所体现。在1988年，具有跨党派性质的国会技术评估办公室（OTA）以1972—1984年的美国制造业为研究对象，以投入–产出（input-output）为研究模型方法，假定制造业整体的技术运用不变来观察1972—1984年美国制造业的产出变化与进出口（贸易赤字）的关联性。从报告总的结论来看，国会技术评估办公室认为美国制造业的兴衰在这段时间内总体上还是受到消费需求（包括国内需求和国外需求）的影响，但国会技术评估办公室也发现从

1980年开始，国际贸易尤其是进口对美国制造业就业率的影响越来越大。随着美国参与自由贸易程度的增加，进出口和贸易赤字也成为影响美国制造业的结构性变量。在具体结论方面，国会技术评估办公室很明确地指出进出口对美国具体产业的影响程度。其中，20世纪80年代美国汽车产业的巨大国内需求本来可以使汽车制造业在国内价值增值（domestic value-added）方面占据很大比例，但不断增加的汽车进口使汽车产业被迫压低产品售价，从而使该产业在国内产品增值方面并未取得很大的收益。同样地，贸易赤字也使美国国内劳动密集型产业、低工作技能需求产业的产品在国内增值方面逐渐下降。在属于劳动力密集型但对工人技能要求较高的产业方面，如收音机、电视机、电子通信设备等产业，国会技术评估办公室同样发现从恶化的美国贸易赤字对这些产业的市场增值方面产生压制作用。

具体到贸易与制造业就业人数的关联性方面，国会技术评估办公室将美国的制造业工作岗位分为三种类型：低工资、中工资和高工资。其中，贸易赤字以及进口对低技能工人、低工资、劳动力密集型产业的冲击最大，如服装、鞋类、纺织、家具产业。在中级和高级工资领域，贸易对就业机会的冲击没有那么大，因为这些高技术产业的就业率主要受到生产效率提高的影响，但贸易赤字依然对高工资产业的经济效益形成冲击。[①] 和国会技术评估办公室有着相同结论的美国国际贸易委员会早在1986年就得出类似的结论。美国国际贸易委员会在研究中同样使用投入−产出模型，在1986年关于贸易和国内就业关系的研究中，美国国际贸易委员会对美国1978—1984年的制造业和贸易的关联

---

① U.S. Congress, Office of Technology Assessment, *Technology and the American Economic Transition: Chokes for the Future*, OTA-TET-283 (Washington, DC: U.S. Government Printing Office), May, 1988, accessed December 21, 2017, https://www.princeton.edu/~ota/disk2/1988/8839/8839. PDF; U.S. Congress, Office of Technology Assessment, *Paying the Bill: Manufacturing and America's Trade Deficit*, OTA-ITE-390 (Washington, DC: U.S. Government Printing Office), June 1988, accessed December 21, 2017, http://ota.fas.org/reports/8829.pdf.

性进行研究，研究认为贸易赤字和国内制造业失业有着很大的关系。美国从1980年开始稳定出现的贸易赤字造成大约260万工人失业，相当于美国总就业人数的3%。[①] 美国商务部在1986年的研究也认为，每10亿美元贸易赤字就会造成25 000个制造业岗位的损失。以此来推算，1986年因为贸易赤字而损失工作岗位的工人数量达到将近四百万。[②] 从赤字与就业的数据来看，美国在20世纪80年代初逐渐增加的进口和逐渐升高的贸易赤字的确给美国的制造业，尤其是低技能需求和劳动力密集型的制造业，造成很大的冲击。1977—1992美国制造业就业人数参见图5–2，1977—1992年总制造业雇员和工人就业数据参见图5–2和表5–3。

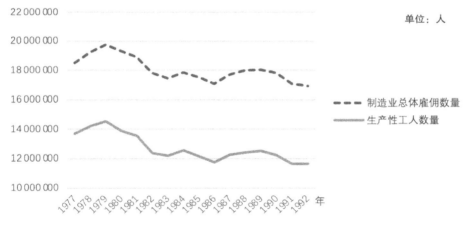

图5–2　1977—1992年美国制造业就业人数

资料来源：作者整理。

---

① 参见美国贸易委员会1986年的调查报告，*U.S. Trade-Related Employment, 1978-84*，Report on investigation no. 332-217 under section 332 of the Tariff Act of 1930，该报告可自互联网下载，accessed March 21, 2018, https://www.usitc.gov/publications/332/pub1855.pdf。

② Lester Thurow, Laura Tyson, "The Economy Black Hole," *Foreign Policy*, no. 67 (Summer, 1987): 3-21.

表5-3 1977—1992年总制造业雇员和工人就业数据

单位：人

年份	制造业总体雇佣数量	生产性工人数量
1977	18 515 900	13 691 000
1978	19 239 400	14 228 700
1979	19 756 500	14 537 800
1980	19 311 400	13 900 100
1981	18 919 800	13 542 800
1982	17 818 100	12 400 600
1983	17 453 100	12 203 000
1984	17 854 900	12 572 800
1985	17 508 300	12 174 400
1986	17 086 800	11 765 400
1987	17 718 000	12 280 400
1988	17 989 600	12 438 700
1989	18 045 700	12 535 500
1990	17 796 200	12 232 700
1991	17 081 200	11 652 000
1992	16 948 900	11 640 900

资料来源：作者整理。被统计的制造业只包括雇员人数达到或超过20人的企业，数据根据美国商务部统计局公布的年度产业数据表统计，1977—1992年的数据参见：2005 Annual Survey of Manufactures (ASM): Tables, Statistics for Industry Groups and Industries, accessed January 21, 2018, https://www2.census.gov/programs-surveys/asm/tables/2005/am0531gs1.pdf。

　　美国从20世纪80年代开始在制造业进出口方面产生巨额赤字，制造业贸易的赤字随后形成美国贸易赤字的主体（1987年制造业商品贸易占美国总贸易赤字的85%[①]），因而也造成美国国内部分制造业产业的凋敝和大量工人的失业。从总体数据来看，80年代后的美国贸易赤

---

　　① 参见国会技术评估办公室1988年的报告：*Paying the Bill: Manufacturing and America's Trade Deficit*, p.2。

字和制造业贸易赤字呈现越来越快的上升速度，美国制造业的总体就业人数也在逐渐下降（见图5-2）。然而，不同的制造业受到进口冲击和影响的程度肯定是不同的。国会技术评估办公室在1988年的报告中认为80年代自由贸易所造成的最大冲击对象是劳动力密集型和低技能需求的制造业，如服装、纺织品、鞋类、玩具和家具制造等；而对劳工技能要求相对较高的通信设备、电视、收音机、电脑、钢铁、汽车（包括发动机零件）等产业的冲击主要是基于国内产品的增值方面。美国贸易学者于1986年至2003年间相继编辑出版关于进出口贸易和就业、工资、失业关联性研究的论文文集，在大量对美国贸易和产业数据的理论研究和案例研究中，进口贸易对制造业就业冲击的研究结论也印证了国会技术评估办公室和美国国际贸易委员会的报告数据。

1987年，贸易学者热内·格罗斯曼（Gene Grossman）运用反事实研究方法，把相对进口价格（国内价格与进口价格的价差）作为进口竞争压力的衡量方法。格罗斯曼假定，如果1967—1979年的进口压力为零，那么美国国内的9项制造产业是否会在就业数量方面有所减少或增加？如果模拟数据高于事实数据，那么进口压力的确对该项制造业和就业造成负面影响。格罗斯曼经过模拟计算后得出以下数据结论：进口对美国国内制造业的冲击的确是存在的，但进口对不同类型的制造业有不同的冲击效果，受冲击最大的产业包括硬木镶板制造、皮革、螺母螺栓、滚动轴承、收音机和电视机等。其中，如果没有进口的冲击压力，收音机和电视机产业的就业人数本来可以比1979年多71.3%。[①] 很明显地，以上这些受冲击的产业既属于劳动力密集型产业，又属于对劳工技能技术要求较低的产业。1988年，由贸易学者劳拉·泰森（Laura Tyson）、威廉·狄更斯（William Dickens）和约翰·奇斯曼（John Zysman）主编的《贸易与就业的动因》出版，该著作从比

---

① Gene M. Grossman, "The Employment and Wage Effects of Import Competition in the United States," *Journal of International Economic Integration* 2, no. 1 (1987): 12.

较全面的角度考察和评估了美国参与自由贸易以来进口和贸易赤字对美国制造业的影响。在评述以往学者对进口与就业关联性研究的同时，本书的最大特色在于以案例研究的方式对美国不同要素含量的产业（如劳工技能要求和产业本身的技术含量）进行实证研究。其中，卡罗尔·帕森斯（Carol Parsons）对美国服装产业就业情况与进口的关系进行研究，罗伯特·斯科特（Robert Scott）对美国汽车产业就业情况与进口的关系进行研究，简伊·斯托斯基（Jay Stowsky）对美国的电子通信产业就业情况与进口的关系进行研究，帕森斯对美国高技术制造产业半导体产业与进口的关系进行研究，他们的研究对象可以说从产业技术含量的层次代表了美国低端、中端、高端3种制造业。

根据他们的研究结论，在以上4个产业中，进口对服装产业的冲击力度和影响最为明显。研究认为，由于服装产业具有低劳动技能要求、低市场准入方面的劣势，美国在劳工成本方面根本竞争不过发展中国家。从1960年起，服装产业就受到自由贸易稳定而连续的冲击。自1980年以来，美元的升值对服装产业就业的打击犹如雪上加霜。[1] 尽管美国的纺织品企业通过游说国会给予其进口保护，但美国对部分纺织品服装出口施加进口限制后引起的市场空缺很快被其他国家的服装出口所填补，对服装和纺织品进行贸易保护的难度很大，因而这个产业也最容易受到自由贸易的冲击。

在汽车产业方面，进口对汽车制造业就业率的明显冲击始于20世纪70年代，冲击程度也在不同的时间有着不同结果。由于汽车产业本身占据着美国总就业人数的很大比例（5.5%），而且汽车产业在产业供应链方面带动着其他产业的就业率（15%的美国就业人数与汽车产业间接关联），汽车产业的就业率变化会明显影响美国整体就业率的变

---

[1] Carol Parsons, "The Domestic Employment Consequences of Managed International Competition in Apparel," in Laura Tyson, William Dickens, John Zysman, eds., *The Dynamics of Trade and Employment*, 1985, pp.113-156.

化。尽管属于劳动力密集型产业，汽车产业本身对工人的工作技能要求较高且需要大量的资本投入。基于其技术密集型和资本密集型的特色，美国的汽车制造业主要受到发达国家的竞争压力。然而，由于汽车产业市场竞争的复杂性远高于服装和纺织产业，美国在汽车产品方面的生产能力并不逊色于日本和西欧。而且，美国于1981年与日本达成的自动进口限制协议有效地保护了美国汽车产业的发展。斯科特在他的论文中估计，如果没有1981年的自动进口限制协议，日本汽车将占据美国汽车市场的30%—40%，这将使110 000名至149 000名汽车工人失业。① 即使自动进口限制协议缓解着进口对美国汽车产业的冲击，美国国际贸易委员会依然研究认为1984年有96 000名工人因进口的影响而失业。② 就冲击程度而言，由于汽车的资本密集型、中高级劳工技能需求和产品竞争特色都要比服装与纺织复杂，20世纪80年代后的美国汽车产业的确受到进口的影响但受冲击程度远不如服装纺织品。

与服装和汽车产业不同，电子通信产品和半导体产品在20世纪80年代尚属于在美国刚刚兴起的"朝阳产业"，手机、电子计算机、集成电路、软件开发等新兴科技产业既受投资者的青睐，又在国内需求方面拥有充足的销路。斯托斯基在研究中发现，电子通信产业甚至因为对外出口而促进了美国的就业。然而，电子通信产业也不是完全免疫于进口冲击。由于美国在劳动力密集型产品方面无法与低工资国家竞争，具有劳动力密集型特色的电视机产业和收音机产业依然受到进口的严重冲击。③ 总的来看，尽管该产业中的部分产品受到进口冲击，但

---

① Robert Scott, "Trade and Employment in Automobiles: The Short-Run Success and Long-Run Failure of Protectionist Measures," in Laura Tyson, William Dickens, John Zysman, eds., *The Dynamics of Trade and Employment*, pp.158-204.

② *U.S. Trade-Related Employment, 1978-84*, Report on Investigation No. 332-217 under Section 332 of the Tariff Act of 1930, accessed February 21, 2018, https://www.usitc.gov/publications/332/pub1855.pdf.

③ 格罗斯曼对美国1967—1979年制造业的研究也证明了这点，参见："The Employment and Wage Effects of Import Competition in the United States," p.12。

电视机和收音机制造业受到的冲击依然无法改变美国在80年代在电子通信产业方面的贸易顺差地位，电子通信产业也在80年代成为增加美国就业人数的少数制造业。[①]

　　和电子通信产业一样，80年代美国的半导体产业也属于蓬勃发展的"朝阳产业"，从1972—1984年，半导体产业的就业人数以每年5.8%的速度增加。由于半导体产业处于产业供应链中的重要位置且在当时属于技术密集型产业，强大的国内外需求使该产业保持着足够的产出量。尽管从1981年开始，美国的半导体产业受到日本竞争的压力，美国在全球市场的份额占比有所减少，但国内需求和国内市场占比依然是比较乐观的。即使如此，美国的半导体生产商为寻求更加廉价的劳动力，开始在80年代末将半导体生产场地由国内向国外转移，美国的半导体产业就业人数也从1985年开始回落。就半导体产业而言，贸易学者们普遍认为80年代进出口对该产业的冲击不是很明显。如果说半导体产业的就业情况有所恶化，那也是因为美国半导体生产商将生产场地转移至外国的原因。[②] 在80年代末半导体产业的发展趋势评估中，美国商业机构也普遍看好该产业对美国就业的拉动，如当时的劳工统计局就预测半导体产业将在90年代初继续为美国带来增长中的就业机会。[③]

　　以上学者在研究不同要素密集型制造业与进口关系的论证过程中使用着不同的研究模型，但其结论是明显一致的：越是属于劳动力密集型和低技能工作需求的产业越容易受到进口竞争的影响，而处于当

---

① Jay Stowsky, "The Domestic Employment Consequences of International Trade in Telecommunications Equipment," in Laura Tyson, William Dickens, John Zysman (eds.), *The Dynamics of Trade and Employment*, pp.206-236.

② Carol Parsons, "The Changing Shape of Domestic Employment in a High-Tech Industry: The Case of International Trade in Semiconductors," in Laura Tyson, William Dickens, John Zysman (eds.), *The Dynamics of Trade and Employment*, pp.237-268.

③ Laura Tyson, William Dickens, John Zysman, *The Dynamics of Trade and Employment*, p.33.

时产业技术发展前沿的高科技产品在发展之初则不容易受到进口的冲击，这个结论也在后续的研究成果中被证实。1994年，经济学家罗伯特·鲍德温（Robert Baldwin）对经济与合作组织国家的贸易和投资情况进行研究后发现，进出口对大部分产业的就业率冲击不是那么明显，但进口贸易对低技术的劳动力密集型产业如"纺织、服装、鞋类、家具"等产业的影响很大。[1] 贸易学者洛里·克莱泽（Lori Kletzer）也在1998年使用不同的研究模型对进出口和1979—1991年美国制造业就业之间的关系进行研究，其研究观点是：进出口的确对部分美国的制造业就业形成冲击，如果某种商品进口占美国国内市场的比重越大，它对美国相关产业就业形势的冲击就越大。其中，服装、纺织和鞋类等劳动力密集型和低工作技能需求的产业是最为明显的。[2] 虽然以上学者在研究过程中使用不同的研究模型和统计方法，但他们殊途同归地得出：20世纪60年代到80年代中的美国制造业总体上的确受到自由（进口）贸易的冲击，但由于产业本身具有不同的生产要素特性，不同生产要素类型的制造业受到进口冲击的严重程度不同。其中，低劳工技能需求和劳动力密集型的纺织、服装、家具等产业受到的冲击最严重；汽车和钢铁产业也受到较大的冲击但部分地受到美国政府的贸易保护；半导体产业和电子通信产业由于其正处于当时产业技术的发展前沿，1992年以前的这两项产业受到的冲击远不如服装和纺织品产业。图5-3和表5-4中统计的产业就业数据就反映出1992年以前美国不同产业的发展状况。

---

[1]　Robert Baldwin, "The Effects of Trade and Foreign Direct Investment on Employment and Relative Wages," NBER Working Paper No.5037, accessed March 21, 2018, http://www.nber.org/papers/w5037.pdf.

[2]　Lori Kletzer, "International Trade and Job Displacement in U.S. Manufacturing: 1979-1991," in *Import, Export and the American Worker*, Susan Collins, ed., (Washington D.C.: Brookings Institution Press, 1998), p.455.

表5-4　1980—1992年美国纺织与服装、钢铁、汽车、

半导体与电子产业就业数据

单位：人

年份	钢铁	纺织与服装	汽车	半导体、电子
1980	2 753 500	2 450 300	983 400	1 802 100
1981	2 688 000	2 355 800	960 100	1 815 500
1982	2 363 700	2 199 100	858 700	1 852 800
1983	2 228 600	2 193 000	914 800	1 859 900
1984	2 303 200	2 119 000	1 038 200	1 974 900
1985	2 228 400	1 948 100	1 037 800	1 948 300
1986	2 119 700	1 871 600	1 011 400	1 843 200
1987	2 168 800	1 959 600	1 054 200	1 850 800
1988	2 231 400	1 940 200	1 032 300	1 861 900
1989	2 230 100	1 867 700	1 015 800	1 895 100
1990	2 190 100	1 816 900	974 900	1 834 600
1991	2 075 200	1 739 100	903 700	1 637 400
1992	2 079 100	1 767 600	978 700	1 631 300

资料来源：本数据来源于作者对 The National Bureau of Economy Research 和美国商务部联合编辑的 NBER-CES Manufacturing Industry Database 的整理计算，该数据对产业的划分和分类编号按照1997年最新更新的北美工业分类系统（North American Industry Classification System，NAICS）标准来统计美国1958—2011年的产业数据，根据北美工业分类系统的分类，制造业（Manufacturing）的分类编码是31—33；纺织和服装产业（包括鞋类）的分类编码是313（Textile Mills）、314（Textile Product Mills）、315（Apparel Manufacturing）、316（Leather and Allied Product Manufacturing）；钢铁产业的分类编码是331（Primary Metal Manufacturing）、332（Fabricated Metal Product Manufacturing）；汽车制造产业的分类编码是3361（Motor Vehicle Manufacturing）、3362（Motor Vehicle Body and Trailer Manufacturing）、3363（Motor Vehicle Parts Manufacturing）。关于北美工业分类系统对制造业分类的编码方法见，accessed March 21, 2018, https://www.naics.com/six-digit-naics/?code=3133；总数据来源参见 accessed March 21, 2018, http://www.nber.org/data/nberces.html。

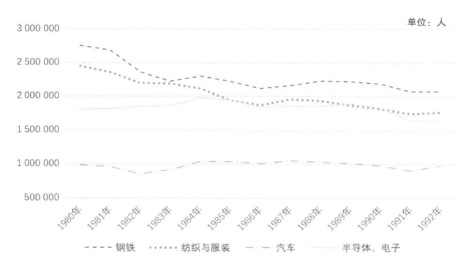

图5-3　1980—1992年美国劳动力密集型产业就业变化图

资料来源：作者整理。

三、贸易自由化的政治影响

从上面的图5-3和表5-4可以看出，在布坎南时期，贸易自由化的负面效果的确已经显现出来，即贸易自由化导致制造业工人的大量失业，这种负面冲击效果对于占美国制造业工人比例很大的劳动力密集型产业尤其明显，这种负面冲击也是布坎南在1992年竞选中提出反对多边自由贸易立场的根本原因。因为贸易自由化所引起的失业工人，一般都会在政治选举中支持那些倡导保护主义、反对多边贸易自由的政治候选人，迎合选民市场的布坎南和佩罗特自然会提出反自由贸易的竞选口号。简言之，失业工人对贸易新孤立主义的支持，使那些在美国政治选举中的政客为迎合部分选民的要求而公开支持贸易新孤立主义。因此，制造业失业人数和贸易新孤立主义观点的提出与实践程度呈正相关关系。

当前学界已经对布坎南时期失业工人和贸易新孤立主义的关系做出明确的研究，并得出二者存在正相关关系的结论。1992年，有学者利用《美国国家选举研究》(ANES)关于1992年选举数据库,对《北美自由贸易协定》造成冲击的工人及其在选举中的政治立场并利用假想模型作出调查研究。研究发现在工会中对自由贸易可能造成失业结果比较担忧的会员超过半数(56.51%)会在总统选举中支持反对《北美自由贸易协定》和自由贸易的佩罗特,有24.72%的工会会员在大选中支持主张修改《北美自由贸易协定》条款的克林顿,只有18.77%的工人背书支持《北美自由贸易协定》的老布什。作者的研究推翻了前人认为特定的利益群体在选举中不会受贸易政策影响的观点,得出工会成员在总统选举中会根据贸易带来的潜在失业威胁而支持反对自由贸易的候选人。[①]学者穆加和雷西在2002年研究为何选民会在1992年和1996年的大选中如此大量地支持第三党代表佩罗特时认为:尽管以往研究大量集中于国内短期经济形势对总统选举结果的影响,但美国选民从1992年开始将更多的选票投给民主党和共和党以外的第三党反映出的不是选民对短期经济效益的不满,而是对民主共和两党建制派无论哪方当选都支持贸易自由化的不满。因为自20世纪70年代以来,贸易自由化进程已经使美国工人的经济状况不断下降,工人选民对自由贸易和自身工作安全状况极度关心,因此对民主共和两党候选人的信心也消磨殆尽。[②]穆加对1996年选举中的选民进行民意调查后通过回归分析发现,全国性选民对经济不安全的担忧成为影响他们给佩罗特投票的最显著的独立变量,这个变量在解释选民抛弃两党候选人时的显著性更强。穆加的研究认为,当美国贸易赤字上升、美国企业因追求廉价劳动力而迁往国外、企业因为自由贸易协定带来的国外倾销而倒闭时,选民的就业不安全感就会增加,而长期的就业不安全感会最

---

① Garrett Glasgow, "Evidence of Group-Based Economic Voting: NAFTA and Union Households in the 1992 U.S. Presidential Election," *Political Research Quarterly* 58, no.3 (2005): 433.

② Anthony Mughan, Dean Lacy, "Economic Performance, Job Insecurity and Electoral Choice," *British Journal of Political Science* 32, no. 3 (2002): 515.

终导致越来越多的中间选民把眼光投向和民主共和两党立场不同的第三党候选人。[①] 学者的这些研究结果都证明，贸易自由化越发展，美国处于弱势产业地位的产业工人失业人数越多，支持贸易新孤立主义的选民和政客都会增加，贸易新孤立主义就会或者以竞选观点的方式被呈现出来，或者直接被失业选民支持的候选人在胜选后将其付诸实践。

在布坎南时期，布坎南和佩罗特对《北美自由贸易协定》的激烈攻击以及对其他多边贸易制度的批评都反映出这个时期已经存在大量的、由于贸易自由化而产生的"输家"。然而，布坎南和佩罗特的贸易孤立主义最终未能被付诸实践，这是因为，从美国国内主要的劳动力密集型产业工人数量走势图（图5-3）可以看出，在布坎南时期，尤其是布坎南参与总统选举的1985—1992年，由于里根政府延续了很多新的补偿性保护主义方法，如对"301条款"的大量使用，对拥有大量劳工的制造业产业产生巨大的保护作用，导致这些劳动力密集型产业基本上没有继续受到自由化的巨大冲击。例如，占据美国制造业劳动力主体的电子半导体、钢铁、纺织服装、汽车等产业工人在布坎南时期并未出现就业人数的下降，相反地，部分劳动力密集型产业甚至有所回升。这说明在布坎南参选总统并提出贸易新孤立主义的时候，占美国就业主体的产业工人的就业情况还是相对良好的。这也解释了：尽管布坎南时期美国的制造业就业数据总体因为受到自由贸易的冲击而有所下降，导致布坎南时期出现大量支持贸易新孤立主义的民意和政治观点。但是从里根政府到布坎南竞选时期，里根政府和国会大量地使用"补偿"式的保护主义渠道（如对"301条款"的大量使用）对那些劳工数量巨大的关键性产业进行保护，从而导致关键性的劳动力密集型产业工人得到"安抚"，这也使布坎南时期支持贸易新孤立主义的总统候选人难以获得足够数量的失业工人选票以确保总统选举的胜利。

---

① Ibid., p.525, p.530, p.531.

布坎南时期美国在贸易领域的新孤立主义最终没有被付诸实践。

第二节　新孤立主义观点的重生

在布坎南以前的塔夫脱时期和里根时期，新孤立主义的观点被零散地提出，但是在布坎南时期，新孤立主义首次被保守主义者布坎南比较全面或体系性地提出。布坎南以保守主义的政治身份参与竞选，但并未在初选和大选中获得保守主义选民的大量支持。佩罗特以反建制的政治身份参选，但同样没有得到保守派选民的支持。在1991—1992年，信奉"自由国际主义"战略的布什总统并未任命主张新孤立主义的那些保守派共和党人参与决策，支持新孤立主义的保守派共和党人也没有控制当时的参议院和众议院。因此，在布坎南时期，尽管新孤立主义在冷战结束后的美国外交政策辩论中从观点层面被呈现出来，但布坎南时期的新孤立主义并未被付诸美国外交实践。

一、重生的政策辩论背景

冷战的结束对美国外交的影响是深远的。冷战的结束和苏联解体使美国的外交决策者和外交学者对美国外交的"范式"、目标和方法产生激烈的辩论，但辩论并未产生像美国在冷战时期那样观点相对集中的外交共识。美国在冷战期间尽管对外交政策的内容存在争论，但美国外交的总体目标在民主党和共和党之间是存在"共识"的，这种"共识"是遏制苏联的扩张和威慑、遏制共产主义的扩张、促进美式民主制度的推广。然而，冷战的结束使美国原有的外交共识失去了存在基础。苏联的消失已经使美国最大的竞争对手不复存在，东欧国家的政治剧变也使共产主义不再成为美国政客们所说的"集团"，美国对共产主义颠覆西方世界制度和在第三世界国家扩张的担忧也不复存在。对美国来说，民主推广在原来的冷战遏制战略中也是作为从国内制度层面反制苏联和共产主义国家的战术，随着冷战结束，美国国内对民主推广的力度和方式方法都发生分歧。简言之，冷战后的美国在外交政策的核心目标、方法与内容方面丧失其"范式"。[①]"范式"的丧失导致美国外交思想界和决策层与冷战时期形成的外交风格产生很大的变化。

在苏联解体、美国成为实力远超过其他国家的单极国际背景下，美国的学者纷纷为冷战后美国外交政策走向何方提出各种各样的"大战略"（grand strategy）规划。学者哈斯将这些战略观点总结为五种：威尔逊主义的（Wilsonianism）、经济主义的（Economism）、现实主义的（Realism）、人道主义的（humanitarianism）、最小化主义的（Minimalism）。[②]兰德智库将这些观点总结为三类：新孤立主义（neo-isolationism）、多极化政策（multi-polarity）、全球领导政策（global leadership）。[③]学者罗伯特·阿特（Robert J. Art）将冷战后的战略观点分为七种：至上统治（dominion）、全球集体安全（global collective security）、地区集体安全（regional collective security）、合作性安全（cooperative security）、孤立主义（isolationism）、遏制（containment）、选择性接触（selective engagement）。[④]巴里·波森（Barry Posen）总结出四种：新孤立主义、选择性接触、合作安全、至上主义或"至上统治"。[⑤]从事战略研究的莱恩将冷战后的美国外交观点总结为四种：至

① 很多美国外交学者都在冷战后关于美国外交政策目标与方法的论著里哀叹美国外交"范式"的缺失，参见：Richard N. Haass, "Paradigm Lost," *Foreign Affairs* 74, no. 1 (1995): 45; Michael Cox, *US Foreign Policy After the Cold War: Superpower Without a Mission?* (London: Royal Institute of International Affairs, 1995), p.12; Brad Roberts, *U.S. Foreign Policy After the Cold War* (Cambridge, Mass.: MIT Press, 1992), p.5; Randall B. Ripley, James M. Lindsay, eds., *U.S. Foreign Policy after the Cold War* (Pittsburgh: University of Pittsburgh Press, 1997), p.4。

② Richard N. Haass, "Paradigm Lost," *Foreign Affairs*, January/February 1995, pp.46-50.

③ Zalmay Khalilzad, *Strategic Appraisal 1996*, Rand,1996, pp.15-23, accessed March 21, 2017, https://www.rand.org/pubs/monograph_reports/MR543.html.

④ Robert J. Art, *A Grand Strategy for America* (Ithaca: Cornell University Press, 2004), p.10.

⑤ Barry Posen, Andrew Ross, "Competing Visions for U.S. Grand Strategy," *International Security* 21, no. 3, (1997): 5.

上主义、选择性接触、离岸平衡（offshore balancing）、孤立主义。[①]

可以看出，在所有这些分类中像孤立主义和至上主义这些相对极端的外交观点已经成为可供美国在冷战后选择的战略选项。在冷战期间，相对极端的外交观点既相对稀少又很容易被攻击为"极端主义"，因而在主流政策圈很少被听到和执行。如塔夫脱的对华政策和戈德华的核政策都被主流外交圈认为太过于极端，他们的政策也最终没有被在位总统执行。但冷战后关于美国外交战略的观点中出现越来越多的强调美国单边主义（"至上主义"或"至上统治"）和强调美国收缩战略（孤立主义）的极端观点，这两种带有孤立主义色彩的观点在冷战后越来越多地被学者和政治家提出了，布坎南和佩罗特的新孤立主义观点就明显地体现出以上政治光谱中的两个极端。

二、新孤立主义观点

在1992年大选中，具有商人背景的佩罗特在竞选中提出很多与美国外交正统相违背的观点。在决定参选前，佩罗特就极力反对海湾战争，他认为像科威特这种体制的国家不值得美国大张旗鼓地出兵保护。[②]佩罗特曾于1990年公开督促参议院拒绝批准布什的战争决议。[③]在内政外交政策方面与布什政府分歧严重的背景下，佩罗特于1992年初春突然宣布以独立候选人身份参选。在外交政策领域，佩罗特提出和布坎南、特朗普"美国优先"标语相类似的口号——"从国内开始"，即"先把我们自家的房子整理有序，先让我们自己的国家运转良好"。[④]佩罗特在国际机制、自由贸易、对外干涉、对外援助和联盟政策方面

---

① Christopher Layne, *The Peace of Illusions: American Grand Strategy from 1940 to the Present* (Cornell University Press, 2006), p.159.

② "Ross Perot, One-Way Wizard," *The New York Times*, April 24, 1992.

③ "Waiting for Perot," *The New York Times*, June 3, 1992.

④ Ross Perot, *United We Stand: How We Can Take Back Our Country* (New York: Hyperion Books, 1992), p.99.

提出具有孤立主义倾向的观点。

在国际机制方面，佩罗特认为冷战已经结束，但美国在很多领域建构的国际机制都是冷战开始时的战略构想，这些机制已经"又老又过时"，美国需要重新改组国防部、国务院和其他外事机构以应对"地位已经发生变化"的那些国际组织，如联合国、关贸总协定、世界银行和国际货币基金组织。佩罗特在他的竞选著作中暗示美国需要削减那些在冷战时期对外援助或驻外机构的"不必要"开支。[①]

在对外贸易领域，佩罗特强烈反对北美贸易协定。在1992年的总统辩论中，佩罗特称《北美自由贸易协定》会成为吸引美国的就业机会进入墨西哥这个"巨大声波"的关键原因。[②]佩罗特支持对外贸易，但他和特朗普一样，认为当下的双边贸易协定，尤其是和日本、欧洲和墨西哥的贸易协定是不公平的。

在对外干涉方面，佩罗特认为美国当然要反对"暴君"和"流氓政府"式国家，但除非美国的"关键利益"（vital interests）受到冲击，美国不应带头干涉而应该让他国去干涉，美国只需对这种干涉进行道义上的支持。[③]

在对外援助和联盟政策方面，佩罗特认为北约成员和日本必须为美国在当地的驻军提供更多的经费支持，分担更多的责任。同时，"必须发展出新的北约替代机制"以弥补安全形势已经发生变化的欧洲。"我们不会再同意欧洲需要美国军队来保卫其边界的观点"，"我们也不会再花美国纳税人的钱保护欧洲国家自己的内部纷争"。佩罗特相信，苏联解体以后，欧洲的安全问题需要欧洲国家自己解决，美国只能充

---

① Ross Perot, *United We Stand: How We Can Take Back Our Country* (New York: Hyperion Books, 1992), p.100.

② "The 1992 Campaign: Transcript of 2nd TV Debate between Bush, Clinton and Perot," *The New York Times*, October 16, 1992.

③ Ross Perot, *United We Stand: How We Can Take Back Our Country*, p.108.

当辅助作用。[①]1993年败选后，佩罗特并未退出政治生活，在克林顿政府力推《北美自由贸易协定》谈判并国会通过的背景下，他专门撰写出反对《北美自由贸易协定》的著作以警告自由贸易对美国产业、环境、技术和就业的危害。[②]

从佩罗特的竞选立场来看，他的外交观点同样与美国的自由国际主义外交背离。尽管在冷战结束后，美国政策界就美国外交向何处去进行过长期争论，但即使是最具现实主义思维方式的战略家也并未像佩罗特那样在如此多的领域向美国在冷战期间的外交传统提出挑战。佩罗特的外交政策无疑是反传统和叛逆式的。[③]

在外交领域与佩罗特的反正统思维相类似的还有在共和党初选中"昙花一现"的共和党古典保守主义代表布坎南。在冷战行将结束的1990年，布坎南先是在《国家利益》撰文描述其对未来美国外交走向的详细构想。布坎南以"美国优先"为口号、以强烈的民族主义民意基础来标榜其新孤立主义思想。在《美国第一、第二和第三》这篇文章中，布坎南认为，由于苏联已经被严重削弱，美国在防务领域继续保护西欧的成本巨大且没有意义。因此，美国应对欧洲采取"脱离接触"（disengagement）战略。在西半球，布坎南呼吁美国关闭其在欧洲的军事基地以换取苏联关闭其在美洲的军事基地，"门罗主义"应重新成为指导美国西半球政策的基石。在亚洲，布坎南认为韩国的经济发展已使其具备对抗朝鲜的实力，美军撤出朝鲜半岛既有经济效益又有军事效益（战争爆发时美军的伤亡会降低）。在对外援助和干涉政策方面，布坎南认为，美国对外援助的时代已经随着冷战的结束而结束；民主制度不具有普适性，美国以民主推广为由进行的全球军事干涉是

---

① Ibid., p.103.

② Ross Perot, *Save Your Job, Save Our Country: Why NAFTA Must Be Stopped—Now!* (New York: Hyperion Books, 1993).

③ 关于冷战后美国战略界对美国外交政策的争论参见：Barry Posen, Andrew Ross, "Competing Visions for US Grand Strategy," *International Security* 21, no. 3 (1996): 5-53.

"十字军"式和浪费财富的错误行为。[1]

　　为了在总统初选中宣扬其新孤立主义外交主张，布坎南频繁在其企业所属的报社刊文针砭克林顿政府的外交政策。他批评国际货币基金组织成为榨取美国公民税收的超国家组织，断言《北美自由贸易协定》关于贸易制裁和投资优势的限制伤害美国主权，警告毫无意义的对外援助枉费纳税人的财富，反对克林顿政府在索马里、波斯尼亚和海地的干涉行动。[2] 在全面宣扬收缩和撤退的本土主义外交思想时，布坎南在某些方面则比当时的克林顿政府还激进。布坎南极力反对美国参加冷战后的美俄军控谈判。他认为，鉴于其他国家已经发展出成熟的弹道导弹技术，美国应以里根总统时期的"战略防御计划"（SDI）为基础继续发展反导能力，寻求美国对其他国家在导弹防御技术领域的绝对优势和美国的绝对安全。针对海湾战争，布坎南的观点和佩罗特不谋而合：科威特并非民主国家，美国没必要出兵伊拉克。在1992年的第19届保守主义阵营会议上，布坎南采取和特朗普在竞选中抨击奥巴马政府中东政策时相同的思路，发表演讲抨击布什政府的中东政策。布坎南认为，正是美国在中东地区的武力干涉导致宗教激进主义、恐怖主义和伊朗的崛起。[3] 除此之外，布坎南对自由贸易的抨击最受选民关注，他在接受采访时针对美国的自由贸易政策批评道，"日本和欧洲正在采用保护主义和敌对贸易政策""我们还想让美国变成世界上最大的制造工业国家吗？""我们需要解决这个全国性的失业问题"。布坎南主张美国应该通过保护主义和重商主义的贸易政策来解决

---

① Patrick J. Buchanan, "America First, and Second, and Third," *The National Interest, No. 19, 1990,* pp.80-81.

② 以上所有观点都来自布坎南发表于保守主义性质的刊物 *Human Events* 的文章，文章观点依次可见："IMF Wants to Soak U.S. Taxpayer-Again," October 14, 1989; "NAFTA Threatens Sovereignty," September 18, 1993; "Massive Foreign Aid Must End," July 3, 1993; "US Should Stay Out of Bosnia Conflict," May 15, 1993; "US Enters Quagmires in Somalia and Bosnia," September 11, 1993; "Where Our Haitian Policy Went Wrong?" October 23, 1993。

③ "Buchanan Attacks Bush on Gulf War," *Deseret News*, February 21, 1992.

国内工人失业和制造业转移问题。[①] 布坎南这种兼具军事收缩主义和贸易保护主义的外交思想在当时被称为"布坎南主义"，也成为冷战后被学界援引最多的新孤立主义观点。[②]

第三节　保守派的弱势地位

在布坎南全面提出新孤立主义观点的时期，美国外交的最高外交决策权由布什和克林顿把持，可以影响外交决策的国会由民主党把持，保守派在政府中的力量占比以及在外交决策中的力量占比甚至比里根时期还要微弱。从外交决策行政机构人员组成的力量对比来看，在布什政府当政的1991—1992年，自由国际主义者詹姆斯·贝克（James Baker）担任布什政府的国务卿，自由国际主义者布伦特·斯考克罗夫特（Brent Scowcroft）担任布什政府的国家安全事务助理，自由国际主义者托马斯·皮克林（Thomas R. Pickering）担任美国驻联合国代表。担任国防部长的切尼虽然属于主张新孤立主义的保守派，但信奉自由国际主义的布什坚持在政策方面由自己最终定调，切尼新孤立主义的外交主张也很难得到实践。[③] 在克林顿政府的最初两年，自由派民主党人完全填充了克林顿的外交团队。信奉多边主义的沃伦·克里斯托弗（Warren Christopher）担任国务卿，国防部长威廉·佩里（William Perry）、国家安全事务助理安东尼·莱克（Anthony Lake）、美国驻联合国代表马德琳·奥尔布赖特（Madeleine Albright）都是典型的自由国际主义者，共和党保守派不可能进入克林顿政府参与决策。从可以制衡和影响总统外交决策的国会中保守派与自由派的力量对比来看，在

[①] "Exclusive Human Events Interview: Buchanan on the Issues," *Human Events*, February 8, 1992.

[②] "The Buchanan Doctrine," *The New York Times*, October 3, 1999.

[③] Colin Dueck, *Hard Line: The Republican Party and U.S. Foreign Policy since World War II* (Princeton: Princeton University Press, 2010), p.235.

布什时期，民主党在参众两院依然以56：44和270：164的巨大优势压倒共和党，保守派根本不具备在外交政策上挑战总统甚至将其新孤立主义主张施加于总统外交决策的能力；在克林顿执政的最初两年，民主党在参众两院继续以57：43和256：177占有绝对优势，保守派很难通过国会去贯彻执行其新孤立主义主张。1991—1992年保守派与自由派的力量对比参见表5–5和图5–4。1993—1994年共和党保守派与自由派的力量对比参见表5–6和图5–5。

表5–5　1991—1992年保守派与自由派的力量对比

		保守派控制	自由派控制
总统	国务院	1（切尼）	4（布什） （贝克） （斯考克罗夫特） （皮克林）
	国防部		
	驻联合国代表		
	国家安全局		
参议院		0	1（自由派）
众议院		0	1（自由派）

资料来源：作者整理。

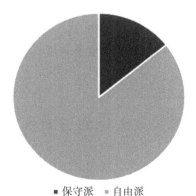

■ 保守派　■ 自由派

图5–4　1991—1992年保守派与自由派的力量对比

资料来源：作者整理。

表5-6　1993—1994年共和党保守派与自由派的力量对比

		保守派控制	自由派控制
总统	国务院	0	5（克林顿）
	国防部		（沃伦）
	驻联合国代表		（佩里）
	国家安全局		（莱克）
			（奥尔布赖特）
参议院		0	1（自由派）
众议院		0	1（自由派）

资料来源：作者整理。

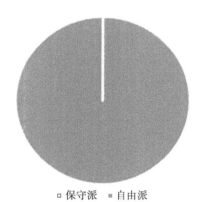

□保守派　■自由派

图5-5　1993—1994年共和党保守派与自由派的力量对比

资料来源：作者整理。

第四节　未能实践的新孤立主义

在布坎南时期，由于保守派未能在美国高层政治中占据优势，也未能占有关键性的外交决策权力，因而其所主张的新孤立主义观点根本没有得到自由派（包括民主党自由派和共和党内的自由派）当权者的重视，新孤立主义也只是布坎南和佩罗特在1992年竞选中喊出的竞选口号。从1991—1994年，布什政府和克林顿政府完全没有采取新孤立主义外交实践，而是分别推出两个明显具有自由国际主义特色的新战略：布什的"超越遏制"（Beyond the Deterrence）战略和克林顿的"接触和扩展"（Engagement and Enlargement）战略。布什领导的自由派外交团队积极促成苏联解体、东欧剧变以及向"民主制国家"的转变，同时也通过谈判与苏联签订新的限制战略性核武器的双边协定。布什政府积极地通过多边谈判和对话机制安排了苏联解体以后的欧洲政治秩序，继续通过坚定的联盟政策巩固和扩大了北约。同时，布什团队也积极执行其倡导的新集体安全观，在联合国授权的前提下领导美国的盟国共同对伊拉克入侵科威特的行为进行军事干涉。克林顿领导的民主党自由派上台后推出冷战后首个自由国际主义大战略——"接触和扩展"战略，该战略认为美国应继续坚持联盟体系和多边主义，支持建立繁荣的多边自由贸易市场。克林顿政府也继续支持当时即将生效的《北美自由贸易协定》谈判和正在筹备的乌拉圭回合贸易谈判。在对外援助方面，布什和克林顿政府都没有削减对外援助资金。[①] 在克林顿时期，美国所领导的北约也继续在吸收新的成员。因此，布坎南时期的布什和克林顿政府没有实践新孤立主义外交主张。

布坎南时期（1989—1992年）新孤立主义的实践程度参见表5-7和图5-6。

---

① 关于布什时期和克林顿时期美国对外援助的数据，参见王栋、尹承志：《自由国际主义的兴衰与美国大战略》，《外交评论》2015年第1期，第87—112页。

表5-7　布坎南时期（1989—1992年）新孤立主义的实践程度

新孤立主义主张	新孤立主义的实践程度
反对联合国等多边主义组织或协定（A）	0
反对多边自由贸易（B）	0
反对联盟体系（C）	0
支持单边主义武力干涉（X）	0
支持不干涉政策（Y）	0
反对对外援助（Z）	0

资料来源：作者整理。

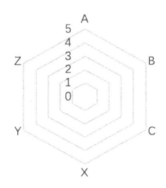

图5-6　布坎南时期（1989—1992年）新孤立主义的实践程度

资料来源：作者整理。

第五节　结　语

在布坎南时期，由于冷战的结束使美国外交政策界对美国在冷战后的国际战略定位以及战略方向进行广泛的观点辩论，进而使美国外交政策观点的多元性在冷战后非常明显地体现出来。自然地，在这样的辩论背景下，新孤立主义观点也成为部分保守派在政策辩论中所推崇并可能为未来美国执政者所选择的政策方向。布坎南和佩罗特在冷战结束初期的1992年竞选中以"美国例外论"和"美国优先论"为基础，开始大力宣扬体系性的新孤立主义观点。

　　然而在布坎南和佩罗特提出新孤立主义观点的时期，贸易自由化对美国弱势产业的负面冲击尽管存在，但冲击的力度并不属于严重程度。而且，布什总统并未任命支持新孤立主义观点的保守派，而是继续采取自由国际主义大战略。同时，布坎南时期的国会两院也由民主党人把持，保守派既未能进入布什政府的外交决策团队，也未能控制可以制衡总统外交政策的国会。因此，在布坎南时期，部分支持布坎南的保守派提出的新孤立主义外交主张根本没有得到施行。在克林顿当选后的最初两年，由自由派把持白宫、国会的政治基础使克林顿政府继续全面推行自由国际主义战略。然而，1994年的中期选举标志着保守派首次从国会选举层面控制共和党，保守派也以巨大优势控制参众两院。基于有利的政治力量对比，保守派开始利用其国会在外交决策中的权限对克林顿的自由国际主义战略进行制衡和调整，在制衡克林顿外交政策的过程中，保守派开始将新孤立主义的外交主张付诸实践，新孤立主义在克林顿政府时期通过国会中崛起的保守派力量得以重生。

第六章　克林顿时期：
新孤立主义由观点到实践

在克林顿总统当政期间，共和党掌控国会以后在外交政策领域推出的新孤立主义政策，以及美国在《北美自由贸易协定》通过以后在对外贸易政策方面采取的新孤立主义政策，成为冷战结束后美国新孤立主义政策的第一波高峰。因此，本书将1993年至2001年小布什上台前期的这段时间称为新孤立主义发展的"克林顿时期"。克林顿时期是美国的贸易自由化实践最具影响力和革命性的时期，这个时期美国在贸易自由化方面实现了两个巨大的成果——世界贸易组织和《北美自由贸易协定》，这两个成果从克林顿时期开始对美国的弱势产业和产业工人造成前所未有的累积性负面冲击。世界贸易组织的建立使美国部分地将采取保护主义的权力让渡给这个新的更具制度性的多边贸易组织。美国的弱势产业原来严重依赖的很多保护主义补偿机制被世界贸易组织严重地限制和"打压"。这导致美国国内真正需要贸易保护的产业受到的负面冲击开始真实地出现。与此同时，保守主义运动在克林顿时期的1994年中期选举中终于"开花结果"，共和党保守派在中期选举以后控制了国会。在掌控巨大的国会权力后，共和党内的保守派开始利用国会对总统外交权力的制衡作用，将他们的新孤立主义主张付诸克林顿时期的外交实践。

第一节　贸易自由化与对补偿机制的限制

在克林顿时期，美国加入《北美自由贸易协定》并领导和参与了当时规模最大的多边主义自由贸易谈判，最终促成世界贸易组织的成立。对于原来可以享受很多补偿式贸易保护措施的美国弱势产业，世界贸易组织的成立使它们失去了很多原来的特殊保护渠道并弱化了对部分保护主义渠道的使用效率。在支持自由贸易的总统倾向于支持世界贸易组织规则时，弱势产业原来依赖的"补偿"式制度受到世界贸易组织的大范围削弱。与此同时，世界贸易组织和《北美自由贸易协定》谈判达成的自由化成果使美国的弱势产业受到更大的进口冲击压力。这两个因素共同使美国的弱势产业工人在后续的小布什和奥巴马时期大量失业，进而引起失业工人对自由贸易的强烈反对和贸易领域新孤立主义思潮的快速崛起。

一、乌拉圭回合与贸易自由化

在乌拉圭回合谈判中，贸易自由派希望获得跨度较大的贸易自由化进步，扩大其他国家尤其是发展中国家的市场，但要想获得发展中国家在投资自由化方面的让步就必须向发展中国家在劳动力密集型产品的开发方面进行妥协，即向发展中国家开放自己的市场，这无疑地会对美国国内的弱势产业形成冲击。贸易自由派在本次谈判中实质上是牺牲了部分弱势产业的利益而换取了乌拉圭回合的自由化进展。在本次谈判中，增加保护知识产权的条款、增加对外投资方面的新规则、增加服务贸易方面的新规则、改革争端解决机制是美国贸易自由派的四大核心目标，但这四个目标在谈判过程中遇到了不同的反对方。发展中国家对知识产权内容持强烈反对意见，欧共体和日本对争端解决机制过于制度化、法律化而有所反对，但美国依然通过利用其强大的贸易影响力，对反对国施加压力迫使其在谈判桌上让步。针对巴西、印度等发展中国家反对把服务贸易和对外投资条款纳入乌拉圭回合谈判议题的情况，美国贸易代表克莱顿·约特（Clayton Yeutter）强硬表示，如果不把知识产权、投资和服务贸易三个议题纳入谈判，美方将取消整个谈判。① 在谈判过程中美国和日本、西欧国家在知识产权的保护问题上发生分歧时，美国国会通过1988年贸易法中的"特别301条款"，授权美国贸易代表可以通过单边主义的方式对侵犯知识产权的国家发起调查并采取贸易报复。"特别301条款"的通过也最终促使日本和欧洲同意把涉及知识产权的规则与相关争端机制纳入谈判议题，因为美国通过"特别301条款"采取单边主义的裁决方法肯定会比在国际组织平台下进行裁决对欧共体和日本更加具有危害性。因此，对欧洲、日本来说，通过谈判达成大家都能接受的知识产权和争端解决规则总比美国采取单边主义要好。② 在整个乌拉圭回合的谈判过程中，美方在核心目标上坚持强硬立场的同时，也对发展中国家和日本、欧洲作出自己的让步，这最终使乌拉圭回合谈判成为无论是从广度还是深度层面来讲都是二战后最成功的多边贸易自由化谈判。③

《关税与贸易总协定》框架内的乌拉圭回合谈判成果基本上满足了美国政府内贸易自由派的要求，满足了贸易自由化利益集团扩大优势产业出口、对外投资和服务贸易的要求，但这是以牺牲美国弱势产业的利益为代价的。在关税方面，发达国家的平均进口关税将在五年内从38%降低至3.9%，部分商品将实现完全免税，关税的降低对美国的弱势产业会形成更大的冲击；原来在《关税与贸易总协定》自贸谈判中享受特殊待遇的农产品和纺织、服装产业也被纳入新的协议规则中。

---

① Steve Dryden, *Trade Warrior: USTR and the American Crusade for Free Trade*, 1995, p.334.

② Robert Hudec, *Enforcing International Trade Law: The Evolution of the Modern GATT Legal System* (Salem: Butterworth Legal Publishers, 1993), p.230.

③ Ernest Preeg, *Traders in a Brave New World: The Uruguay Round and the Future of the International Trading System* (Chicago: University of Chicago Press, 1995), p.268.

例如，协议要求各国关于农产品的各种补贴必须逐渐降低直至取消，关于农产品的进口配额必须以关税的形式来体现并逐渐取消；美国在20世纪六七十年代为保护本国纺织品和服装企业而达成的多边纺织品协议也被要求在十年内逐渐失效。协议逐渐取消对农业和纺织品贸易保护的变化也可以被当成是美国在谈判中作出的重大让步。[①] 当然，美方贸易自由派的要求也基本被写入协议中。例如，成员在服务贸易和外资政策方面也必须适用最惠国待遇原则；服务贸易的市场准入被放宽；成员同意对知识产权（版权、商标、专利）进行保护；与此同时，新的协议产生出全新的、更有效率的争端解决机制和执行机构——世界贸易组织。贸易自由派认为世界贸易组织将在非贸易壁垒、透明度、知识产权方面的判决中有利于美国。[②]

乌拉圭回合谈判的内容作为乌拉圭回合协议法案（*Uruguay Round Agreements Act*）被送交国会批准。面对保护主义对新的争端解决机制可能与美国国内法产生潜在冲突的质疑，克林顿政府辩解认为，新的争端解决机制将有利于惩罚那些不遵守市场开放、投资公平和侵犯知识产权的国家。相对于其他国家，美国肯定会在未来的争端机制中受益最多。至于世界贸易组织判决可能与国内贸易法产生冲突的问题，美国贸易代表迈克尔·坎托（Michael Kantor）在国会作证时保证："新的制度不能改变美国的法律，只有国会和行政机制才能决定如何以及何时执行世界贸易组织的判决。"[③] 然而从乌拉圭回合谈判的成果和世界贸易组织的后续运行结果来看，美国国内支持自由贸易的利益集团

---

① Nitsan Chorev, *Remaking U.S. Trade Policy: From Protectionism to Globalization* (Ithaca: Cornell University Press, 2007), p.155.

② CRS Report for Congress, *The GATT and the WTO: An Overview*, 95-424 E, March 27, 1995, accessed March 21, 2018, https://www.everycrsreport.com/files/19950327_95-424_7161d2b82524aeba acd4e43b92d3ee43470bc6c5.pdf.

③ Testimony of Michael Kantor, U.S. Congress, June 10, 1994, Hearing before the House Committee on Ways and Means, World Trade Organization, p.10, accessed March 21, 2018, https://archive.org/stream/worldtradeorgani00unit#page/10/mode/2up/search/Only+Congress.

基本上实现了其目标，但在贸易自由化谈判中取得的进展是以削弱美国国内保护主义和比较劣势产业的利益为背景的。例如，在世界贸易组织成立至特朗普政府时期，美国在世界贸易组织发起的117件涉及知识产权和投资政策（这些都是当初贸易自由派在谈判中努力要求写入世界贸易组织的条款）的申诉获得85%的胜诉率，而美国在世界贸易组织被诉的145件判例中，大部分内容都与弱势产业相关，美国的败诉率竟然达到87%！这充分说明贸易自由派在获得世界贸易组织制度上的利益时削弱了弱势产业的利益。世界贸易组织也正是通过具体的判例对弱势产业原来严重依赖的多种保护渠道进行限制和"打压"的。[①]

二、世界贸易组织对保护主义进行补偿的限制

乌拉圭回合谈判对美国保护主义制度和弱势产业的限制和"打压"是非常全面而且成体系的。因为在美国政府自己主动牵头和领导的这个多边主义谈判中，愿意在这个自由国际主义制度中"起带头作用"的美国主动地选择遵守这个多边贸易协定，在这样的背景下，乌拉圭回合谈判在制度规定的适用性上具有高于美国国内贸易法运行权威的实践结果。乌拉圭回合谈判成果主要致力于消除各国国内存在的保护主义壁垒，因而也波及对美国国内保护主义壁垒的影响。乌拉圭回合谈判成果在实践中通过世界贸易组织专家组和上诉机构，对美国从塔夫脱到布坎南时期传统上始终在使用的保护主义政策进行不利于美国的判决和限制，从而使美国在克林顿时期、小布什时期和奥巴马时期大量地弃用原来属于美国弱势产业"护身符"的"补偿"式制度保护渠道。具体体现为对美国贸易救济措施使用的打压、对美国使用"201条款"进行产业保护的打压、世界贸易组织条款中不利于美国弱势产业的争端解决程序、对保护主义使用"双反"和"301条款"的打

---

① 美国在世界贸易组织的判例输赢情况参见美国贸易代表办公室网站，accessed March 21, 2018, https://ustr.gov/sites/default/files/enforcement/spanshot/Snapshot%20Dec9%20fin.pdf。

压。在克林顿时期、小布什时期和奥巴马时期，乌拉圭回合对美国保护主义措施的打压使美国的弱势产业很难像以前那样去相对容易地采取保护主义措施，保护主义赖以生存的"补偿"式贸易保护渠道被严重破坏。

（一）对贸易救济措施的打压

从贸易自由化的角度来看，世界贸易组织文本中所规定的关于贸易救济措施的使用条件和使用期限限制了美国采取贸易救济措施（保护其传统的劳动力密集型制造业）的能力，压制了保护产业使用自动进口限制协议等措施保护自己的空间。在乌拉圭回合谈判过程中，为换取发展中国家同意将知识产权、投资和服务贸易写入协定，美国在发展中国家具有相对优势的劳动力密集型产业方面作出让步，其中最显著的让步正是在纺织品和服装进口方面同意《多种纤维协定》（MFA）逐渐失效。除纺织品外，美国也同意以后尽量不使用进口配额或准进口配额式的自动进口限制协议等贸易保障措施，现有的自动进口限制协议也将在4年内逐渐被取消。[1] 在乌拉圭回合谈判前，自动进口限制协议是美国经常用来保护国内劳动力密集型产业的重要"武器"。自动进口限制协议既可以避免造成他国对美国产生强行采取贸易保护政策的印象，又可以温和地使他国通过"自愿"方式，"自觉"减少对美出口。从塔夫脱到布坎南时期，美国的纺织品、汽车、钢铁和半导体产业都曾受到过自动进口限制协议的保护。[2] 尽管美国商务

---

[1]　Nistan Chorev, *Remaking U.S. Trade Policy: From Protectionism to Globalization*, p.155.

[2]　Michael M. Djavaherian, "Voluntary Restraint Agreements: Effects and Implications of the Steel and Auto Cases," *North Carolina Journal of International Law and Commercial Regulation* 11, no. 1 (1986): 102; Warren H. Maruyama, "The Wonderful World of VRAS: Free Trade and the Goblet of Fire," *Arizona Journal of International and Comparative Law* 24, no. 1: 149-197; *A Review of Recent Developments in the U.S. Automobile Industry including an Assessment of the Japanese Voluntary Restraint Agreements: Preliminary Report to the Subcommittee on Trade*, Committee on Ways and Means, of the U.S. House of Representatives in Connection with Investigation No. 332-188, 1985; accessed June 21, 2018, https://babel.hathitrust.org/cgi/pt?id=ien.35556021399217;view=1up;seq=5.

部、财政部和国务院在20世纪70年代出台的关于自动进口限制协议的评估报告中认为进口配额并未使受保护产业取得产量或效益方面的增长，但自动进口限制协议确实使美国国内劳动力密集型产业受到国际竞争的压力明显减少了。国际贸易委员会报告对自动进口限制协议保护国内产业所起作用的评估更高。① 如果这些受保护的劳动力密集型产业在进口冲击连年增加的背景下和20世纪六七十年代那样依然没有作出产业或产品升级，那么不受自动进口限制协议保护的美国钢铁、纺织、汽车产业所受到的冲击情况可能会更加严重。这说明，自动进口限制协议对缓解美国弱势产业受冲击程度的效果是确实存在的。在以往的自动进口限制协议历史中，美国政府往往在弱势产业的施压下主动与相关产业产品出口大国进行协商，政府也经常在协商的同时对谈判国发起"201条款""232条款"或"双反"调查向这些出口大国施压。美国的出口国家也往往在美方采取贸易保护的压力下选择与美国达成自动进口限制协议这个折中方案。② 乌拉圭回合协定废除各国对自动进口限制协议的使用，实际上是间接地减少了美国政府在保护本国产业时可选保护主义工具的范围，也降低了美国在发起"双反"或"301条款"调查时贸易威慑的效果。因为别国在面对美国发起"双反"调查时，不仅不可能惧于美国的贸易报复而与美国签署自动削减出口数量的协议，反而有可能会选择利用世界贸易组织争端解决机制起诉美国采取

---

① United States General Accounting Office, *Economic and Foreign Policy Effects of Voluntary Restraint Agreements on Textiles and Steel*, Department of State, Department of Commerce, Department of the Treasury, p.2.该报告可在互联网下载：https://www.gao.gov/assets/210/202881.pdf; *The Effects of the Steel Voluntary Restraint Agreements on U.S. Steel-Consuming Industries: Report to the Subcommittee on Trade of the House Committee on Ways and Means*, Investigation No. 332-270 under Section 332 of the Tariff Act of 1930 (1989). Washington, DC: U.S. International Trade Commission, p.2,该报告可在网联网下载, accessed March 21, 2018, https://www.usitc.gov/publications/332/pub2182.pdf。

② Warren H. Maruyama, "The Wonderful World of VRAS: Free Trade and the Goblet of Fire," *Arizona Journal of International and Comparative Law*, Vol. 24, No. 1, 2007, pp.150-154.

贸易保护主义。在这样的规则背景下，弱势产业对总统的施压效果也被削弱了。

除逐渐弃用自动进口限制协议外，1994年的《关税与贸易总协定》条款也对贸易救济措施使用条件作出更严格的规定。贸易救济措施是1994年《关税与贸易总协定》谈判文本中第19条款规定的内容，该条款允许成员在进口严重冲击本国产业的情况下可以短暂地采取关税措施以确保本国产业的安全。贸易救济措施也是美国在谈判中强烈要求的，但1994年的《关税与贸易总协定》协议对贸易救济措施的使用条件作出比美国国内贸易法更加严格和详细的规定。例如条款2.1规定"成员只能在进口比国内产量相对或绝对增加的情况下，在将会引起或有可能引起国内产业严重伤害的情况下"使用贸易救济措施；条款4.1（a）规定贸易国对产业"严重伤害"的判定要求必须是"明显而全面的损害"；条款4.2（b）规定必须基于以下条件才能得出本国产业受到"严重伤害"的结论："在客观事实的基础上，调查必须证明进口增加与国内产业严重损害之间存在明确的因果关系。如果除进口增加这个因素以外其他因素也被证明是贸易国产业损伤的原因，那么该国的产业损伤不应归因于进口。"[1]

很明显，这个关于贸易救济适用性的规定在判定产业伤害原因的标准方面与美国《1974年贸易法》中的"201条款"有所差别。或者说，乌拉圭回合协议的贸易救济准则要比美国的"201条款"更加严格。在美国国际贸易委员会过往的"201条款"判例中，认定"进口增加"和产业"严重受损"的依据就是某个产业在产量数据方面的急速下降和进口产品占据国内市场的比例较高。[2] 但如果把国际贸易委员会

<hr>

[1] 参见世界贸易组织官方网站上关于贸易保障措施的条款 "the Safeguards Agreement," accessed March 21, 2018, https://www.wto.org/english/docs_e/legal_e/25-safeg.pdf。

[2] 美国国际贸易委员会在以往"201条款"判决中的特点，参见 Douglas Irwin, "Causing Problems? The WTO Review of Causation and Injury Attribution in US Section 201 Cases," *World Trade Review* 2, no. 3 (2003): 297。

的这个判定标准放在1994年的《关税与贸易总协定》框架下执行，美国的判定肯定会受到他国的挑战，因为《关税与贸易总协定》条款要求，如果美国要采取贸易救济措施（"201条款"），美国就必须用明确的证据来证明进口的确是对美国国内产业造成严重损伤的明显因素。而且，美国《1974年贸易法》对国际贸易委员会在"201条款"调查中的判定标准反而作出更宽松的规定，即进口只要对美国产业造成"实质性伤害"即可启动贸易救济措施。美国的"实质性伤害"标准很明显要比"严重伤害"更加宽松。① 因此，如果国际贸易委员会按照美国《1974年贸易法》中的"201条款"判定进口对美国产业产生"实质伤害"进而建议总统采取贸易救济措施时，美国的贸易救济措施很可能违背1994年《关税与贸易总协定》关于贸易救济措施适用性的规定，因为美方认定的"实质伤害"很可能达不到《关税与贸易总协定》"严重伤害"的适用规格。而且，国际贸易委员会在判断是否采取贸易救济时都是依据产业萧条与进口暴增的关联性，即国际贸易委员会发现产业萧条发生在进口暴增的后面，国际贸易委员会未必会深入研究进口对产业萧条的内在因果逻辑。因此，国际贸易委员会依据"关联性"作出的判决很可能达不到《关税与贸易总协定》所要求的"明确的因果联系"规格，其他国家也可以根据这个规定来反对美国国际贸易委员会作出的贸易救济决议。因此，1994年《关税与贸易总协定》关于贸易救济措施的新规定使美国采取贸易救济措施保护国内的弱势企业变得更加困难，甚至在某些情况下，即使美国启动"201条款"并且国际贸易委员会已经得出采取贸易救济的结论，其他《关税与贸易总协定》成员也会利用《关税与贸易总协定》第19条款挑战美国的贸易救济措

① 在1962年贸易法中，"严重伤害"被定义为"一种明显的总体伤害"，在1974年贸易法中，"实质伤害"的界定标准是"一个和其他原因一样重要的原因"，很明显，判定"实质伤害"的要求更低了，参见：Douglas Irwin, "Causing Problems? The WTO Review of Causation and Injury Attribution in US Section 201 Cases," p.299。

施。与以前相比，在世界贸易组织通过以后，弱势产业使用贸易救济条款来保护自己的难度更高了。

（二）不再有利于保护主义的争端解决程序

新的世界贸易组织争端解决机制（Dispute Settlement Understanding）支持自由贸易、反对保护主义，这严重缩减了美国采取单边主义式贸易保护主义的次数，不利于美国的贸易弱势产业。在1994年《关税与贸易总协定》达成以前，以往的《关税与贸易总协定》争端解决机制非常没有效率而且在制度设计上存在诸多漏洞。例如，尽管《关税与贸易总协定》从1955年开始采取专家组（每个小组由3—5名专家组成）判决成员贸易争端的机制，但专家组的判决意见只是贸易争端解决程序的开始，因为《关税与贸易总协定》专家组在作出最终判决后，必须将结论提交并由所有成员组成的委员会批准。[1] 承认专家组的意见需要委员会成员全体批准，这就给被诉国家以足够的时间利用争端程序的每一个步骤来拖延判决。同时，受到起诉的国家可以利用其政治影响力在委员会阻止专家组的建立，也可以在委员会进行游说从而阻止专家组的判决意见被付诸执行。[2] 在世界贸易组织建立以前，作为一个有着巨大影响力的贸易大国和贸易强国，美国经常利用《关税与贸易总协定》争端解决机制的制度漏洞，在受到他国的贸易投诉时通过其强大的贸易影响力，或者有意组织建立支持美国的判决专家组，或者阻挠委员会通过不利于美国的判决意见。[3] 但在新的乌拉圭回合谈判中，美国政府深知，如果美国想把知识产权、服务贸易和投资准入等内容写入新的贸易准则，如果美国想让这些新的贸易准则被其他国家认真执行，世界贸易组织更加高效快捷的争端解决机制和执行力是至

---

[1]　John Jackson, "The Role of Effectiveness of the WTO Dispute Settlement Mechanism," *Brookings Trade Forum 2000*, p.181.

[2]　Robert Hudec, *Enforcing International Trade Law: The Evolution of the Modern GATT Legal System*, p.54.

[3]　Ibid., p.305.

关重要的。① 在美国的坚持下，新的争端解决机制比原来的《关税与贸易总协定》争端解决机制更加简洁、详细、高效。

与先前《关税与贸易总协定》条款只用几段话来规定争端解决机制的内容不同，新的争端解决机制被单独起草成附录内容（世界贸易组织条款附录2）。② 新的争端解决机制从很多方面对旧机制中长久存在的问题进行修正。第一，从争端解决程序方面来看，新的争端解决机制取消了原来每个步骤的推进都要成员一致同意的规定，因为过于要求成员的一致性共识很容易造成被投诉国家利用投票来阻挠程序运作的流畅性。新的争端解决机制规定所有调查步骤都将自动进行，除非所有成员一致反对该步骤的继续。第二，只要有国家提起诉讼，判决专家组就可以立即成立，专家组的成立不用像以前那样需要被起诉国家的同意。第三，专家组的判决意见获得一般委员会通过就可产生法律效力，判决的通过与执行无须被起诉国家的同意，这意味着专家组判决效力等同于国际法效力。第四，如果败诉方拒绝履行判决协议，世界贸易组织委员会授意起诉国可以采取贸易报复，单边主义的贸易报复是不被允许的。③

新的争端解决机制达成以后，美国政府预计这种更加简洁高效的制度设计会有利于美国更好地利用这个机制，迫使其他国家在国内知识产权保护方面增强立法、在开放投资和服务贸易方面放弃非关税贸易壁垒。而且，即使这些国家违背规则，美国也可以利用新的争端解

① Paul Rosenthal, Robert Vermylen, "The WTO Antidumping and Subsidies Agreements: Did the United States Achieve Its Objectives during Uruguay Round?" *Law and Policy in International Business* 31, no. 3 (2000): 871.

② John Jackson, "The WTO Dispute Settlement Procedures: A Preliminary Appraisal," in *The World Trading System: Challenges Ahead*, Jeffrey J. Schott ed. (Washington: Institute for International Economics, 1996), pp.153-165.

③ 关于世贸组织中争端解决机制内容的解读参见 John Jackson, *The World Trading System: Law and Policy of International Economic Relations*,2nd ed. (Cambridge, MA: MIT Press, 1997), pp.124-126。

决机制在世界贸易组织平台对其进行更加高效的投诉。美国对新争端解决机制的期望正如当时的美国贸易代表坎托在国会作证时所说的：
"新的争端解决机制在程序上更加高效……我们肯定会受益于这个机制，因为在这个机制下，我们会比其他国家更多地提起诉讼。在过去的《关税与贸易总协定》框架下，我们赢得了80%的诉讼案件。主席先生，以前其他国家（利用《关税与贸易总协定》争端解决机制的弱点）经常否决不利于我们的判决……。"① 然而，从美国加入世界贸易组织以后在贸易诉讼方面的案例来看，新的争端解决机制的运行并不像美国贸易代表当初劝说国会批准《关税与贸易总协定》时所说的那样理想，或者对于弱势产业来说，在保护美国国内部分受进口冲击的制造业方面，新的争端解决机制对贸易保护主义所起到的作用是负面的。

争端解决机制的"负面作用"主要集中于对美国弱势产业的不利性判决。美方原来的设想是：当其他国家在非贸易壁垒和知识产权方面违背1994年《关税与贸易总协定》准则时，争端解决机制可以给美国政府提供强有力的、高效率的反击和施压工具。② 然而，很多美国的贸易对象国，尤其是发展中国家也开始积极使用争端解决机制在劳动力密集型产业方面控告美国的贸易保护行为，这些国家利用世界贸易组织平台起诉美国贸易保护行为的频率也越来越高。根据美国学者罗伯特·休德克（Robert Hudec）的统计，在争端解决机制建立前的1948—1989年的42年中（塔夫脱、里根和布坎南时期），总共有52件涉及他国对美国违背《关税与贸易总协定》规则的诉讼，平均每年只

---

① Testimony of Michael Kantor, U.S. Congress, June 10, 1994, Hearing before the House Committee on Ways and Means, World Trade Organization, p.10, 该听证会内容可在互联网下载, accessed June 21, 2018, https://archive.org/stream/worldtradeorgani00unit#page/10/mode/2up/search/Only+Congress。

② 事实上, 美国的确依靠新的争端解决机制在投资、服贸和知识产权领域赢得对很多发展中国家的诉讼, 参见: Robert Z. Lawrence, *The United States and the WTO Dispute Settlement System*, CSR NO. 25, March 2007, Council on Foreign Relations, p.8。

有1.2件。^① 在争端解决机制生效后的1995—2004年（克林顿和小布什时期），根据学者尼特桑·乔雷夫（Nitsan Chorev）的统计，美国在世界贸易组织平台总共收到74件贸易诉讼，平均每年7.4件。^② 从数据来看，美国受到起诉的案例比原来增加很多。而且，由于新的争端解决机制在判决方面倾向于支持自由贸易原则，很多投诉他国贸易保护主义行为的国家大部分都会得到专家组的肯定判决。^③ 因此，作为被起诉国的美国被判败诉的比率在世界贸易组织成立以后迅速升高。在世界贸易组织的争端解决机制下，美国因为他国投诉其存在贸易保护行为时最终败诉的概率达到74%，而在原来《关税与贸易总协定》争端解决机制下，美国因为他国投诉其存在贸易保护行为时被判败诉的概率为61%。可以说，美国原来设想的情况是利用争端解决机制对发展中国家在投资、知识产权和服务贸易方面进行投诉，但争端解决机制建立后发展中国家反而频繁使用这个平台起诉美国的贸易保护主义并获得不菲成就。美国在受到发展中国家起诉时输掉判决的比例达到惊人的86%！^④ 在世界贸易组织平台以前，美国政府可以利用其强大的贸易影响力迫使正在或准备利用《关税与贸易总协定》起诉美国的国家撤回其诉讼。在世界贸易组织平台以后，美国依靠其巨额进出口量而产生的强大贸易影响力（施压能力和施压效果）已经大不如前。在原

---

① Robert Hudec, *Enforcing International Trade Law: The Evolution of the Modern GATT Legal System*, p.297.

② Nitsan Chorev, *Remaking U.S. Trade Policy: From Protectionism to Globalization*, p.161.

③ Holmes, Peter, Rollo, Jim, Young, Alasdair R., "Emerging Trends in WTO Dispute Settlement: Back to the GATT?" Policy Research Working Paper, No. 3133, World Bank, Washington, D.C., p.17, 该报告可在互联网下载, accessed April 21, 2017, https://openknowledge.worldbank.org/handle/10986/18113；学者马克·布希（Marc Busch）也研究认为世界贸易组织平台下的争端解决机制判决逻辑的确是"持续性地倾向于支持原告方"，参见：Marc Busch, Eric Reinhardt, "Testing International Trade Law: Empirical Studies of GATT/WTO Dispute Settlement," in *The Political Economy of International Trade Law: Essays in Honor of Robert Hudec*, D.M. Kennedy, J.D. Southwick eds. (New York and Cambridge: Cambridge University Press, 2002), p.470。

④ Robert Hudec, *Enforcing International Trade Law: The Evolution of the Modern GATT Legal System*, p.304.

来的《关税与贸易总协定》机制下，他国对美国44%的起诉会因美国的施压而中途废弃，但在新的世界贸易组织平台下，美国迫使他国放弃起诉的概率降至35%。[1] 由此看来，在新的争端解决机制下，如果美国采取贸易保护措施，美国就极有可能面临发展中国家（劳动力密集型产业优势国家）在世界贸易组织平台提出的诉讼，而且败诉的可能性也会非常高。这正如著名的贸易学者约翰·杰克逊（John Jackson）所说的，新的世界贸易组织规则的核心精神在于把原来"基于外交"的贸易生态结构转变为现在"基于规则"的贸易生态结构，美国在新的争端解决机制下可以利用其贸易优势通过外交手段施压他国的操作空间更小了，因为世界贸易组织使世界贸易体系实现了"宪制结构"化。[2] 争端解决机制的法律化不利于美国对国内的相对劣势产业（低技能要求的劳动力密集型产业）采取贸易保护主义，因而对美国迫切需要贸易保护的弱势产业形成更大的负面影响。

（三）对保护主义使用"201条款"的限制

在美国使用的贸易保障措施中，"201条款"是被弱势产业使用频率最高的。在"201条款"的调查过程中，一旦美国国际贸易委员会成员判定一项产品的进口对美国国内产业造成"实质性"损害，国际贸易委员会可以建议总统采取包括关税、进口配额或贸易协商（一般的协商结果都是两国达成自愿出口限制）的方式保护国内产业免受进口冲击。由于世界贸易组织条款中关于贸易保障的协定（第19条款）在采取贸易保障的原因和程序方面作出更加严格的规定，很多国家开始利用第19条款"阻击"美国在1995年以后发起的"201条款"调查。[3]

---

[1] Robert Hudec, *Enforcing International Trade Law: The Evolution of the Modern GATT Legal System*, p.303.

[2] John Jackson, *The World Trading System: Law and Policy of International Economic Relations* (2nd ed.), p.58.

[3] Douglas Irwin, "Causing Problems? The WTO Review of Causation and Injury Attribution in US Section 201 Cases," p.297.

弱势产业曾经寄予厚望的"201条款"受到世界贸易组织规则的巨大限制，弱势产业寻求制度保护的"出口"进一步被压缩。从世界贸易组织成立至特朗普上台前，即便小布什政府在2001年发起美国历史上最大规模的"201调查"也被世界贸易组织所压制，这充分说明世界贸易组织对美国弱势产业贸易保护主义的打压效果。

在钢铁产业代表的积极游说和施压背景下，2001年6月，美国发起贸易历史上最大规模的"201条款"调查（受调查的进口钢铁总量为2700万吨，占当时美国钢铁进口的74%，总价值107亿美元）。[①] 小布什政府授意国际贸易委员会调查日益增加的钢铁进口是否对美国钢铁产业形成"实质性伤害"。本次调查受到国会、钢铁企业等保护主义力量的大力支持，在钢铁企业提交大量的损害报告、国会举行多次调查听证会后，国际贸易委员会得出调查结论，认为在美国进口的33种钢产品中有16种正在对美国的同类产业产生严重伤害。基于调查结论，国际贸易委员会建议总统对进口钢铁加征4年期限的保护性关税（税率逐渐递减）。[②] 2002年3月，小布什基本采用了国际贸易委员会的建议，但把保护性关税的期限改为3年，对进口钢铁采取关税加配额的保护方式。[③]

美国对钢铁进口加征保护性关税后，欧盟（2002年6月3日，DS248）、日本、韩国（2002年6月14日，DS249/DS251）、中国、瑞士、挪威（2002年6月24日，DS252/DS253/DS254）、新西兰（2002年7月8日，DS258）、巴西（2002年7月29日，DS259）根据世界贸

---

① Gary Hufbauer, Ben Goodrich, "Time for a Grand Bargain in Steel?" *International Economics Briefs*, No.02-1, January 2002, Institute for International Economics, p.5.

② 国际贸易委员会的调查结论和建议参见：Steel Investigation No. TA-201-73, Publication 3479, December 2001, pp.1-3, accessed March 21, 2018, https://www.usitc.gov/publications/safeguards/PUB3479.pdf.

③ "Proclamation 7529—To Facilitate Positive Adjustment to Competition from Imports of Certain Steel Products," March 5, 2002, accessed March 21, 2018, http://www.presidency.ucsb.edu/ws/index.php?pid=61826.

易组织中关于贸易救济协议（第19条款2、3.1、4）的条款对美国发起投诉。[①] 世界贸易组织专家组最后判决认为，美国根据国际贸易委员会建议采取的贸易救济措施违反世界贸易组织框架下贸易救济协议规则。专家组和上诉机构认为，美国国际贸易委员会判定的进口对钢铁产业损伤之间的因果关系没有满足贸易救济协议条款中1（a）条的规定：进口必须给国内产业带来"无法预料的发展"。专家组和上诉机构也认为，在"进口增加"的评定方面，美国国际贸易委员会未能提出"合乎逻辑或完全"的证据证明美国的钢铁进口量在短期内明显增加。同时，世界贸易组织专家组不同意美国国际贸易委员会得出钢铁进口导致钢铁产业受损的因果逻辑。世界贸易组织专家组认为，美国国际贸易委员会在判定进口对产业造成伤害时只要认定进口是引起产业伤害的"重要原因之一"即可，而世界贸易组织框架下贸易救济协议则要求必须排除其他因素引起产业伤害的可能性，必须证明进口而非其他因素是引起产业伤害的主要原因。就本案例涉及的钢铁产业来看，世界贸易组织专家组认为造成美国钢铁产业衰落的原因有很多，进口只是导致钢铁产业衰老的其中一个原因。[②] 因此，世界贸易组织专家组和上诉机构判定美国基于"201条款"调查和国际贸易委员会结论所采取的贸易救济措施违背世界贸易组织条款。小布什政府在世界贸易组织判决结果出台后被迫终止对本国钢铁产业的贸易保护。[③]

从世界贸易组织专家组与美国国际贸易委员会对贸易救济措施规则的解释分歧可以看出，世界贸易组织倾向于支持更加自由化的贸易政

① 参见WTO网站有关贸易救济协议条款，accessed March 21, 2018, https://www.wto.org/english/tratop_e/dispu_e/cases_e/1pagesum_e/ds252sum_e.pdf。

② "US – Steel Safeguards. Unites States – Definitive Safeguard Measures on Imports of Certain Steel Products, WT/DS248/R, WT/DS249/R, WT/DS251/R, WT /DS252/R, WT/DS253/R, WT/DS254/R, WT/DS258/R, WT/DS259/R, 11 July 2003," accessed March 21, 2018, https://www.wto.org/english/tratop_e/dispu_e/248_259_abr_e.pdf.

③ "Fact Sheet: The Presidential Determination on Steel," December 4, 2003, accessed March 21, 2018, http://www.presidency.ucsb.edu/ws/index.php?pid=80009.

策，反对贸易保护主义。在大部分情况下，美国对"201条款"的使用受到世界贸易组织判决的阻击。从世界贸易组织成立到2003年，在美国国际贸易委员会发起并得出肯定性结论的6项"201条款"调查中，有4项由于他国基于贸易救济协议规定的起诉而最终受到世界贸易组织专家组的否决。[①] 世界贸易组织关于贸易保障措施的规定使美国在1994年以后基本不再使用"201条款"来进行贸易保护。事实上，自小布什时期至特朗普上台前的2016年，美国再也没有用"201条款"来保护本国受进口贸易冲击严重的产业（见图6–1）。[②]

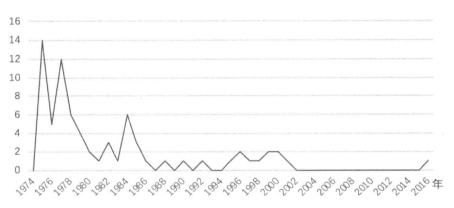

图6–1　1974—2016年美国发起"201调查"的次数

资料来源：作者整理。

（四）对保护主义使用"双反"的限制

世界贸易组织框架下新的贸易协定对美国贸易保护主义者们自《1974年贸易法》通过后高度倚重的"双反"调查有着严重冲击。新的世界贸易组织规则既不利于美国发起"双反"调查，又使美国在发起

① Douglas Irwin, "Causing Problems? The WTO Review of Causation and Injury Attribution in US Section 201 Cases," p.297.

② 本图表来源于Chad P. Bown, Junie Joseph, "Solar and Washing Machine Safeguards in Context: The History of US Section 201 Use," accessed March 21, 2018, https://piie.com/blogs/trade-investment-policy-watch/solar-and-washing-machine-safeguards-context-history-us-section。

"双反"后很容易受到被调查国家的反击（贸易学者尼特桑·乔雷夫和马克·布希已经通过各自的研究证明这点）。新的世界贸易组织规则压缩了美国利用"双反"保护本国制造业的行动自由，从而使保护主义寻求贸易保护的这个重要渠道被严重限制。

　　在乌拉圭回合谈判前，由于行政部门的有意识引导，大部分可能导致总统采取进口配额或保护性关税的游说活动都被总统引导至"双反"或"301条款"调查。在20世纪70—80年代，美国政府高度倚重"双反"政策来执行其贸易保护职能。[①] 在美国参与乌拉圭回合谈判的过程中，为赢得国会和某些关键产业利益集团对乌拉圭回合农业协议（URAA）的支持，美国贸易代表就多次向国会信誓旦旦地表示："双反"是美国在贸易自由化过程中的基本保护主义武器，美国不仅不可能在新的世界贸易组织框架下放弃"双反"，反而要在新的世界贸易组织框架下增强"双反"的执行力。美国贸易代表坎托当时向南卡罗来纳州参议员厄恩斯特·霍林斯（Ernest Hollings）保证：乌拉圭回合谈判将"保证我们的反倾销/反补贴政策依然是反对不公平贸易行为最有效的贸易救济措施"。[②] 在谈判中，坎托对"双反"议题的立场非常强硬而坚定。阻止世界贸易组织弱化美国国内关于"双反"的法律规定，确保世界贸易组织在"双反"标准的规定方面与美国商务部的评判标准基本相同，这是坎托在谈判中必须守住的两个基本目标。[③] 事实上，在坎托的强硬坚持下，《关税与贸易总协定》成员最终在"双反"方面对美方作出让步，但世界贸易组织框架下关于"双反"规定的条款依

---

　　① 根据Destler的统计，美国在20世纪80年代完成的327件反倾销案例中，有93%的案例都获得商务部的肯定性结论，参见：I. M. Destler, *American Trade Politics* (3rd ed.) (Washington, D.C.: Institute for International Economics, 1995), p.241。

　　② I. M. Destler, *American Trade politics* (3rd ed.), p.231.

　　③ Paul Rosenthal, Robert Vermylen, "The WTO Antidumping and Subsidies Agreements: Did the United States Achieve Its Objectives during Uruguay Round?" p.873.

然对美国的"双反"调查有一定程度的削弱。① 世界贸易组织条款中关于反倾销条款协议（Anti-Dumping Agreement）在统一以往各国不同反倾销规则的基础上作出改革，新的反倾销规则在细节上不利于美国反倾销政策的执行。例如，反倾销条款协议规定国家在得出外国企业以"低于正常市场的价格"向本国倾销商品的结论时，"正常市场价格"这个结论的确定必须有详细的参考标准，反倾销条款协议也给出评估参考标准的办法（反倾销条款协议第2条款）。② 美国政府在世界贸易组织反倾销规则出台以前的反倾销调查过程中，"正常市场价格"的评估具有很大的随意性。③ 新的反倾销程序及规定的出台规范了美国在世界贸易组织平台实施反倾销的贸易救济措施，很多本来想申请反倾销调查的美国企业根据世界贸易组织的新规定，预判美国反倾销所依据的调查证据可能会不满足世界贸易组织的规定，因而最终还是撤回自己的反倾销调查申请。④

同样地，世界贸易组织关于反倾销调查程序和认定标准的规定也给其他国家在世界贸易组织平台"阻击"美国的反倾销调查提供了更多机会，每当美国发起"双反"调查并得出肯定性结论后，被调查的国家总会利用反倾销条款协议规则寻找美国商务部调查结论的"漏洞"从而在世界贸易组织提出申诉。1997年，美国钢铁联盟联合美国联合钢铁工会向美国政府发起"双反"调查申请。受钢铁集团的压力，美国政府在当年发起16项关于钢铁的调查。在1998年和1999年，美国政府发起的关于钢铁的"双反"调查分别达到31起和44起。在这些调查

---

① Steve Dryden, *Trade Warrior: USTR and the American Crusade for Free Trade*, 1995, p.388.

② 参见WTO网站关于反倾销的条款："Agreement on Implementation of Article VI of the General Agreement on Tariffs and Trade 1994," accessed March 21, 2018, https://www.wto.org/english/docs_e/legal_e/19-adp_01_e.htm.

③ I. M. Destler, *American Trade Politics* (3rd ed.), p.241.

④ Judith Goldstein 在他的研究中证实了国际法对国内反倾销/补贴的抑制作用，参见：Judith Goldstein, "International Law and Domestic Institutions: Reconciling North American 'Unfair' Trade Laws," *International Organization* 50, no.4 (1996): 562。

中，负责调查的美国商务部和国际贸易委员会也相继得出他国对美国的钢铁出口确实存在倾销行为的肯定性结论，美国政府可以使用关税手段来反对他国的钢铁倾销。然而，受调查的国家迅速在世界贸易组织平台对美国的肯定性结论提出诉讼。1995—2004年，利用世界贸易组织中的反倾销条款协议规定申诉美国反倾销/补贴调查结论的案例达到38件。其中，在14件涉及美国反补贴调查的申诉案例中，美国输掉6件。在24件涉及美国反倾销调查的申诉案例中，美国输掉10件。[1] 在输掉的判例中，美国自己的反倾销调查标准与反倾销条款协议标准的冲突成为其被判败诉的主要原因。[2] 例如，在日本就美国针对其热轧钢进行的反倾销调查发起的世界贸易组织诉讼（DS184）判例中，世界贸易组织专家组在判决书中要求美国在以后的反倾销调查中必须依据反倾销条款协议来调整其反倾销规则。[3]

总之，新的世界贸易组织反倾销规则使更多国家认识到在面对美国的"双反"调查时可以利用反倾销条款协议来寻找美国"双反"过程中与反倾销条款协议不符的"漏洞"，从而得出有利于被调查国家的判决。这在客观上也使美国政府在接受国内企业的申请、发起"双反"调查、得出调查结论时更加谨慎，贸易学者马克·布希在其建立的数据库中发现了这点。马克·布希通过收集和分析1978—2001年美国政府已发起过的921件反倾销案例、2539件收到申请但并未发起的反倾销案例，最后得出：美国在1995年世界贸易组织成立以后发动反倾销调查的次数比1995年以前低25%。也就是说自从世界贸易组织建立以

---

[1]　Nitsan Chorev, *Remaking U.S. Trade Policy: From Protectionism to Globalization*, p.172.

[2]　CRS Report for Congress, *WTO Dispute Settlement: Status of U.S. Compliance in Pending Cases*, April 23, 2012, p.23, accessed March 21, 2018, https://www.everycrsreport.com/reports/RL32014.html.

[3]　"DS184: United States — Anti-Dumping Measures on Certain Hot-Rolled Steel Products from Japan," accessed March 21, 2018, https://www.wto.org/english/tratop_e/dispu_e/cases_e/1pagesum_e/ds184sum_e.pdf.

后，美国更不愿意对他国发动反倾销调查了。[①] 事实上，相比于1995年以前，世界贸易组织建立后美国在接受国内"双反"调查申请方面的比率确实下降了（见表6-1）。

表6-1　世界贸易组织成立前后美国"双反"调查申请数据

年份	平均每年反倾销调查的申请（件）	接受比率（%）	平均每年反补贴调查的申请（件）	接受比率（%）
里根和布坎南时期	50	0.5	20	0.58
克林顿和小布什时期	36	0.5	7	0.38

资料来源：作者整理，参见：Nitsan Chorev, *Remaking U.S. Trade Policy: From Protectionism to Globalization*, p.175。

总而言之，美国加入世界贸易组织以后由于新的世界贸易组织规则将贸易争端解决的权限收归国际组织所有，而新的世界贸易组织规则无论是针对贸易保护措施的使用还是针对贸易保护性质进行的判决，都不再有利于美国像1995年以前那样对国内处于相对弱势的制造业进行保护。自美国加入世界贸易组织以后，美国以往经常使用的"201条款""双反"调查等贸易保护措施受到世界贸易组织规则和世界贸易组织成员的阻击。在使用贸易保护主义政策变得更加困难的背景下，美国对国内劳动力密集型制造业如纺织、钢铁、汽车和半导体产业的贸易保护也变得更加困难。这意味着自1994年以后美国国内的劳动力密集型产业将在受到更加严重进口冲击的情况下而失去对冲击的"止损"补偿，弱势产业的衰落也会比布坎南时期以前以更快的速度进行着。

---

① 马克·布希认为美国甚至是对没有贸易报复能力的国家发动的反倾销调查次数也减少了，参见：Marc L. Busch, Rafal Raciborski, Eric Reinhardt, "Does the Rule of Law Matter? The WTO and US Antidumping Investigations," accessed March 21, 2018, https://pdfs.semanticscholar.org/6179/5ba39186bf40aa86f80ba326b626cb175b51.pdf。

三、《北美自由贸易协定》的巨大负面冲击

尽管《北美自由贸易协定》（以下简称"协定"）在克林顿时期开始运行，但协定的负面冲击效应从小布什时期开始明显地体现出来。到小布什时期和奥巴马时期，协定对美国弱势产业的冲击效应主要包括两方面：墨西哥对美出口商品造成美国本土劳动力密集型产业工人尤其是低技能工人的大量失业；由于美国制造业企业外迁而造成了美国本土工人失业和工会的衰落。

《北美自由贸易协定》达成后，贸易保护主义和贸易自由派针对协定的论战集中于该协定对就业的影响评估方面，不同立场的派别对该协定可能带来的失业（就业）结果得出不同的评估数据。1993年，克林顿政府在完成协定谈判后宣称：《北美自由贸易协定》将在1995年以前为美国带来20万个就业机会；[①] 克林顿的经济顾问们也断言：《北美自由贸易协定》运行一年就可以创造17万个就业机会。[②] 当时的国际经济研究所（Institute for International Economics，即后来的彼得森国际经济研究所）认为，《北美自由贸易协定》未必会增加就业数量但绝对会提升就业质量。[③] 相对中立的国会联合经济委员会（Joint Economic Committee）在分析了当时的16份关于《北美自由贸易协定》对美国就业冲击的研究成果后认为该协定对美国就业趋势的影响无法判断。[④] 但反对自由贸易的部分国会议员和产业代表则得出结论相反的数据。前国际贸易委员会主席曾向来自俄亥俄州的参议院外交委员会主席约

---

① "NAFTA Trade-Off: Some Jobs Lost, Others Gained," *The New York Times*, October 9, 1995.

② Gary C. Hufbauer, Jeffrey J. Schott, *NAFTA: An Assessment*, Revised Edition (Washington: Institute for International Economics, 1993).

③ *NAFTA 20 Years Later*, PIIE Briefing, no. 14-3, November 2014, p.8, accessed March 21, 2018, https://piie.com/publications/piie-briefings/nafta-20-years-later.

④ NAFTA Job Claims: Truth in Statistics? Hearing before the Committee on Governmental Affairs, United States Senate, One Hundred Third Congress, first session, November 10, 1993, p.2.

翰·格伦（John Glenn）预言：俄亥俄州会在《北美自由贸易协定》生效两年内损失5.6万个工作岗位。参议员卡尔·列文（Carl Levin）也对克林顿政府得出《北美自由贸易协定》会带来20万个就业机会结论的"算法"表示质疑①："如果你从进出口影响的整体角度来看，从墨西哥增加进口所导致的失业人数应该从墨西哥增加出口所创造的就业人数中扣除，而克林顿政府只计算从墨西哥增加出口所创造的就业人数。"针对克林顿宣称的"出口为美国创造就业"的观点，列文反驳道："实际上，有些出口反而会增加失业。以密歇根州和俄亥俄州以及其他劳动力密集型的装配工厂（1000人）为例，如果这些工厂搬迁至加拿大或墨西哥，尽管工厂依然使用美国供应的零件，但是装配厂的1000名工人却会失业。"②

在《北美自由贸易协定》生效前，国会各委员会举行大量听证会试图搞清楚该协定到底会如何影响美国的产业发展和就业情况。在1993年关于协定对美国蓝领工人就业影响的听证会上，作为住房与就业下属委员会主席的众议员皮特森组织反协定议员连线，对协定的负面影响猛烈抨击："美国制造业和蓝领工人数目的减少形势已经很明显，在我看来，《北美自由贸易协定》会继续恶化这种形势。在制造业雇员中，超过30%的非洲裔美国人是蓝领工人……正如《华尔街日报》近期报道的"，"《北美自由贸易协定》如果对制造业中的蓝领工人形成影响，那么非洲裔蓝领工人将首当其冲，这种影响在城市中心的工厂关闭以后更为明显"，"劳动力密集型产业，如纺织、服装与汽车制造业将很有可能向墨西哥迁移，这些产业的雇工在美国主要是少数群体，

---

① 克林顿在《北美自由贸易协定》的签字仪式上发言称，《北美自由贸易协定》将在两年内为美国创造20万个新增就业，参见："Remarks at the Signing Ceremony for the Supplemental Agreements to the North American Free Trade Agreement," September 14, 1993, accessed March 21, 2018, http://www.presidency.ucsb.edu/ws/?pid=47070。

② NAFTA Job Claims: Truth in Statistics? Hearing before The Committee on Governmental Affairs, United States Senate, One Hundred Third Congress, First Session, November 10, 1993.

他们都是依靠单月的工资来供养全家的"。[1] 在众议院外交委员会举行的听证会上，来自克利夫兰和康涅狄格州的工会组织代表以自己去墨西哥考察其劳工待遇情况的经历表达出美国工会对协定的强烈反对："在以往，我们注意到我们中西部（锈带）地区的工作机会逐渐流失到日本、韩国和中国香港地区，现在我们发现，我们地区的工作机会正流失到墨西哥……事实是，我们当地的很多零配件生产工厂已经把场地转移至墨西哥，我们的汽车、机电和机械生产已经受到影响。""俄亥俄州被相关研究报告列为受《北美自由贸易协定》冲击排名第三的州，我们将损失32.9万个工作岗位。"工会代表们预言，墨西哥形同虚设的工会将使墨西哥在工资方面拥有对美国的完全优势，这不仅鼓励美国制造业向工资水平更低的墨西哥南迁，也会造成墨西哥出口对美国制造业的巨大冲击。[2] 尽管受到锈带地区众议员和工会组织的强烈反对，《北美自由贸易协定》依然在贸易自由派和克林顿政府的强力游说下，在众议院以234票对200票（民主党102票对156票，共和党132票对43票）通过，在参议院以61票对38票（民主党27票对28票，共和党34票对10票）通过。[3]

如果说克林顿政府及后来的美国政府出于政治宣传的考虑只写入《北美自由贸易协定》给美国带来就业的积极方面，如果说美国相对中立以及倾向于自由贸易的智库在承认协定总体积极作用的同时也承认

---

[1]　NAFTA, A Negative Impact on Blue Collar, Minority, and Female Employment? Hearing before The Employment, Housing, and Aviation Subcommittee of the Committee on Government Operations, House of Representatives, One Hundred Third Congress, First Session, November 10, 1993.

[2]　NAFTA and American Jobs: Joint Hearing before the Subcommittee on Economics Policy, Trade and Environment and West Hemisphere Affairs of the Committee on Foreign Affairs House of Representatives, First Session, October 21, 1993.

[3]　众议院投票记录："H.R. 3450 (103rd): North American Free Trade Agreement Implementation Act," accessed March 21, 2018, https://www.govtrack.us/congress/votes/103-1993/h575；参议院投票记录："H.R. 3450 (103rd): North American Free Trade Agreement Implementation Act," accessed March 21, 2018, https://www.govtrack.us/congress/votes/103-1993/s395。

其对低技能劳动工人的冲击，那么美国国会中反对协定的议员、反自由贸易的智库和利益集团则从相反的角度放大和曝光出协定给美国部分产业和工人带来的消极影响。这些消极影响的数据虽然通过带有偏见的逻辑得出，但这些数据也从侧面反映出自由贸易对美国底层工人的巨大冲击。

在1997年众议院筹款委员会举行的关于总统对《北美自由贸易协定》评估报告的听证会上，参与听证会的众议员和利益集团代表在如何评价协定方面分裂为明显对立的两派。其中，来自加利福尼亚州的罗伯特·马特苏伊（Robert Matsui）、密歇根州的桑德尔·列文（Sander Levin）、俄亥俄州的玛希·卡普图（Marcy Kaptur）等众议员以及来自美国纺织品联合会（American Apparel Manufacturers Association）、联邦产业工会（American Federation of Labor and Congress of Industrial Organizations）、汽车产业工会（United Automobile）的代表激烈批评协定，他们在听证会上对协定的负面影响以及该协定对美国产业工人的负面冲击进行全面陈述。马特苏伊在发言中承认贸易对美国整体的积极意义，但他指出，现在的问题是美国必须承认和解决协定所带来的负面影响："必须看到有很多人尚未享有（贸易自由化）带来的高技术、高回报的工作机会，贸易促进权的作用必须是确保在我们享有贸易自由化成果的同时，那些失业的美国工人不必经受（贸易自由化）带来的痛苦。"[1] 列文也在听证会上提出美国必须正视贸易自由化的弊端而不是只宣传贸易自由化的好处："美国在经济全球化中的竞争对象正从欧洲、日本和其他工业化国家转移至发展中国家，如墨西哥、巴西、中国和印度。""在新时期的美国，两种现实情况正在同时发生，

---

[1] *President's Comprehensive Review of the NAFTA: Hearing before the Subcommittee on Trade of the Committee on Ways and Means*, House of Representatives, One Hundred Fifth Congress, First Session, September 11, 1997, United States. Congress. House. Committee on Ways and Means, p.11. 该听证会的全部内容可在互联网下载，accessed March 21, 2018, https://www.gpo.gov/fdsys/pkg/CHRG-105hhrg51944/pdf/CHRG-105hhrg51944.pdf。

那就是收入停滞和失业危机，越来越多的美国人把他们收入停滞的原因归结为美国与发展中国家的贸易。""贸易对工作的负面作用正在上升，这也是导致美国低技能和高技能工人工资差距扩大20%的原因。"在这样的形势下，列文认为美国政府不能在支持《北美自由贸易协定》的同时不管国内恶化的劳工形势。① 卡普图则引用大量协定负面影响的数据来证明该协定对美国低技能工人的冲击："在就业方面，一个很大的迷思是《北美自由贸易协定》牺牲了国内低工资就业岗位来换取高工资就业岗位。"卡普图还在证词中列举了密苏里州纺织品工厂中一个女工人受协定影响而失业的案例来说明低技能工人受冲击的情况。② 也有众议员在证词中说明《北美自由贸易协定》对美国中小企业的冲击：由于美国政府的漠不关心，中小企业在面临工资方面的竞争以及供应链产地的转移后很多在财政上难以为继，从而间接地影响中小企业的就业情况。③

在工会层面，作为美国制造业劳工联盟代表的约翰·斯威尼（John Sweeney）在证词中认为，协定的运行使美国企业在面对工会的抗议时更加有恃无恐，因为这些企业可以威胁工会将场地搬迁至劳动力更加廉价的墨西哥，威胁让要求提高劳工待遇的工人完全失业。《北美自由贸易协定》通过以后，美国制造业工会的影响力下降了。④ 代表美国纺织产业联盟的拉瑞·马丁（Larry Martin）也承认，由于美国的纺织产业不得不面对墨西哥低工资的竞争，很多厂家选择直接将工厂搬迁至墨西哥，"我们的工资每小时以美元计算，我们根本无法和那些每小时以美分来计算工资的国家竞争，这导致我们在美国本土进行服装生

---

① *President's Comprehensive Review of the NAFTA: Hearing before the Subcommittee on Trade of the Committee on Ways and Means*, pp.15-16.

② Ibid., p.20, p.23.

③ Ibid., p.28.

④ Ibid., p.91.

产已经不可行。"[1] 来自美国汽车工会的代表也陈述了《北美自由贸易协定》给工会带来的负面效应：协定关于跨国投资和多国公司的规定并未使工人受益。在协定运行期间，美国汽车的总产量的确有所增加，但由于汽车生产商经常以搬迁场地来威胁美国汽车工会，汽车工会的力量相对削弱了，工人也没有从增加的汽车总产量中得到工资方面的受益，工人的工资基本上是停滞的。[2]

在1997年的《北美自由贸易协定》听证会上，受协定冲击的众议院选区和利益集团从它们各自的利益出发点来论述克林顿政府无视协定带来的负面效果。然而，在立场上本来就反对自由贸易的智库和机构则自协定成立以来致力于搜集和积累协定负面效应的数据证据，这些数据尽管存在选择性的搜集方法，但还是有力地证明了协定在产生主要方面的积极作用的同时还会产生美国低技能劳工失业、劳动力密集型产业受冲击和部分工会受到压制的副作用。

1997年，人民大众组织（Public Citizen）对包括通用电气、强生制药等60多个大企业进行民调访问。访问结果发现，当年游说和支持《北美自由贸易协定》的这些企业当时作出的90%的"出口创造就业"承诺都没有兑现。[3] 在立场上素来支持中低收入劳工家庭的经济政策研究所（Economic Policy Institute）也在1997年出台了影响力很大的《北美自由贸易协定》报告。报告对协定给中低收入工人和部分产业的冲击效果作出详细的数据分析。报告认为，美国与墨西哥的贸易是导致美国工人低工资和与中产阶级收入差距扩大的原因，在1993—1995年，墨西哥出口美国的产品占美国从低工资国家进口增量的26.7%，美国对墨西哥的贸易赤字占美国赤字增量的43.5%。由于美墨贸易赤字和美国

---

① *President's Comprehensive Review of the NAFTA: Hearing before the Subcommittee on Trade of the Committee on Ways and Means*, p.137.

② Ibid., p.201.

③ 调查文本参见："NAFTA's Broken Promises: Failure to Create U.S. Jobs," accessed March 21, 2018, https://www.citizen.org/naftas-broken-promises-failure-create-us-jobs-table。

企业因追逐低工资而南迁,《北美自由贸易协定》应为自1989年以来制造业中38%的失业人数负责。[①]《北美自由贸易协定》生效后，美国从墨西哥和加拿大进口的产品分别增加了82.7%和42.1%，美国从原来对墨西哥的贸易顺差状态变为贸易赤字状态。与此同时，协定也造成工会的失势，很多企业（超过一半的企业主）将工厂搬迁至墨西哥作为威胁工会的工具。在企业主与工会的谈判过程中，有15%的企业确实因为不能接受工会提出的条件，转而把工厂搬迁至墨西哥。[②] 经济政策研究所也在2003年和2006年的研究报告中认为，美墨之间扩大的贸易赤字造成美国国内66万个制造业岗位和100万个总就业岗位（包括制造业）的流失，美国工人也因为墨西哥廉价劳工的竞争压力，在年度工资方面减少76亿美元的收入。[③]

《北美自由贸易协定》运行20年以后，人民大众组织根据接受美国政府贸易调整援助项目（Trade Adjustment Assistance）的数据分析得出：1994—2013年共有84.5万个工人（每年44 500人）因为《北美自由贸易协定》而失业。[④]

---

① *The Failed Experiment: NAFTA at 3 Years*, Economic Policy Institute, 1997, p.7, accessed March 21, 2018, http://www.epi.org/publication/studies_failedexp/.

② *The Failed Experiment: NAFTA at 3 Years*, p.2.

③ Robert Scott, Carlos Salas, Bruce Campbell, "Revisiting NAFTA: Still Not Working for North America's Workers," *EPI Briefing Paper*, September 28, 2006, accessed May 21, 2018, https://secure.epi.org/files/page/-/old/briefingpapers/173/bp173.pdf; Robert E. Scott, "The High Price of 'Free' Trade: NAFTA's Failure Has Cost the United States Jobs across the Nation," *EPI Briefing Paper*, 2003, accessed May 21, 2018, https://secure.epi.org/files/page/-/old/briefingpapers/147/epi_bp147.pdf.

④ 由于申请贸易调整援助项目的工人必须向劳工部证明其失业确实与具体的进口贸易竞争有关联，因此联合公民根据（United Citizen）得出的这个数据是非常可信可靠的，参见："NAFTA's 20-Year Legacy and the Fate of the Trans-Pacific Partnership," accessed May 21, 2018, https://www.citizen.org/sites/default/files/nafta-at-20.pdf。

第二节　克林顿时期：保守派力量的崛起

在1995—2000年的克林顿政府时期，保守主义共和党人在1994年的中期选举中取得巨大胜利，这标志着保守派首次在国会和地方选举层面压倒性地在共和党内占有优势；这也标志着共和党内的保守派首次在国会层面占有优势。控制了国会的保守派在外交政策领域开始抛弃原来共和党自由派和温和派所秉承的自由国际主义战略，通过国会对总统的制衡作用以及国会本身可以影响外交政策的方式，首次将新孤立主义外交理念部分地贯彻到冷战后的美国外交实践中。

一、共和党保守派的真正崛起

根据"由上到下"理论，共和党保守派在南方的胜利是先从总统选举层面逐渐延展到地方选举层面的。[①] 里根在1980年就被保守主义选民送上总统位置，但共和党在1980年尚未完全控制南方，尽管南方的共和党保守派从20世纪60年代末就开始增加。在国会选举层面，共和党控制南方的速度滞后于总统选举层面，但90年代初出现的很多政治因素导致和加速了共和党保守派在国会层面控制南方地区进而赢得1994年的中期选举胜利。

（一）共和党保守派崛起的原因

首先，克林顿上任初期的自由主义政策再次激起南方保守派的不满，刺激他们更多地通过参与国会选举来反制克林顿和民主党人。在竞选时，为迎合部分保守派白人选民和中间派，克林顿在竞选中把自己塑造为与自由派民主党人拉开距离的"新民主党人"，批评民主党过度依赖福利国家和大政府模式，随后承诺为中产阶级减税并削减财政

---

① Joseph A. Aistrup, *The Southern Strategy Revisited: Republican Top-Down Advancement in the South*, p.3.

赤字。[1] 然而，克林顿上任后在很多议题方面继续保持自由主义方向，克林顿"出尔反尔"的行为激怒了保守主义选民。例如，克林顿宣布废除原来禁止同性恋者进入军队服役的传统规定，这引起道德保守派尤其是南方福音派的反对；克林顿在竞选中承诺减税，但上任后却通过了国会历史上最大的增税计划和政府开支方案，这引起白人中产阶级对克林顿背弃承诺的不满；对于保守主义选民来说，在竞选中抨击民主党过于倚重大政府和社会福利的克林顿却试图通过当时最为自由化的医改法案。同时，克林顿继续扩大政府项目，取消里根时期对堕胎的政策限制，促进通过更加严格的控枪法案。因此，带着"变革者"和"新民主党人"政治形象的克林顿在其最初两年的表现让中间选民失望、让保守派选民愤怒。选民把对克林顿政府的失望和愤怒情绪诉诸1994年中期选举。1994年中期选举后，根据政治学者尼考·拉伊（Nicol Rae）对当时新当选共和党众议员的访谈调查，很多议员承认选民对克林顿在经济和社会政策的愤怒是他们决定参选和最终胜选的原因。例如，当时还是南卡罗来纳州众议员的林赛·格雷汉姆（Lindsey Graham）认为："我赢得选举的原因是我所在的选区更加保守，克林顿在那儿以前不受欢迎，现在也不受欢迎。他（当选后）没有成为'新民主党人'，选民认为他（克林顿）在对他们说：'我知道如何愚弄你们'。"众议员马克·索德尔（Mark Sounder）坦陈他对克林顿的厌恶是促使他参选的原因："克林顿刚当总统就尽一切所能去贬斥社会保守主义……克林顿激起了很多木器行中的保守主义者，这些人，包括我，

---

① 克林顿1992年的竞选立场参见：Charles Jones, "Campaigning to Govern: The Clinton Style," in Colin Campbell, Bert Rockman, eds., *The Clinton Presidency: First Appraisals* (Chatham: NJ.: Chatham House, 1996), pp.15-50；同见：Paul Quirk, Jon Dalager, "The Election: A 'New Democrat' and a New Kind of Presidential Campaign," in Michael Nelson ed., *The Election of 1992* (Washington D.C.: CQ Press, 1993), pp.57-88。

以前是从未想过会参加政治的。"①

其次，1990年的国会选区重划间接地帮助了南方的共和党保守派议员，助推了南方保守派在国会的崛起。在1982年黑人民权运动组织的支持下，国会通过法案对1965年的《投票权利法》进行扩展修正。新的修正案致力于让原来的少数族裔（黑人、西班牙裔）拥有更多的由他们占主体的独立选区，以使他们在国会中的议员代表比例与其人口比例相符合。②1982年投票权利法修正案的通过使民主党控制的南方各州不得不在选区划分时严格执行法案的硬性比例规定，将原来可以帮助他们赢得竞选的、可以起到打破僵局的少数族裔分离出去并划归单独选区。新的选区划分规定实际上是完全不利于南方民主党的"格里蝾螈"（Gerrymander）效应，因为尽管民主党获得更多的黑人主体选区，但民主党在南方的黑人基本盘以效率更差的方式被重组了，黑人对民主党在南方地区整体选举的意义变小了。同时，由于少数族裔选区被单独分离，很多原来在少数族裔选区的白人民主党议员也认识到无法击败少数族裔议员而自动退出。仅在1990—1994年，就有79名民主党议员先后宣布退休而不再寻求连任。③这些情况都间接地帮助了共和党在南方的崛起。④表6–2显示出1990—1994年在北卡罗来纳、佐治亚和佛罗里达三州，因1982年投票权修正案规定下的选区重划以后共和党的众议院选举情况。可以看出，1982年投票权修正案及其带来的

① 拉伊对共和党新当选众议员的采访文本，参见：Nicol C. Rae, *Conservative Reformers: The Republican Freshmen and the Lessons of the 104th Congress* (Armonk, N.Y.: M. E. Sharpe, 1998), pp. 30-33。

② Richard A. Williamson, "The 1982 Amendments to the Voting Rights Act: A Statutory Analysis of the Revised Bailout Provisions," *Washington University Law Review* 62, no.1 (1984): 1-6.

③ Norman Ornstein, Thomas Mann, Michael Malbin, *Vital Statistics on Congress: 1995-1996*, (Washington D.C.: American Enterprise Institute, 1996), p.56.

④ Kevin A. Hill, "Does the Creation of Majority Black Districts Aid Republicans? An Analysis of the 1992 Congressional Elections in Eight Southern States," *The Journal of Politics* 57, no. 2 (1995): 384-401.

1990年选区重划格局确实使共和党在南方地区受益。

表6-2　1990年选区重划后民主共和两党在北卡罗来纳、
佐治亚、佛罗里达的议席变化①

州	北卡罗来纳			佐治亚			佛罗里达		
党派	白人民主党	黑人民主党	共和党	白人民主党	黑人民主党	共和党	白人民主党	黑人民主党	共和党
1990年	7	0	4	8	1	1	9	0	10
1992年	6	2	4	4	3	4	7	3	13
1994年	2	2	8	1	3	7	5	3	15
净增	−5	+2	+4	−7	+2	+6	−4	+3	+5

资料来源：作者整理。

最后，纽特·金里奇（Newt Gingrich）个人的政治能力及其采取的特别政治战术对保守主义共和党人在国会的崛起至关重要。1982年中期选举失利后，金里奇团结身边的共和党保守派众议员，包括明尼苏达州的韦恩·韦伯（Vin Weber）、宾夕法尼亚州的罗伯特·沃克（Robert Walker）、印第安纳州的丹·考茨（Dan Coats）组成"保守主义机遇社会"（Conservative Opportunity Society）。② 这个金里奇领导下的"党外组织"以保守主义的视角对民主党在众议院的领导层进行激烈攻击，甚至在某些情况下连共和党的温和派都不放过。利用当时电视直播媒体有线卫星公共事务网覆盖国会活动的机会，金里奇和他的"保守主义机遇社会"成员每到议员完成议事后便开始在空荡的众议院大厅面对电视摄像头进行直播发言，集中攻击当时的民主党众议院议

---

① 图表由作者根据原始资料制作，参见：Nicol C. Rae, *Conservative Reformers: The Republican Freshmen and the Lessons of the 104th Congress* (Armonk, N.Y.: M. E. Sharpe, 1998), pp. 30-33。

② 金里奇等人当时组成这个"机遇社会"的目标是反对自由派倡导的福利国家模式，参见：Newt Gingrich, *To Renew America* (New York: Harper Collins, 1995), p.71。

长吉姆·莱特（Jim Wright）以及民主党人的政策主张。[①] 金里奇在发言中将数十年来控制众议院的民主党领导层描述为充满腐败的小团体，暗示民主党提倡的"大政府"其实是为他们自己腐败的党派私利而服务。在金里奇攻击民主党期间，有媒体报道莱特利用职权获取私利、民主党人利用国会银行过度支领工资福利等负面丑闻，这使部分中间选民开始相信金里奇关于民主党和国会已经"腐败透顶"的言论。[②] 金里奇和他的保守派议员阵营当时采取的疯狂攻击民主党人的活动受到温和派共和党人如罗伯特·米切尔（Robert Michel）的不齿，但金里奇团队的行为私下里受到杰克·肯普（Jack Kemp）、迪克·切尼（Dick Cheney）等传统保守主义人物的鼓励。[③]

在利用国会电视直播平台攻击民主党领导层腐败的同时，金里奇还有意识地通过其政治关系网罗保守主义共和党议员并组成保守主义政治联盟，为保守主义议员筹集竞选资金，通过国会选举培植共和党在州、地方级别的保守主义骨干团队，为共和党1994年中期选举的胜利打下组织、资金和人事基础。利用与共和党全国委员会主席哈雷·巴伯尔（Haley Barbour）的关系，金里奇与保守主义大捐款人建立紧密联系。在接受安利（Amway）公司2.5亿美元的捐款后，二者利用这笔资金发起"国家授权电视网络"建立电视广播项目，在电视上传播共和党的政治理念与政策主张。[④] 在1988年接手领导"共和党政治行动委员会"（GOPAC）后，金里奇将这个政治行动委员会（PAC）改造为保守主义共和党员的"孵化器"：通过共和党政治行动委员会提

---

① William F. Connelly, John J. Pitney Jr., *Congress' Permanent Minority: Republicans in the U.S. House* (Lanham, Md.: Rowman & Littlefield, 1994), pp.77-79.

② Nicol C. Rae, *Conservative Reformers: The Republican Freshmen and the Lessons of the 104th Congress*, p.34.

③ Donald Critchlow, *The Conservative Ascendancy: How the Republican Right Rose to Power in Modern America*, p.244.

④ Ibid., p.244.

供的组织和资金便利，金里奇致力于招募、训练和培养新兴的保守主义共和党精英来挑战在位的民主党人。仅在1991—1994年，金里奇就花费800万美元用于招募和训练候选人，其目的正是赢得共和党在众议院的多数党地位。金里奇和他的"保守主义机遇社会"成员几乎每个月都会录制音像磁带给共和党政治行动委员会成员，磁带中或者用保守主义政治理想鼓励这些年轻的挑战者，或者则告诉他们某些竞选战术。① 金里奇还重新激活当时濒临解散的"共和党全国国会委员会"（National Republican Congress Committee），让他的政治盟友比尔·派克松（Bill Paxon）担任该委员会主席，鼓励那些选区相对安全的共和党议员捐款给共和党全国国会委员会来帮助那些"危险选区"的议员。在金里奇的活动下，国会中的178名共和党议员中有130名向共和党全国国会委员会捐款500万美元以帮助共和党新人挑战民主党的传统选区。② 金里奇自己则奔走于127个国会选区帮助共和党人竞选并筹款300万美元。③ 与此同时，金里奇主导制定出"与美国的契约"（The Contract with America）施政计划，该计划包括在共和党赢得国会多数后将要立即向选民兑现的政策清单：削减政府开支、平衡赤字、打击犯罪、改革社会福利、家庭计划、扩大防务开支、禁止美国军队受联合国领导、废除政府医保项目、减税、限制议员任期。④ 这个计划实际上正是保守主义政策的体现，共有367名共和党议员和候选人在中期

---

① Dick Williams, *Newt! Leader of the Second American Revolution* (Marrietta, Ga.: Longstreet Press, 1995), p.146; Daniel J. Balz, Ronald Brownstein, *Storming the Gates: Protest Politics and the Republican Revival* (Boston: Little Brown, 1996), pp.145-146.

② James G. Gimpel, *Legislating the Revolution: The Contract with America in Its First 100 Days* (Boston: Allyn and Bacon, 1996), pp.9-11.

③ Dick Williams, *Newt: Leader of the Second American Revolution*, p.146.

④ Nicol C. Rae, *Conservative Reformers: The Republican Freshmen and the Lessons of the 104th Congress*, p.41.

选举投票前签署。① 总之，金里奇利用其超强的政治联络能力和号召力，把共和党政治行动委员会重新激活，为共和党宣传其保守主义理念、招募成员、参加竞选，提供了组织、资金和思想上的准备。可以说，金里奇个人的政治组织能力和政治意识对于共和党在1994年的胜利起到关键性作用。这正如众议院资深共和党人大卫·德莱尔（David Dreier）在第104届国会听证会上所说的："金里奇是一切的始祖，他仅靠一人之力就把我们带到多数党地位。"②

（二）保守派的历史性胜利

在金里奇的带领下，共和党在1994年众议院选举中增加52席，以230席对204席的优势，时隔40年后重新赢得多数党地位。在参议院，共和党净增8席，以53席对47席赢得多数党地位。1994年的中期选举结果不只属于共和党的胜利，也属于共和党保守派和南方共和党人的胜利。从保守主义在国会的扩大来看，金里奇以保守主义政治议程培养和资助了众多保守主义共和党人，选择加入共和党一边进行参选的议员们大部分是在诸多议题上反对克林顿和从未有政治经验的政治保守派。③ 从出口民调来看，在1994年中期选举中支持共和党的宗教保守派和白人群体依然在以很大的幅度继续增长，草根保守主义对共和党的支持有增无减。

1992—1994年共和党中期选举选民的支持变化参见表6-3。1990—1994年地域、文化价值与共和党选民的投票变迁参见表6-4。

---

① 在签署"契约"的73名共和党挑战者中，有68名成功当选，参见：James G. Gimpel, *Legislating the Revolution: The Contract with America in Its First 100 Days*, p.8。

② Nicol C. Rae, *Conservative Reformers: The Republican Freshmen and the Lessons of the 104th Congress*, p.34.

③ 参见拉伊对这些新当选的共和党议员的采访，Nicol C. Rae, *Conservative Reformers: The Republican Freshmen and the Lessons of the 104th Congress*, pp.50-58。

表6-3 1992—1994年共和党中期选举选民支持变化

选民类别	1992年占比（%）	1994年占比（%）	增幅（%）
南方白人	53	65	12
白人男性	51	62	11
白人基督教重生派	66	76	11
白人清教徒	57	66	9
保守主义者	72	79	7

资料来源：作者整理，参见：Nicol C. Rae, *Conservative Reformers: The Republican Freshmen and the Lessons of the 104th Congress*, p.60。

表6-4 1990—1994年地域、文化价值与共和党选民的投票变迁

地区/文化价值	增幅（%）
西部/非常自由派	-5
东北部/自由派	+2
中西部/保守派	+5
南部/非常保守派	+9

资料来源：作者整理，参见：Dean McSweeney, John E. Owens, *The Republican Takeover of Congress* (New York: Macmillan Press, 1998), p.25。

如果从地缘角度来看1994年中期选举，南方在国会层面开始的"共和党化"是最为明显的，南方共和党人拿下众议院中的119个选区，在州长竞选方面也控制了南方各州的多数。[①] 南方地区的选民开始在国会选举中倾向于共和党人，南方开始成为共和党选举的基本盘（见表6-5、6-6和6-7）。

---

① 此处所论述的"南方"不只包括邦联11州，还包括亚利桑那、新墨西哥、佛罗里达、俄克拉何马和堪萨斯等州。

表6-5　1994年中期选举共和党选民在众议院选举中的地域偏好

地域	投票占比（%）
南部	54
中西部	53
东北部	50
西部	48

资料来源：作者整理，参见：Dean McSweeney, John E. Owens, *The Republican Takeover of Congress* (New York: Macmillan Press, 1998), p.25。

表6-6　南方11个州共和党人1992—1996年中期选举结果

	共和党席位（南方11州总席位数）		
年度	1992	1994	1996
参议院	9（22）	13（22）	15（22）
众议院	49（125）	64（125）	71（125）

资料来源：作者整理，参见：Terrel L. Rhodes, *Republicans in the South: Voting for the State House, Voting for the White House* (Westport, Conn.: Praeger, 2000), p.41, p.56。

表6-7　1994年中期选举众议院新增共和党席位的地区分布

地区	增加席位	占比（%）
东北部	4	8
中西部	15	28
南部	19	36
西部	14	27
总计	52	99

资料来源：作者整理，参见：Nicol C. Rae, *Conservative Reformers: The Republican Freshmen and the Lessons of the 104th Congress*, p.59。

（三）保守派控制共和党和国会

1994年的中期选举不仅使南方地区开始"共和党化"，也使共和党开始部分地"南方化"。在第104届国会众议院共和党的高层领导中，来自南方各州的共和党人位高权重。议长金里奇来自佐治亚州，多数党领袖迪克·阿米梅（Dick Armey）和多数党党鞭汤姆·迪雷（Tom Delay）来自得克萨斯州，这些人都是代表着南方郊区选民的典型保守主义者。中期选举后，金里奇领导他的政治亲信对众议院共和党委员会进行大幅改革。由于金里奇1994年前在共和党积累的高度威信以及他与新当选议员紧密的政治联系，金里奇可以在共和党的制度改革方面享有极高的决定权。而且，金里奇希望国会开张后共和党人可以兑现"与美国的契约"里面的承诺，这就必然要求对国会制度进行改革。①

　　在改革的效果方面，金里奇加强了议长的权力、削弱了委员会主席的权力、增强了新议员的能动性、巩固了保守主义的共和党领导层对共和党立法议程的掌控。金里奇的具体改革措施包括：首先，金里奇打破众议院共和党原来"论资排辈"担任委员会主席的惯例，大胆启用并非资格最老的、和金里奇同为保守主义"信仰者"的其他共和党议员。例如，罗伯特·利文斯顿（Robert Livingston）当时在共和党内资历仅为第五，但金里奇指定要他担任非常重要的拨款委员会主席。金里奇直接跳过资深共和党议员卡洛斯·莫海德（Carlos Moorhead），把司法委员会和商业委员会主席头衔给予资历较浅但更加保守的亨利·海德（Henry Hyde）和托马斯·布莱利（Thomas Bliley）。② 其次，金里奇改革众议院投票规则，废除原来可由委员会主席在委员会成员缺席的情况下"代替投票"的传统，这样就减轻了委员会主席对某些

---

　　① "与美国的契约"里面的"公民立法法案"（Citizen Legislature Act）承诺要对国会议员任期和国会委员会进行改革。

　　② Lawrence Evans, Walter Oleszek, *Congress under Fire: Reform Politics and the Republican Majority* (Boston: Houghton Mifflin, 1997), p.88.

没有影响力的新当选议员的超强控制力。^①再次，金里奇规定担任委员会主席的任期不得超过6年，议长不得超过8年，这使得新当选的保守主义共和党人有更多的机会成为委员会主席。^②最后，金里奇利用其领导的共和党政治行动委员会帮助大量新议员竞选成功，进入国会的这些新议员自然"投桃报李"地支持金里奇发起的改革。金里奇也在改革中对那些没有资历的新议员委以高位，让他们进入如内务委员会、筹款委员会、拨款委员会等重要委员会来巩固其选区，从而培养出他们对金里奇的高度忠诚。^③金里奇对众议院议事制度的"革命式"改革对1994年以后的国会共和党以及保守主义政纲的推行具有关键意义。经过金里奇的改革，议长的权力得到空前加强，议长对委员会和议员的控制力进一步加强，对保守主义政治议程的推行更加高效。金里奇也开始以保守主义立场领导共和党，并围绕一系列外交政策法案在国会阻击克林顿政府。

二、保守派的政治力量对比

在克林顿时期，由于总统属于民主党自由派，行政机构的权力全部由支持自由国际主义和反对新孤立主义的民主党自由派担任。然而，共和党在1994年中期选举中以压倒性胜利夺回众议院多数，同时也控制了参议院多数。在第104届国会（1995—1997年）中，由保守派领导的共和党分别在参众两院以53席对47席和234席对197席的优势掌控着国会多数；在第105届国会（1997—1999年）中，由保守派领导

---

① 委员会主席在以往为确保法案通过会要求代理党内议员的投票资格，新议员迫于连任压力一般不敢抵制主席的要求，参见拉伊对议员的访谈：Nicol C. Rae, *Conservative Reformers: The Republican Freshmen and the Lessons of the 104th Congress*, p.70。

② James G. Gimpel, *Legislating the Revolution: The Contract with America in Its First 100 Days*, pp.38-40.

③ Nicol C. Rae, *Conservative Reformers: The Republican Freshmen and the Lessons of the 104th Congress*, p.71.

的共和党在参议院的优势继续扩大，形成55席对45席的优势，在众议院则继续保有234席对198席的优势；在第106届国会（1999—2001年）中，由保守派领导的共和党继续在参议院维持着55席对45席的较大优势，在众议院维持着228席对206席的优势。由此可见，在克林顿政府六年的执政时间里，由保守派领导的共和党非常稳定地掌控着参众两院。而且，经过1994年中期选举以后，保守派已经成为共和党内的绝对多数。再加上金里奇等共和党保守派议员对国会的强大领导力和通过新的加强国会领导力的制度改革，共和党保守派领导如金里奇、斯特罗姆·瑟蒙德（Strom Thurmond）也可以有效地控制国会中的共和党多数议员的投票概率。因此，克林顿时期共和党保守派对国会议事议程（包括外交议程）的掌控是实质性的（参见表6-8和图6-2）。

表6-8　1995—2000年保守派与自由派的力量对比

		保守派控制	自由派控制
总统	国务院	0	5（克林顿） （沃伦） （佩里） （莱克） （奥尔布赖特）
	国防部		
	驻联合国代表		
	国家安全局		
参议院		1	0
众议院		1	0

资料来源：作者整理。

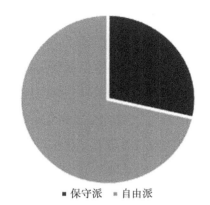

■ 保守派　■ 自由派

图6-2　1995—2000年保守派与自由派的力量对比

资料来源：作者整理。

第三节　新孤立主义政策实践的开始

基于共和党对国会的控制以及保守派在国会中对共和党的控制，保守派可以通过国会对总统外交政策的制衡权力来阻挠克林顿总统的自由国际主义外交议程，国会也可以通过自己的立法权来主动影响克林顿政府的外交政策，使克林顿时期新孤立主义的观点和实践通过国会被贯彻到美国外交实践中。

一、共和党保守派对《北美自由贸易协定》的战术性反对

在克林顿继承布什政府尚未达成的《北美自由贸易协定》并通过多次谈判对其进行修正后，民主党依然无法保证可以获得国会尤其是众议院多数支持来正式批准该协定，因为代表工会和保护性产业利益的大部分民主党人拒绝赞成该协议。在《北美自由贸易协定》最终被提交到众议院表决前八天，财长本特森宣称他们还是缺少26票的支持而无法获得多数。作为少数党但大部分支持自由贸易的共和党如果积极表示支持，克林顿赢得《北美自由贸易协定》通过的概率会高很多，

但出于给克林顿和民主党政府增加政治麻烦的考虑，此时担任共和党众议院党鞭的金里奇拒绝公开背书，当时的金里奇认为，选民对《北美自由贸易协定》的态度是分裂的，如果共和党帮助克林顿通过《北美自由贸易协定》，那么最大受益者将会是克林顿，而共和党将会承担支持《北美自由贸易协定》的名声。金里奇不愿意共和党冒着这样大的政治风险为克林顿创造政绩，从而损害共和党在即将到来的中期选举的政治资本。[1] 与传统的保守主义共和党人相比，更加传统的保守主义者布坎南则直接反对《北美自由贸易协定》，因为他认为这个必然会引起美国工人失业的多边贸易组织还会侵蚀美国的主权。[2] 国会中的保守主义共和党人与布坎南的担忧是相同的，他们认为乌拉圭回合谈判成果《关税与贸易总协定》的争端解决协议会制裁那些违背自由贸易规则的国家，因而担心《关税与贸易总协定》与国内的主权冲突。"我支持自由贸易，但我反对世界政府。"金里奇曾如是说。保守主义参议员赫尔姆斯则直接反对《关税与贸易总协定》并试图延后这个法案在国会的投票。[3]

二、保守派反对武力介入波黑

1994年中期选举后，大量的保守主义共和党新人进入众议院。他们在外交政策方面的经历很少，因而在众议院投票中更多地听从激烈反对克林顿和民主党的共和党议长金里奇的命令，从而使控制国会多数的共和党的保守主义外交政策可以真正地阻碍克林顿的自由国际主

---

[1]　Alejandro Posadaas, "NAFTA's Approval: A Story of Congress at Work from International Relations to National Accountability," *ILSA Journal of International & Comparative Law* 2, no. 2 (1996): 444.

[2]　Patrick J. Buchanan, "America First, NAFTA Never," *The Washington Post*, November 7, 1993.

[3]　David Sanger, "The New Congress: Trade, Helms Request a Delay in Vote on Trade Accord," *The New York Times*, November 16, 1994; "Helms Weighs in against WTO," *Human Events*, November 25, 1994.

义战略。[①] 当1994年联合国在波黑的维和部队陷入危机后，克林顿向亚得里亚海地区派遣2000名陆战队员并在讲话中提出应联合国的要求援助其维和部队的可能性。克林顿的波黑政策迅速引起国会中共和党的激烈反应。参议院多数党领袖鲍勃·多尔（Bob Dole）认为让美国去帮助联合国维和部队的做法"无非是注定失败的政策"，他威胁立即在参议院通过解除对波黑军事禁运的决议案。金里奇则在国际共和党研究所（Republican International Institute）发表火药味十足的演说，指责联合国介入波黑的错误，认为苏联解体后美国没必要介入波黑。[②] 代顿协议签署后，众议院的保守主义共和党人反对协议中规定的美国向巴尔干派出维和部队，反对美国维和部队接受联合国维和总部的指挥，那些新当选的保守主义共和党人甚至在代顿协议签署前就在众议院通过法案削减已经被派遣至巴尔干的美国维和部队的经费。[③]

三、保守派的反对外援助政策

保守主义参议员赫尔姆斯担任外交委员会主席后开始大刀阔斧地以他自己的保守主义外交政策来改革美国外交机构和美国与联合国的传统关系。例如，赫尔姆斯认为国务院的机构设置已经不再适应冷战后的美国外交目标，美国的对外援助属于浪费纳税人的钱去建设"国外的福利世界"。[④] 他要求对"美国外交机构进行基本的和革命式的重

---

① Gary C. Jacobson, "The 1994 House Elections in Perspective," *Political Science Quarterly* 111, no. 2 (1996): 203-223; James Kitfield, "The Folk Who Live on the Hill," *The National Interest*, No. 58, 1999/2000, pp. 48-55.

② Elizabeth Drew, *Showdown: The Struggle between the Gingrich Congress and the Clinton White House* (New York: Simon & Schuster, 1996), p.246, p.248.

③ Ivo H. Daalder, *Getting to Dayton: The Making of America's Bosnia Policy* (Washington D.C.: Brookings Institution Press, 2000), pp.17-19, pp.31-32, pp.61-64; Terry L. Deibel, *Clinton and Congress: The Politics of Foreign Policy* (New York: Foreign Policy Association, 2000), p.48.

④ Jesse Helms, *When Free Man Shall Stand: A Sobering Look at Super-Taxing Super-Spending Super-Bureaucracy in Washington* (GrandRapids, Michigan: Zondervan Publishing,1975), pp.81-83.

组"，重组的内容包括把很多实现美国自由国际主义外交战略的辅助性机构直接去掉或合并，如赫尔姆斯试图把负责国际对外援助的国际发展局（Agency for International Development）、负责宣传美式意识形态和公共外交的美国信息局（United States Information Agency）、负责国际军控谈判的军备控制与谈判局（Arms Control and Disarmament Agency）直接并入国务院。在3年内大规模削减负责国际援助项目的相关人员，削减国务院14%的员工，在未来5年内削减35亿美元的对外援助，被削减的受援对象主要是援助第三世界的世界银行和非洲国家难民。赫尔姆斯的倡议引起保守主义共和党人的积极支持并且以法案的形式提交国会表决。在克林顿的强烈反对下，民主党人通过在参议院发表冗长发言阻挠赫尔姆斯的提案。作为对民主党人的报复和要挟，身为外交委员会主席的赫尔姆斯拒绝举行克林顿对18国驻外大使的提名听证会，拒绝批准美国政府早已签署的《化学武器公约》，赫尔姆斯声称除非克林顿政府对国务院进行改革。[①] 在经历一系列的妥协和政治僵局后，克林顿政府于1998年被迫同意将军备控制与谈判局和美国信息局两个机构并入国务院、进行人员削减和经费削减改革，赫尔姆斯的坚持最终赢得胜利。[②]

四、保守派反对国际货币基金组织

以赫尔姆斯为首的国会共和党也反对国际组织对美国主权的"侵蚀"，他们对克林顿提出的美国对国际组织的参与都刻意阻挠和反对。1997年，克林顿政府试图在1998财年预算中拨出34亿美元用于国际货币基金组织以帮助第三世界国家过于疲软的货币，但众议院的保守派共和党为报复克林顿政府以前否决他们提出的"墨西哥城计划"（Mexico City Plan），共和党直接在1998年预算案中将国际货币基金组

---

① "Jesse Helms Mocks the Senate," *The New York Times*, February 10, 1997.

② Terry L. Deibel, *Clinton and Congress: The Politics of Foreign Policy*, pp.37-40.

织预算计划删除。① 1997—1998年亚洲金融危机爆发并波及美国时，克林顿要求国会在34亿美元的基础上增加145亿美元支援国际货币基金组织的拨款，众议院保守主义共和党人同意34亿美元的拨款，但拒绝增加旨在帮助国际货币基金组织解决亚洲金融危机的145亿美元拨款。众议院的共和党领导层攻击国际货币基金组织说，"国际货币基金组织在当今全球经济环境下只是个过时的组织"，"我们应该讨论的是如何逐渐淘汰国际货币基金组织"。在温和派的调停下，众议院共和党人最后要求克林顿承诺采取措施对国际货币基金组织进行改革后方才批准了对该组织的179亿美元拨款法案。②

五、保守派反对联合国

鉴于当时的共和党掌控着国会多数党地位，克林顿政府的大部分外交条约、对外援助资金以及对国际组织的"会费"都需要国会批准，保守主义共和党人的新孤立主义主张可以对克林顿政府的外交政策有更大的影响力。1995年，对联合国早已积怨已久的赫尔姆斯提出削减美国对联合国的巨额会费，包括削减联合国工作人员50%、削减联合国秘书长预算75%的计划。1997年，罗恩·保罗提议美国直接退出联合国，这个提案甚至得到诸多共和党众议员的附议。尽管退出联合国的提案最终失败，但以赫尔姆斯为首的保守派继续利用美国拖欠联合国15亿多美元会费作为筹码，逼迫联合国进行机构、人事和预算改革。在赫尔姆斯的坚持下，参议员拜登最终与他达成和解，美国同意向联合国缴付8亿多美元的会费，但联合国必须永久性降低美国年度应缴会费的20%。同时，联合国还必须答应赫尔姆斯提出的二十余项前提

---

① "墨西哥城计划"为众议院共和党提出的、要求美国对外援助机构拒绝向那些支持计划生育或堕胎的国家或组织提供援助的规定，此计划历来为民主党人所反对，克林顿曾于1996年、1997年否决过这个提议。

② Terry L. Deibel, *Clinton and Congress: The Politics of Foreign Policy*, p.42.

条件，如逐年降低预算花销、让美国的审计机构来监管联合国的预算项目等。[①] 即使是这样，众议院的共和党保守派依然坚持把"墨西哥城计划"与美国和联合国的对外援助绑定，这导致自1996年开始的财年预算案每年都要陷入僵局从而迫使克林顿不得不出面否决。在2000财年法案中，克林顿政府为得到共和党人对增加26亿美元对外援助拨款的支持，最终还是接受了限制美国对外援助的"墨西哥城计划"条款。实际上，正是共和党人利用其多数党地位处处给克林顿政府设限，克林顿才不得不在对外援助政策方面作出让步。[②] 也正是在保守主义共和党人的压力下，克林顿时期用于国际事务的财政拨款每年都受到削减（见表6-9）。

表6-9　克林顿时期年度外事拨款[③]

（单位：亿美元）

财年	克林顿要求	国会拨款	差距（%）
1996	21.2	18.3	−14
1997	19.4	18.2	−6
1998	23.0	19.0	−17
1999	20.2	无	无
2000	21.3	17.7	−12

资料来源：作者整理。

六、保守派反对多边外交协定

保守主义共和党人还反对克林顿政府的多边外交成果，他们认为多边外交成果限制了美国的行动自由和国家利益，因而利用其国会多

---

① William A. Link, *Righteous Warrior: Jesse Helms and the Rise of Modern Conservatism* (New York: St. Martin's Press, 2008), pp.463-466.

② Terry L. Deibel, *Clinton and Congress: The Politics of Foreign Policy*, p.44.

③ 图表由作者制作，数据来源参见：Terry L. Deibel, *Clinton and Congress: The Politics of Foreign Policy*, p.44。

数党地位来阻止克林顿政府参与多边外交。自1993年的索马里事件后，保守主义共和党人对美国参与联合国维和部队充满疑虑，他们认为那些来自联合国的无名指挥官们根本不在乎美国士兵的生命，这也是美国人参与维和行动时陷入索马里那样的困境的原因。因此，共和党人反对美国的维和士兵接受联合国的指挥，他们也通过国会克扣联合国维和部队的资金。众议院共和党人罗拉巴赫为此说道："长久以来，美国人已经为这个不懂感谢的世界牺牲太多了……我们不想再当冤大头了。"很多共和党人甚至气愤地认为联合国甚至还欠着美国很多钱，美国没理由向联合国支付维和费用。[1] 克林顿签署承诺美国在2004年以前全部销毁其化学武器的《化学武器公约》后，参议员赫尔姆斯和同样保守的参议员斯特罗姆·瑟蒙德发誓要在参议院阻击该公约，赫尔姆斯认为这个公约是放纵"流氓国家"使用化武而限制美国使用化武的自由。赫尔姆斯提出五项修正案试图推翻这个公约，最后迫使克林顿付出巨大的政治交易成本（其力度不亚于游说众议员支持《北美自由贸易协定》）才确保了该公约的通过。[2]

共和党保守派还反对克林顿签署的旨在缓解全球气候变暖的《京都议定书》，旨在惩罚人权、种族和战争罪行的《国际刑事法庭规约》和旨在禁止所有国家进行核爆试验的《全面禁止核试验条约》。在克林顿政府参与《京都议定书》会议前，共和党控制的参议院直接通过《比尔德－哈格尔决议案》，该决议案声明参议院将不承认（也不会批准）克林顿政府对议定书协议的签署，除非其他发展中国家也作出和美国同样的减排承诺。保守主义共和党人发起的这个决议案实际上使美国最后未能参与《京都议定书》。[3] 以赫尔姆斯为首的保守主义者反对

① Terry L. Deibel, *Clinton and Congress: The Politics of Foreign Policy*, p.47。

② Jesse Helms, "The Flaws in Chemical Weapons Treaty," *USA Today*, September 12, 1996; Terry L. Deibel, *Clinton and Congress: The Politics of Foreign Policy*, pp.55-56.

③ Aaron M. McCright, Riley E. Dunlap, "Defeating Kyoto: The Conservative Movement's Impact on U.S. Climate Change Policy," *Social Problems* 50, no. 3 (2003): 349.

克林顿政府于1998年签署的《国际刑事法庭规约》，因为美国原来可以只依靠安理会就可以决定或否决是否发起战争罪行起诉，新的永久性的国际刑事法庭无疑会削弱美国对战争、人权罪行的起诉权力，而且，共和党人也担心其他国家可能利用国际刑事法庭这个平台起诉美国人。[1] 克林顿深知只要赫尔姆斯还担任参议院外交委员会主席，这个条约被送交参议院后获得批准的可能性几乎为零。因此，克林顿被迫在任期结束前签署该条约并希望继任者小布什可以赢得共和党对该条约的支持。[2] 与《化学武器公约》相比，共和党更加重视反对克林顿倡导的裁军谈判，如美苏两国签署的《美苏关于限制反弹道导弹系统条约》和《全面禁止核试验条约》。在共和党人看来，如果《化学武器公约》之类的条约只是理想主义式的不切实际，那么《美苏关于限制反弹道导弹系统条约》和《全面禁止核试验条约》则是对美国国家安全产生直接伤害的坏条约，因为这些条约在限制军备发展的同时并没有规定严格的检查证实程序，因而必须予以坚决反对。1996年，赫尔姆斯要求美国退出《美苏关于限制反弹道导弹系统条约》的提案失败。[3] 克林顿政府于1996年签署《全面禁止核试验条约》并将其送交参议院后，身为参议院外交委员会主席的赫尔姆斯整整两年没有理会这个条约。从1998年开始，保守主义共和党人乔恩·基尔（Jon Kyl）、赫尔姆斯、特伦特·洛特（Trent Lott）开始秘密游说反《全面禁止核试验条约》的参议员，以确保参议院具备可以阻挠《全面禁止核试验条约》通过的1/3票数。最终,《全面禁止核试验条约》在参议院以48对51的微弱劣势惨遭失败。在关于《全面禁止核试验条约》的投票中，54名共和党参议员中有51名投票反对。《全面禁止核试验条约》的失败使克

---

[1]　Barbara Crossette, "Helms Vows to Make War on U.N. Court," *The New York Times*, March 27, 1998.

[2]　William A. Link, *Righteous Warrior: Jesse Helms and the Rise of Modern Conservatism*, pp.455-456.

[3]　Ibid., p.460.

林顿政府原计划在当年10月维也纳裁军会议上的议程完全落空。愤怒的国家安全事务助理桑迪·伯杰（Sandy Berger）在外交委员会演说中激烈批评保守主义共和党人的新孤立主义倾向，认为这些人试图采取"求生式的外交政策——在美国周围建一道篱笆——然后撤退到篱笆后面"。①

七、国会新孤立主义的实践情况

克林顿时期保守主义共和党人对自由国际主义战略巨大的"破坏力"表明：与冷战前保守主义者们无法影响主流自由国际主义外交政策不同，冷战后，以赫尔姆斯为典型代表的共和党保守主义者们通过对国会（制衡权力）的掌控，利用国会对总统的权力制衡渠道，真正地将他们自己的新孤立主义外交观点影响到克林顿政府的外交实践。他们充分利用共和党在国会中的多数党地位，让大量的保守主义议员进入两院外交、军事委员会并担任主席。在克林顿参与多边外交的过程中，他们利用国会在外事军事拨款和外交条约批准方面的权力，扩大加深了国会对外交事务的干预程度和力度，以此为"杠杆"增加了克林顿参与多边外交，进行对外多边主义的干涉、对外援助的障碍，迫使克林顿政府不得不在某些多边外交领域对保守主义共和党人所主张的新孤立主义政策进行妥协，从而使克林顿政府时期的外交实践具有明显的新孤立主义特点。克林顿时期新孤立主义在国会中的实践程度见表6-10和图6-3。

---

① Eric Schmitt, "Defeat of a Treaty: The Overview," *The New York Times*, October 14, 1999; "White House's Berger Assails the Hill's Isolationist Right," *The Washington Post*, October 22, 1999.

表6-10　克林顿时期（1995—2000年）新孤立主义在国会的实践程度

新孤立主义主张	新孤立主义的实践程度
反对联合国等多边组织和协议（A）	反对联合国 反对国际货币基金组织 反对《化学武器公约》 反对《京都议定书》 反对《全面禁止核试验条约》（5）
反对多边自由贸易（B）	反对《北美自由贸易协定》中的部分条款（1）
反对联盟体系（C）	0
支持单边主义武力干涉（X）	0
支持不干涉政策（Y）	反对军事介入波黑（1）
反对对外援助（Z）	削减对外援助/合并援助部门（1）

资料来源：作者整理。

图6-3　克林顿时期（1995—2000年）新孤立主义在国会的实践程度

资料来源：作者整理。

第四节　结　语

在克林顿时期，美国的贸易自由化出现重大进展，具体内容包括世界贸易组织的建立和《北美自由贸易协定》的建立。世界贸易组织

的建立使美国在采取传统的保护性贸易措施对弱势产业进行保护时受
到世界贸易组织规则的多方面限制，这使得美国在加入世界贸易组织
以后，弱势产业原来严重依赖的那些保护机制受到极大削弱，弱势产
业受到自由贸易的负面冲击程度突然增加。而且，《北美自由贸易协定》
的建立也使克林顿时期的劳动力密集型制造业受到巨大负面冲击。同
样在克林顿时期，保守派在1994年中期选举的历史性胜利使其既控制
了共和党又控制了国会。基于对国会的掌控，共和党保守派开始成功
地将新孤立主义观点付诸实践。

第七章 小布什至奥巴马时期：
新孤立主义的复兴

在小布什至奥巴马政府时期，即从小布什2001年上台到2016年奥巴马执政的最后一年，克林顿时期美国贸易自由化的重要成果世界贸易组织和《北美自由贸易协定》开始真正地在贸易实践中影响到美国的劳动力密集型制造业和产业工人，使制造业工厂大量倒闭和工人大量失业。从小布什至奥巴马时期，贸易自由化的负面影响是美国二战后贸易史中最为明显的。在这段时期内，保守主义运动的继续发展使保守派成功地保持了他们在共和党内的地位以及对共和党总统的影响。保守派在小布什和奥巴马时期的持续得势使新孤立主义被大量付诸政策实践。

第一节 《北美自由贸易协定》的巨大负面冲击

尽管美国从开始融入世界自由贸易时起，贸易自由化对美国相对弱势产业的冲击始终存在，但是这种冲击的力度在克林顿时期以前是相对温和的，毕竟美国的制造业产品从20世纪80年代初才开始真正出现贸易赤字。然而，在世界贸易组织和《北美自由贸易协定》影响下，贸易额度的暴增在小布什和奥巴马时期对美国的相对弱势产业和产业工人造成了巨大的负面冲击，这种冲击对美国产业工人在贸易领域的新孤立主义立场起到巨大的推动作用。

一、《北美自由贸易协定》对就业的巨大冲击

《北美自由贸易协定》（以下简称"协定"）于1994年开始运行至奥巴马时期，其间，美国政府、智库和利益集团对协定经济影响的评估从未停止。只要不是明显反对自由贸易，大部分主流智库对该协定的评估都是正面的。其中，1997年和2003年克林顿政府、总审计局（GAO）、国会预算办公室（CBO）和美国国际贸易委员会发布的协定报告几乎都肯定该协定对美国经济的积极影响，尤其是克林顿政府自己的报告丝毫未提到协定对国内就业形势的影响。[①] 由于美国政府在立场上肯定是支持协定的，政府出台的关于协定的报告结论肯定也存在政治影响的因素，政府报告里面关于协定负面作用的内容几乎看不到。相比之下，倾向于支持自由贸易的智库则比较客观地承认协定的负面影响，倾向于贸易保护主义的智库则热衷于发现协定的负面影响。

彼得森国际经济研究中心（PIIE）在《北美自由贸易协定》运行20周年后编纂了贸易学者针对这一协定对美国影响的研究报告。这份研究报告认为协定总体上对美国经济和就业是非常有利的。根据经济学中对外投资有利于创造就业的模型以及协定以后美国出口为本土创造就业，研究中心的专家们认为协定运行7年后为美国带来1 700万个就业岗位，使美国的失业率从6.9%降至4%。然而学者们也承认，低

---

① United States President, *Study on the Operation and Effects of the North American Free Trade Agreement*, 1997; United States General Accounting Office, "North American Free Trade Agreement: Impacts and Implementation," September 11, 1997, accessed April 21, 2018, https://www.gao.gov/assets/110/107055.pdf; United States General Accounting Office, "Report to the Chairman and Ranking Member, Committee on Finance, U.S. Senate: Trade Adjustment Assistance—Experiences of Six Trade-Impacted Communities," August 2001, accessed April 21, 2018, https://www.gao.gov/new.items/d01838.pdf; U.S. International Trade Commission, *The Impact of Trade Agreements: Effect of the Tokyo Round, U.S.-Israel FTA, U.S.-Canada FTA, NAFTA, and the Uruguay Round on the U.S. Economy*, Investigation No. TA-2111-1, August 2003, accessed April 21, 2018, https://www.usitc.gov/publications/332/pub3621.pdf.

技能的工人和劳动力密集型产业受到墨西哥与加拿大优势产业的冲击，大约每年有20万名工人因为美墨之间的贸易关系而失业。"双向贸易肯定会导致他国优势产业的竞争和本国产业的萎缩"；"美国的产业工人失业是进口竞争的必然结果"。[①] 彼得森国际经济研究中心的贸易学者罗伯特·斯科特（Robert E. Scott）估计，1994—2010年，美墨之间的贸易赤字导致68.3万名（每年失业40 200人）美国工人失业。[②] 与此同时，由于墨西哥在工人的工资方面享有比较优势（美国工人工资平均为19.5美元/小时，墨西哥工人工资平均为4.5美元/小时），很多美国企业为追求制造业的低劳动力成本将生产场地南迁至墨西哥。美国劳工统计局对1994—2013年关于美国汽车工人数量的统计就可以说明美国制造业的大量外迁状况（参见表7-1）。

表7-1　1994—2013年美、加、墨汽车制造业工人数量变化

	美国	墨西哥	加拿大
克林顿时期	1 168 000	122 000	128 000
小布什至奥巴马时期	820 000	552 000	115 000

资料来源：作者整理，参见：*NAFTA 20 Years Later*, p.15。

自《北美自由贸易协定》付诸运行后，美国国会便要求在研究立场方面相对客观中立的国会研究局提交关于协定对美国就业影响的研究报告。2000年，国会研究局在协定运行六年后首次对这一协定给美国就业带来的影响进行数据分析。利用各州的失业数据统计以及劳工部接受协定的贸易援助法案（NAFTATAA）申请的数目统计，国会研究局发现，从总体的就业数据来看，协定给美国带来的就业机会要多

---

　　① *NAFTA 20 Years Later*, PIIE Briefing, No. 14-3, November 2014, p.11, accessed April 21, 2018, https://piie.com/publications/piie-briefings/nafta-20-years-later.

　　② Robert E. Scott, "Heading South: U.S.-Mexico trade and job displacement after NAFTA," EPI Briefing Paper #308 (May 3). 2011, Washington: Economic Policy Institute, accessed April 21, 2018, http://www.epi.org/publication/heading_south_u-smexico_trade_and_job_displace-ment_after_nafta1/.

于其从美国带走的就业机会（失业259 618人，新增就业709 988人），甚至在制造业相对集中的锈带地区，协定创造的就业数也高于其引起的失业数。① 国会研究局认为，从总的经济角度来看，协定确实使美国的整体就业增加了。然而国会研究局发现，如果从具体产业的角度分析进口的影响，协定使"美国某些低效率的产业转移至加拿大和墨西哥，而某些高效率的产业则在国内继续发展，服装产业是最大的潜在失业产业，其失业数量占受协定冲击而失业总数的28%，机电产业次之，占失业总数的13%"（参见表7-2）。②

表7-2　1994—1999年受《北美自由贸易协定》影响最大的
制造业产业失业数据

产业	注册《北美自由贸易协定》的贸易援助法案的人数	占比（%）
服装	73 568	28
机电	33 684	13
机车	17 090	7
钢铁	15 372	6
纺织	14 150	5
非电子机器	11 747	5
木材	9 826	4
医疗器械	9 433	4
造纸	8 982	3
橡胶	7 722	3
皮革	7 521	3
总数	209 095	81

资料来源：这个数据根据失业的工人向劳工部申请TAA援助的申请数目得来的，但实际数据很可能要大于申请人数，很多失业工人可能因为贸易援助法案（Transitional Adjustment Assistance Act）严格的审查标准而放弃向劳工部申请，参见：Mary Jane Bolle, *CRS Report for Congress: NAFTA: Estimated U.S. Job "Gains" and "Losses" by State Over 51/2 Years*, CRS9。

---

① 国会研究局关于失业的数据来自美国劳工部，关于新增就业的数据来自美国商务部。

② Mary Jane Bolle, *CRS Report for Congress: NAFTA: Estimated U.S. Job "Gains" and "Losses" by State Over 51/2 Years*, Updated February 2, 2000, CRS8.

因此，尽管国会研究局从普通数据的"加减法"层面得出《北美自由贸易协定》带来的就业人数远大于失业人数，但处于竞争弱势的美国劳动力密集型产业依然首当其冲地受到协定的影响。国会研究局也在报告中承认这点："贸易的结果不是（给美国）带来总就业的减少或增加，而是使就业总从低效率产业流向高效率产业。美国从美加、美墨贸易中得到的新增就业数并不等于因协定而失去的就业数。"国会研究局在报告中暗示：美国劳动力密集型产业和产业工人的失业是《北美自由贸易协定》这种自由贸易协定所带来的必然结果，劳动力密集型产业工人的大量失业并不会因为协定而带来新的就业机会。《北美自由贸易协定》带给美国的就业机会属于其他产业，劳动力密集型产业只是这一协定的最大受害者。

在推出《北美自由贸易协定》运行5年的评估报告后，国会研究局又相继推出运行8年、10年和20年（对美国产业影响）的评估报告。在8年评估报告中，国会研究局承认："协定导致部分美国失业的情况是真实存在的，这种情况在纺织品、服装和食品生产领域尤其明显……确实改变了美国的就业结构分布，美国对低技能工人的需求减少了，对高技能工人的需求增加了。""很明显的，尽管受协定影响的失业工人相对于国内就业总数来说占很小的比例，但这些工人和社区在失业后所面临的困境是非常严重的。"[1] 根据对申请劳工部贸易援助法案失业工人数量的统计，截至2001年，已经有414 761名失业工人被劳工部认定为因协定带来的进口影响而失业。其中，处于竞争劣势的劳动力密集型产业依然是失业工人的主要来源：有34%的失业工人来自纺织和服装产业，有5%的工人来自汽车制造业。3 331所工厂因为来自加拿大和墨西哥的进口压力而关停。其中，因为生产场地转移至墨

---

① Arlene Wilson, *Report for Congress: NAFTA: Economic Effects on the United States after Eight Years*, Updated August 20, 2002, CRS13.

西哥而关停的美国本土工厂为1 549所（原可容纳210 621名工人）。①
国会研究局也在报告中引用美国总审计局（U.S. General Accounting
Office）的调查。美国总审计局从20世纪90年代中期就对受《北美自
由贸易协定》冲击最大的6个社区和失业工人进行研究。研究发现，大
多数失业工人来自劳动力密集型的服装、电器、家具和食物加工产业。
而且，这些因协定而失业的工人的平均受教育水平低于美国的整体平
均受教育水平。② 在2004年的评估报告中，国会研究局直接引用卡内
基中心、美国国际贸易委员会和美国国会预算办公室的报告结论。在
2014年的《北美自由贸易协定》运行20年评估报告中，国会研究局认
为协定的运行结果并未像1993年国会中的持保护主义立场的议员所说
的那样使美国出现大规模的失业，协定给美国带来的影响总体上是好
的，但协定使美国和墨西哥在制造业的供应链方面更加相互依赖，这
使很多劳动力密集型产品供应商将工厂南迁至墨西哥。③

　　凸显《北美自由贸易协定》对美国劳动力密集型产业巨大冲击的
结论不仅出现于国会研究局报告中，美国其他支持贸易自由化的著名
智库针对协定的研究结论也与国会研究局大同小异。根据卡内基国
际和平研究机构发布的关于协定的研究报告，截至2003年前，美国
国内已经有525 000人申请贸易援助法案项目，这说明肯定有不少于
525 094名工人在2003年以前由于协定而失业，而且，其中半数的失业
都是由于美国本土的企业因追求低工资成本而将生产场地搬迁至墨西

---

① Arlene Wilson, *Report for Congress: NAFTA: Economic Effects on the United States After Eight Years*, CRS14.

② U.S. General Accounting Office, "Trade Adjustment Assistance: Experiences of Six Trade-Impacted Communities," GAO-01-838. August 2001, accessed April 21, 2018, https://www.gao.gov/new.items/d01838.pdf.

③ *CRS Report for Congress: NAFTA at Ten: Lessons from Recent Studies*, Updated June 8, 2005, CRS4; M. Angeles Villarreal, Ian F. Fergusson, *NAFTA at 20: Overview and Trade Effects*, April 28, 2014, p.15.

哥所导致的。[①]在支持自由贸易的卡托研究所（Cato Institute）发布的关于协定运行10年的报告中，卡托研究所认为协定给美国产业总体上带来就业数量净增是肯定的，但协定未必会带来工作机会的增加或减少，而是提升和优化了美国的产业结构，使美国的低端产业转移至墨西哥，美国自己则处于产业链的更高端。《北美自由贸易协定》所带来的这种产业结构变化实际上使美国受益更多，但美国处于相对弱势的产业肯定会因为进口压力而受到冲击。[②]在2010年的研究中，学者约翰·麦克拉伦（John McLaren）利用商务部统计局提供的1990—2000年产业数据，以更加严格的视角来考察协定到底对美国的哪些产业哪类工人造成伤害。麦克拉伦的研究发现，来自佐治亚、北卡罗来纳、南卡罗来纳和印第安纳的"高中辍学"类工人群体是受协定冲击而失业率最高的。[③]在1990—2000年，这个群体的平均工资水平由于协定带来的进口冲击而下降8%。在某些低技能劳工需求的劳动力密集型产业，如鞋类、纺织品和塑料品等产业方面，从业工人的工资下降最为明显——他们的工资降幅达到16%。[④]这与卡托、卡内基等研究机构和麦克拉伦的结论相同，在2014年评估《北美自由贸易协定》对美国劳工和平均工资影响的报告中，美国国际贸易委员会认为协定对美国制造业就业负面影响的产业主要集中于服装、电子产品、食品饮料生产等低劳工

①　John J. Audley, Demetrios G. Papademetriou, *NAFTA's Promise and Reality: Lessons from Mexico for the Hemisphere*. Carnegie Endowment for International Peace, Washington, D.C. 2004, p.28, accessed April 21, 2018, http://carnegieendowment.org/files/nafta1.pdf.

②　Daniel Griswold, "NAFTA at 10: An Economic and Foreign Policy Success," No. 1, December 2002, accessed April 21, 2018, https://www.cato.org/publications/commentary/nafta-10-economic-foreign-policy-success.

③　"高中辍学"类工人指那些尚未完成高中教育的、受教育程度很低的工人。

④　John McLaren, Shushanik Hakobyan, "Looking for Local Labor Market Effects of NAFTA," *The Review of Economics and Statistics* 98, no.4 (2016): 729.

技能需求产业。①

具体到《北美自由贸易协定》对特别产业的负面影响方面，劳动力密集型制造业、低劳工技能需求的制造业、工会组织成为受协定影响最大的对象。这个结论不仅从上文中国会议员、利益集团代表的证词和智库的报告中可以看到，也可以从已有的学术研究中更细致的案例分析中发现。

在服装产业方面，学者朱迪·凯斯勒（Judi A. Kessler）通过对南加州地区的服装产业在《北美自由贸易协定》运行前后的对比研究，具体地展示了协定对美国服装产业的冲击情况。凯斯勒发现，协定使南加州地区的服装产业完全改变了产品运营、场地选择和工人雇佣方面的经营战略，这种情况在协定之前是从未发生过的。在协定以前，南加州地区一直是美国服装产业的重要积聚区域，该地区服装产业的传统运营模式是将劳动力密集型、低技能需求、低附加值的裁剪、制作、缝补工作完全外包给当地独立的中小企业，然后再由这些中小企业雇佣当地的劳动力进行具体的服装生产。这种生产外包的工作具有季节性和间歇性特色，即生产不是持续性的，这也意味着从事这种工作的工人都是流动性很强的廉价劳动力。在1992年以前，大部分包接生产合同的小企业都会把生产地址选择在南加州地区而不是去墨西哥追求更低的劳工成本。②1992年《北美自由贸易协定》生效前，学者埃德纳·博纳西奇（Edna Bonacich）和理查德·阿佩鲍姆（Richard Appelbaum）对洛杉矶184家最大的服装加工厂进行调查发现，只有17%的厂家选择把场地设立在墨西哥，60%的服装加工厂依然把场地选择在南加州地区。当被问到《北美自由贸易协定》生效后他们是否

---

① Justino De La Cruz, David Riker, "The Impact of NAFTA on U.S. Labor Markets," U.S. International Trade Commission, Office of Economics, June 3, 2014, accessed April 21, 2018, https://www.usitc.gov/publications/332/ec201406a.pdf.

② Gary Gereffi, David Spener, Jennifer Bair, *Free Trade & Uneven Development: North American Apparel Industry after NAFTA* (Philadelphia: Temple University Press, 2002), p.76.

愿意把生产场地南迁到墨西哥时，37%的厂家回答说不愿意。[1] 然而在协定运行以后，大量的服装加工厂开始向墨西哥南迁，墨西哥对美国的服装出口也以成倍速度增长（见表7-3）。

表7-3 《北美自由贸易协定》运行后墨西哥对美服装出口

年 份	1990年	1994年	1998年	2001年
从墨西哥进口额（亿美元）	7.09	18.89	68.12	81.28
占总进口比例（%）	2	5	13	13

资料来源：作者根据美国商务部国际贸易局下属的纺织与服装办公室关于年度进出口数据的报告整理，accessed April 21, 2018, http://otexa.trade.gov。

凯斯勒在1998年和2000年随机挑选出80家埃德纳当年调查过的服装加工厂，凯斯勒对这些工厂重新调查后发现，在1997年，有65%的厂家把生产场地搬迁至墨西哥，到2000年，已经有75%的厂家把生产场地搬迁至墨西哥，仍坚持在美国本土选址的比例已经降到25%。[2] 根据加州就业发展部（Employment Development Department，EDD）对洛杉矶就业数据的统计，1997—2001年，从事服装生产的人数减少14 100人，大量的失业人群集中于从事裁剪和缝纫等低技能服装加工工作。根据就业发展部的统计数据，单是在1995—1997年，洛杉矶就有13 000名从事服装缝纫的工人因为工厂搬迁而失业。[3] 在关于为何大部分服装企业将加工厂地搬迁至墨西哥的调查中，寻求低工资和更低的劳工成本是企业搬迁的主要原因，而《北美自由贸易协定》的运行是

① Edna Bonacich, Richard P. Appelbaum, *Behind the Label: Inequality in the Los Angeles Apparel Industry* (Berkeley: University of California Press, 2000), p.62.

② Gary Gereffi, David Spener, Jennifer Bair, *Free Trade & Uneven Development: North American Apparel Industry after NAFTA*, p.77.

③ California Division of Labor Standards Enforcement (DLSE), *Apparel Industry Survey, Southern California, Year 2000. Report by the Division of Labor Standards Enforcement*, Department of Industrial Relations, State of California, August 2000.

这些工厂寻求低劳工成本的最大原因。①

《北美自由贸易协定》对美国服装产业的直接冲击使服装加工工厂的大量外迁，从事低技术劳动（如裁剪、缝纫）的工人大量失业，但这并不意味着美国纺织业的就业总数下降了。② 凯斯勒研究发现，随着大量低技术需求的生产被转移到墨西哥，从事产品设计和营销的就业机会（白领工作）在南加州有所增加，属于高附加值类型的就业机会有所增加，但这些工作岗位属于知识和技术密集型行业，原来只能胜任裁剪和缝纫技术的工人根本无法从事这些工作。③ 因此，从南加州地区纺织产业受《北美自由贸易协定》冲击的案例可以看出，在低技能需求的劳动力密集型制造业中，协定的确使墨西哥在劳动力成本方面享有竞争优势，这推动着美国国内纺织品企业将生产场地搬迁至墨西哥，从而引起美国本土低劳工技能工人大量失业。纺织品产业在美国的转型需要更多的知识密集型工人，但失业工人的受教育程度较低而无法实现再就业，这也正是《北美自由贸易协定》影响美国低技能劳工的最普遍方式。

二、《北美自由贸易协定》对工会的巨大负面冲击

美国制造业工会开始衰落，包括入会人员的下降、工会资金的短缺、罢工次数的减少等情况的出现是早于《北美自由贸易协定》的，工会在政治影响力和罢工谈判能力方面的下降有很多种原因，其中，美国更加自由化的对外投资政策和国际劳工市场的激烈竞争是导致工

---

① Gary Gereffi, David Spener, Jennifer Bair, *Free Trade & Uneven Development: North American Apparel Industry after NAFTA*, p.81, p.87.

② 根据加州就业发展部的数据，1992—2001年，洛杉矶的服装产业就业人数甚至呈现缓慢上升，参见：California Employment Development Department, Labor Market Division, February 2002, accessed April 21, 2018, http://www.labormarketinfo.edd.ca.gov/data/labor-market-data-library.html。

③ Gary Gereffi, David Spener, Jennifer Bair, *Free Trade & Uneven Development: North American Apparel Industry after NAFTA*, pp.90-92.

会衰落的主要原因。[①] 在协定运行以前的20世纪80年代，平均每年有83次超过1 000名以上工人的罢工发生，80年代超过1 000人的年平均罢工次数比70年代减少124次，而90年代又比80年代减少48次。[②] 在协定运行一年以后的1995年，美国劳工组织总共发起罢工385次（包含1 000人以下的），比1994年减少20%。1995年成为美国近50年以来工会罢工次数最少的一年。[③] 由于自由贸易协定导致美国劳工不得不在国际范围内与很多廉价劳动力国家进行竞争，在企业拥有足够廉价劳动力供应源的背景下，企业家在面对工人罢工时宁愿会选择解雇罢工工人而另行招募新的工人来补充，或者直接将生产场地转移至外国。在20世纪80年代，大约有14%的罢工工人被新工人替代。在面对工人罢工时，大企业越来越频繁地选择解雇老工人而雇佣新工人。[④] 随着工会罢工次数的减少，罢工谈判越来越不能实现工会的目标，参加工会的美国工人也越来越少了。从1971—1989年，私人企业领域的工会会员减少42%。[⑤] 在《北美自由贸易协定》通过7年以后（2000年），私人

[①] 关于美国工会衰落原因的研究参见：Gary Hufbauer, Jeffrey J. Schott, *NAFTA Revisited: Achievements and Challenges* (Washington, DC: Institute for International Economics, 2005), p.80;Leonard, J., Dickens, William T, & National Bureau of Economic Research, "Accounting for The Decline in Union Membership," Working paper series, National Bureau of Economic Research, No. w1275, Cambridge, Mass: National Bureau of Economic Research, 1984; Krueger, A., Farber, Henry S, & National Bureau of Economic Research, "Union Membership in the United States: The Decline Continues," Working paper series, National Bureau of Economic Research, No. w4216, Cambridge, Mass: National Bureau of Economic Research, 1992; Sano, Joelle, John Williamson, "Factors Affecting Union Decline in 18 OECD Countries and their Implications for Labor Movement Reform," *International Journal of Comparative Sociology* 49, no. 6 (2008): 479-500.

[②] 关于美国每年1 000人以上罢工次数的统计，参见美国劳工部网站："Table 1. Work stoppages involving 1,000 or more workers, 1947–2017," Economic News Release, Bureau of Labor Statistics, accessed April 21, 2018, https://www.bls.gov/news.release/wkstp.t01.htm.

[③] "Strikes at 50-Year Low," *The New York Times*, Jan.29, 1996.

[④] David Lewin, Bruce Kaufman, eds., *Advances in Industrial Relations*, Vol. 13 (Oxford: JAI Press, 2004), pp.197-256.

[⑤] Leo Troy, "Is the U.S. Unique in the Decline of Private Sector Unionism," *Journal of Labor Research* 11, no. 2 (1990): 135.

企业领域的工会会员数只占到工人总数的9%。2006年，私人企业雇佣工人中只有7.4%的工人选择加入工会。[1] 这说明，在类似于《北美自由贸易协定》的诸多自由贸易协定通过以后，美国的工会在发动工人投票、与雇主进行谈判以增加工资待遇、组织工人罢工、吸收新成员这四个方面的能力都在快速下降。

《北美自由贸易协定》影响美国工会的方式主要有两种。

第一，随着《北美自由贸易协定》这类自由贸易协定的运行，美国劳工市场被迫与国际劳工市场接轨，很多美国国内的低技能需求或劳动力密集型劳工市场开始出现供大于求的状况。即使如此，还是有很多企业直接选择将生产场地搬迁至墨西哥以寻求更廉价的劳动力。基于此，工会领导人也在工会运动中越来越倾向于与雇主在工资谈判中进行合作，放弃把罢工作为威胁雇主的手段。而美国的企业雇主也在面临国际进口商品竞争的压力下开始提出与工会联手共同应对外企"竞争"的口号。按照雇主的逻辑，要想在贸易自由化的大环境下增强企业竞争力、保住工会成员的就业机会，工人就必须减少罢工、积极工作、降低企业成本（工资），这正如美国的大汽车企业德尔菲汽车公司宣布破产后公司首席执行官史蒂夫·米勒（Steve Miller）所说的：德尔菲企业的破产有力地证明，如果企业要在新的全球贸易环境下进行竞争，德尔菲的工会就必须作出"牺牲"来维护企业发展。[2] 在这样的逻辑环境下，工会和企业雇主也似乎建立了一种隐形的"工会—管理层伙伴关系"。[3] 在工会领导人选择与雇主"合作以共同应对"国

---

[1]　参见美国劳工部网站关于美国私企工会会员数量的统计数据："Union affiliation data from the Current Population Survey," March 3, 2018, accessed April 21, 2018, https://data.bls.gov/timeseries/LUU0204906600?years_option=all_years。

[2]　Russell Mokhiber, Robert Weissman, "The 10 Worst Corporations of 2005," *Multinational Monitor* 11, no.12 (2005): 26.

[3]　Norman Caulfield, *NAFTA and Labor in North America* (Urbana: University of Illinois Press, 2010), p.119.

际竞争的情况下，工会成员的基本工资很少再被列入双方谈判的内容，工会的谈判战略也被形容为"软性让步式谈判"。①

第二，雇主在谈判中经常使用对工会进行威胁的方法，即雇主在谈判中对工会进行威胁：如果工会坚持增加工资的要求，企业将直接关停工厂或将厂址搬迁到墨西哥。已经有学者针对雇主的威胁进行研究发现，在罢工谈判中真的有10%的企业最后把厂址迁往墨西哥，也有很多雇主在发给工会的信中提醒工人，《北美自由贸易协定》已经允许他们把企业迁至墨西哥，企业经常用这种软性威胁来表达其不会对工会示弱的立场。事实上，这种搬迁场地的威胁也确实对工会起到压制震慑作用：如果没有威胁，工会实现罢工目的的概率为47%；如果有威胁，工会实现罢工目的的概率为33%。② 因此，《北美自由贸易协定》等贸易协定通过以后，企业雇主在罢工谈判中的底气更足，在工会选择"软性让步式谈判"和企业雇主以搬迁场地威胁工会以后，工会不得不选择让步，很多宣称面临更大国际竞争压力的大企业实际上比原来获得更多盈利，但工人并未从企业增加的盈利中获得工资增加的优惠。根据2006年道琼斯市场报道的统计，国民收入分配中工人工资所占的比例在2006年达到56.9%的历史新低。③

《北美自由贸易协定》通过以后，企业雇主和工会谈判情势的变化最明显地体现于汽车制造业中。首先，协定关于原产地规定的条款可以使从美国进口零件、在墨西哥组装生产的汽车大量免税出口到美

① Linda Bell, "Union Wage Concessions in the 1980s: The Importance of Firm-Specific Factors," *Industrial & Labor Relations Review* 48, no. 2 (1995): 258-275.

② Kate Bronfenbrenner, "We'll Close! Plant Closings, Plant-Closing Threats, Union Organizing and NAFTA," *Multinational Monitor* 18, no. 3 (March 1997), accessed April 21, 2018, https://digitalcommons.ilr.cornell.edu/cbpubs/17/.

③ Rex Nutting, "Profits Surge to 40-Year High: When Will Corporations Spend Some of Their Hoard?" *Market Watch*, accessed April 21, 2018, https://www.marketwatch.com/story/corporate-profits-surge-to-40-year-high?siteid=mktw&dist=#false.

国，这使得墨西哥本土汽车零件生产和汽车生产的就业人数暴增。① 从
1988—2007年，墨西哥出口汽车的比率由41%涨至80%，1998—2007
年，从事汽车生产的墨西哥工人由20万人涨至47万人。② 因此，在协
定通过后企业面临进口竞争、工人面临劳工竞争的情况下，企业需要
扩大生产、提高生产效率、降低生产（劳工）成本，因而向工会提出
工会应从长远出发牺牲自己的工资来保住企业的要求。作为美国三大
汽车生产商之一的通用公司曾经占据过美国50%的市场份额，随着
1995年汽车进口配额的取消和《北美自由贸易协定》的运行，通用公
司2006年的市场份额已经缩水50%，公司盈利也在逐渐减少。在企业
财政景况不佳的情况下，通用公司的首席执行官不断向工会传递一个
信号——工人必须先作出工资方面的牺牲以换取公司的竞争力。③ 2007
年，底特律新闻报刊出名为《联合汽车工会：期待你们作出牺牲》的
文章。文章宣称：汽车工会在过去的谈判中所坚持的那种不让步风格
已经成为过去，工会必须在谈判中取消增加工资福利待遇的要求，这
样美国的三大汽车企业才能顶住自由贸易所带来的国际竞争。当时的
美国联合汽车工会副主席卡尔·拉普森（Cal Rapson）在考察了通用公
司在全国的工厂以后告诫工会成员们，"我们过去与通用打交道的方式
在通用不断盈利的条件下很合适，但现在我们必须得作出改变"。位于
俄亥俄州通用汽车厂的当地工会领导人也告诉工人们，"如果我们的工
厂不能盈利，我们甚至连工厂都保不住了"。通用公司甚至和当地的工
会领导人举办了"培训"工人关于盈利与工资之关系的项目，让工人
了解到为了保住工厂、保住工作，他们必须在工会对雇主的谈判中牺
牲自己的工资，在平时的工作中以更高的效率劳动。在企业效益下降

---

① Sidney Weintraub, Christopher Sands, *The North American Auto Industry under NAFTA* (Washington D.C., CSIS, 2006), pp.48-92.

② Richard Lapper, "Automobiles: NAFTA Drives Car Production," *Financial Times*, June 15, 2008.

③ Norman Caulfield, *NAFTA and Labor in North America*, p.144.

的情况下, 美国其他大汽车生产商也使用同样的方法让工人牺牲自己的工资增长以挽救企业。2006年, 福特公司宣布亏损127亿美元, 关停16处工厂并裁员4万名工人。福特在圣路易斯工厂的工会领导人告诉工人们: "常识已经告诉你们, 未来的日子将会非常困难, 我们一方面要与福特公司博弈, 另一方面还要让福特公司保持竞争力。"① 在寻求与雇主建立伙伴关系的指导下, 汽车工会的罢工次数减少了, 汽车工人的工资却并没有因为企业盈利而有所上涨, 汽车企业也没有因为工会的让步而停止向墨西哥搬迁的计划, 更多的汽车工厂依然关停。②

《北美自由贸易协定》通过以后, 企业雇主还利用协定带来的更加便利的对外投资环境以搬迁场地为威胁来打压工会。按照美国的工会法律, 企业雇主被禁止在谈判中使用关停工厂等手段来威胁工会, 但依然有很多企业雇主在工人罢工期间以模糊信息或口头传达的方式向工会发出威胁。例如在一些罢工事件中, 企业雇主会单独召见不是工会谈判代表的普通会员, 在会面时委婉地暗示他们不要投票支持那些立场强硬的谈判代表, 否则管理层将招募新的工人来替代他们。在一些罢工事件中, 企业雇主以很模糊的方式向工会表达其可能搬迁场地的威胁, 如将印有墨西哥地址的标签贴在工厂设施上面, 或者在机器上张贴一张印有整个北美地区的地图, 上面标有工厂可能迁往的方向箭头, 或者直接在致工人的公开信中声称如果工会赢得罢工结果投票, 工厂可能会马上搬迁。在1995年, 位于密歇根州的埃梯梯(ITT)汽车公司在面对工人罢工时直接在工厂散发印有"向墨西哥转移工作"的粉色传单。埃梯梯汽车公司同时向罢工工人播放该公司在墨西哥工厂的工人劳动视频。更有甚者, 企业雇主直接与工会成员对话时直言不讳地发出威胁。自由贸易协定运行以后, 由于美国制造业企业在考虑

---

① "UAW: Expect Sacrifice," *Detroit News*, January 16, 2007.
② 关于美国三大汽车工会罢工、公司雇员、搬迁与关停的情况, 参见: Norman Caulfield, *NAFTA and Labor in North America*, pp.144-165。

将生产基地迁至墨西哥时可以追求更低的劳工成本，企业雇主在罢工谈判中可以更加肆无忌惮地威胁工会和工人，工会发起罢工和赢得罢工的概率越来越低，工会的状况每况愈下，工人的工资和待遇也受到压制。

总之，尽管从经济参数方面来看《北美自由贸易协定》的运行给美国带来总体上产业升级和经济结构的优惠，但协定的受害者也是不容忽视的，虽然他们占据美国经济、产业中的较小部分。协定为美国制造业在对外投资和追求廉价劳动力方面提供更多的机会，促使美国低技能需求的劳动力密集型产业和低教育程度的劳工不得不与墨西哥的廉价劳工进行竞争，从而造成美国制造业中劳动力密集型产业工人的失业。更严重的问题在于，这些失业群体中的很多人由于其受教育程度较低而无法实现下岗再就业，从而成为美国永久性的失业群体。而且在协定运行后，一方面，很多制造业雇主利用其受国际进口竞争导致盈利下降的财务现实劝服工会领导人与其建立"伙伴关系"，让工会自发地减少工资待遇要求以实现企业的长期发展，通过降低工人待遇的方式来节约成本并维继企业效益；另一方面，企业雇主则利用协定赋予美国制造业向墨西哥搬迁的便利条件，以明示或暗示的方法向工人发出搬迁工厂的威胁，迫使工会在罢工中放弃工资要求。因此，《北美自由贸易协定》运行以后，那些低技能需求和劳动力密集型产业的工会以及工人待遇受到企业雇主的压制。

第二节　保守派的压倒性权势与新孤立主义实践

与布什相对温和的保守主义政治倾向不同，来自得克萨斯州的小布什的保守主义政治意识形态更加符合极端的南方保守主义特色，更加偏向于右派的保守主义者。例如，小布什在小政府、同性恋、双性恋及变性者权利和堕胎权利方面比布什要更加保守。事实上，小布什赖以当选总统的政治根基是在保守主义光谱上更加偏右的南方保守主义的支持，小布什在不被看好的情况下以微弱优势击败劲敌戈尔（Al Gore）当选，既体现出南方保守主义即真正的保守派政治力量对共和党的强大影响力，也体现出保守派在美国基层政治中的实力已经得到进一步的巩固和发展。对于共和党和保守派来说，小布什所代表的保守派在2000年大选胜利的意义是历史性的——这是共和党自1954年以来首次全面控制影响美国外交政策的所有关键权力机构：总统、参议院和众议院。掌握着压倒性权势的保守派自然地将大量保守主义和新保守主义人士招募至政府参与外交决策，新孤立主义外交主张被付诸实践的制度性和组织性障碍不复存在。

一、保守派与小布什的胜选

自里根以来，所有的共和党总统候选人都在竞选中明确地宣布自己是真正的"保守主义者"来迎合保守派的支持，以吸引那些在社会、道德、经济、宗教和政治议题领域的保守派选民，保守主义的内政议程和外交议程成为共和党候选人竞选纲领的核心原则。1988年，保守主义者杰克·肯普（Jack Kemp）在竞选中将自己称为"全身心的保守主义者"，布坎南宣称他喜欢"保守主义的内心"，小布什在2000年的选举中称自己为"有怜悯心的保守主义者"以迎合保守主义选民。①

在2000年的总统选举中，由于克林顿政府时期美国经济发展态势良好，经济议题已经不是当时选民最关注的议题。相反的，共和党保守派所关心的道德、社会、宗教和政治议题成为选民支持总统候选人的关键要素。②而且，保守派选民也成为共和党的主要团体和投票者。

---

① Donald Critchlow, *The Conservative Ascendancy: How the Republican Right Rose to Power in Modern America*, p.258.

② Gerald M. Pomper, *The Election of 2000: Reports and Interpretations* (New York: Chatham House, 2001), p.75.

在大选前的民调中，80%的共和党人认为他们自己属于"保守主义者"。当选民被问到如何对竞选议题的重要性进行排序时，12%的选民把道德议题排在首位，道德议题对于那些认为美国正在经历前所未有的道德堕落的共和党选民来说尤其重要。在堕胎议题方面，53%的共和党人反对堕胎。[①] 在"大政府"还是"小政府"的争论方面，尽管在克林顿时期对政府的信任度有所增加，但选民还是更加青睐保守主义者倡导的"小政府"。就在大选前的10月底，57%的选民在受访时强调自己更喜欢"小政府"。[②]

基于对共和党保守派的迎合，小布什在竞选中强调对宗教道德和传统家庭观念的尊重，对堕胎的反对，对"大政府"的反对，对增加国防预算的支持。在总统辩论中，小布什提出减税并批评当前的联邦政府过于强大，把戈尔塑造为支持大政府社会福利、支持堕胎、反对大企业的典型自由派。[③] 尽管戈尔在选举中也强调道德价值和增加国防开支，[④] 但保守派的主体选民如道德保守派、宗教保守派依然把选票投给了小布什。根据2000年大选数据，小布什赢下所有传统意义上由保守派为主体的南方地区（11个州）。在属于广泛意义上南部地区的26个州中，小布什赢得其中25个州的选举人票，可见南方保守派的强大政治力量。[⑤] 其中，南方地区的宗教保守派以压倒性优势投票支持小布什：小布什赢得南方白人福音派中84%的选票，赢得白人清教徒（非

① Arthur H. Miller, Thomas F. Klobucar, "The Role of Issues in the 2000 U.S. Presidential Election," *Presidential Studies Quarterly* 33, no. 1 (2000): 103, p105, p.110, p.113.

② Gerald M. Pomper, *The Election of 2000: Reports and Interpretations* (New York: Chatham House, 2001), p.77.

③ Paul R. Abramson, John H. Aldrich, David W. Rohde, eds., *Change and Continuity in the 2000 Elections* (Washington, D.C.: CQ Press, 2002), p.37.

④ Donald Critchlow, *The Conservative Ascendancy: How the Republican Right Rose to Power in Modern America*, p.259.

⑤ Gary C. Jacobson, "A House and Senate Divided: The Clinton Legacy and the Congressional Elections of 2000," *Political Science Quarterly* 116, no. 1 (2001): 13.

福音派）70%的选票，赢得罗马天主教徒57%的选票。在全国层面，小布什总共赢得63%的白人新教徒（包含福音派）选民和84%的福音派选民。[①] 从投票选民的政治倾向来分析，在所有投票的共和党选民中，有88%的温和派保守主义共和党人（Moderate Republican）、95%的保守派共和党人（Conservative Republican）、79%的无党派保守主义者（Independent Republican）投票支持小布什。[②] 这说明在2000年大选中，主要来自南方地区的保守派选民再次证明其足以在联邦层面把支持保守主义内政外交议程的共和党候选人送上总统宝座。在国会层面，南方地区的保守派对共和党的政治支持也是决定性的。在共和党2000年赢得大选的所有席位中，63%的众议院席位和67%的参议院席位都是来自保守派支持的南方各州。[③]

基于对保守派巨大政治支持的回馈，小布什上台后也确实推行了很多保守主义的内政外交议程。在内政方面，小布什政府通过1.35万亿的减税法案、签署多个限制堕胎的法案、为反对同性婚姻的《联邦婚姻修正案》进行辩护等。[④] 小布什在竞选中表现出的对宗教、传统道德的热情也使他在2004年的选举中巩固了宗教保守派对他和共和党的支持。在2004年大选中，小布什赢得52%天主教中保守派选民的支持，比2000年多5%，赢得78%基督教重生派和福音派的保守主义选民（占2004年选民总数23%）的支持。同样地，投票支持小布什的这些

① Robert P. Steed, Laurence W. Moreland, *The 2000 Presidential Election in the South: Partisanship and Southern Party Systems in the 21st Century* (Westport: Praeger, 2002), p.16.

② Gerald M. Pomper, *The Election of 2000: Reports and Interpretations* (New York: Chatham House, 2001), p.138; Todd Breyfogle, "Some Paradoxes of Religion in the 2000 Presidential Election," *Reviews in Religion & Theology* 8, no. 5: 543-547.

③ Gary C. Jacobson, "A House and Senate Divided: The Clinton Legacy and the Congressional Elections of 2000," *Political Science Quarterly* 116, no. 1 (2001): 13.

④ Edward Ashbee, *The Bush Administration, Sex and the Moral Agenda* (Manchester: Manchester University Press, 2007), pp.213-218, pp.86-93.

选民也将票投给和小布什立场相同的保守派共和党议员。① 而且在小布什政府时期，共和党通过历次选举对党组织和动员系统进行新的改革，改革后的共和党与草根保守主义尤其是宗教保守派的联系更加紧密，保守派对共和党内政外交议程的影响和反应更加直接。与此同时，共和党与草根保守主义的联系从总统选举延展到国会选举。在2002年的中期选举中，共和党正是通过发动大量热情的草根保守主义者才以微弱优势保住参议院多数党地位。② 总之，在小布什时期，保守派的巨大政治力量促成了小布什成功赢得总统选举，也促成了共和党成功维持住其对国会的控制。基于此，保守派对共和党政治议程的影响力继续有增无减。

二、保守派与自由派的力量对比

如果说保守派的新孤立主义主张在里根时期受到里根及支持自由国际主义战略的其他共和党人的打压，在布什时期又没有获得作为自由国际主义者的总统的青睐，那么本身缺乏外交知识和经验的保守派共和党人——小布什的上台为保守派进入外交决策的关键权力机构奠定根本性的制度和人事基础。在外交政策团队组建过程中，大量具有新孤立主义倾向的保守派加入小布什的外交政策团队并对小布什的外交决策产生实质性影响。

由于大量的保守派共和党人曾经在福特、里根和布什政府时期就开始担任中上层的外交职务或其他高级行政职务，他们与小布什的父亲也建立起非常紧密的政治关系。小布什在遴选外交人员进入其外交团队时收到其父亲和其他共和党元老的大量推荐，这些曾在往届共和

---

① Donald Critchlow, *The Conservative Ascendancy: How the Republican Right Rose to Power in Modern America*, p.274.

② John Micklethwait, Adrian Wooldridge, "Triumph of the Right," *Newark Star Ledger*, November 28, 2004, pp.1-4; Donald Critchlow, *The Conservative Ascendancy: How the Republican Right Rose to Power in Modern America*, p.269.

党政府供职的保守派成员通过与元老级共和党人物的政治合作经历建立了良好的关系，因而可以被乔治·舒尔茨（George Schultz）、布伦特·斯考克罗夫特（Brent Scowcroft）等共和党元老推荐给小布什并加入小布什最初的竞选外交团队和最后的外交内阁团队。在小布什最早于1998年开始谋划参选总统时，小布什的父亲利用其与共和党外交元老的良好关系，先后让迪克·切尼（Dick Cheney）、斯考克罗夫特和舒尔茨为小布什提供外交顾问人选建议。在三者的推荐下，曾经在国防部担任切尼和舒尔茨高级助手的保罗·沃尔福威茨（Paul Wolfowitz）获得推荐并加入小布什的外交顾问团队。曾经在国家安全委员会为斯考克罗夫特工作的康多莉扎·赖斯（Condoleezza Rice）则受到其前上司的大力推荐，也加入小布什的团队。在1998年的预备竞选会议中，小布什已经决定让赖斯和沃尔福威茨担任竞选事务中总统候选人外交政策的主要规划者和定调者。在确定了外交顾问团队的核心地位后，沃尔福威茨和赖斯开始招募更加基层的外交团队成员。强硬的保守派共和党人赖斯和新保守主义者沃尔福威茨先后招募大量曾经在里根和老布什政府担任中层外交职务的学者、专家和官员，如曾经在国防部工作的理查德·阿米蒂奇（Richard Armitage），曾经在国防部担任沃尔福威茨助手的保守主义鹰派人物史蒂芬·哈德利（Stephen Hadley），曾经担任国务卿贝克助手的罗伯特·佐利克（Robert Zoellick）等。除此之外，小布什非常信任的保守派人物切尼也加入小布什的竞选团队。切尼实质上对小布什在竞选期间的外交政策定调有着巨大影响，切尼也直接助推当时曾负责导弹防御评估项目的好友唐纳德·拉姆斯菲尔德（Donald Rumsfeld）加入小布什的竞选团队。考虑到科林·鲍威尔（Colin Powell）曾经在里根政府和布什政府中的外交与军事经历，小布什也让鲍威尔加入竞选团队，但小布什在外交政策的观点认同方面从未与偏向于自由国际主义的鲍威尔相契合。小布什团队让鲍威尔加入的原因更多的是鲍威尔是黑人中的保守派，而且鲍威尔在军队中具有很高的威信，这些都有利于增加黑人保守派和军人对小布什的支持。自由国际主义立场的鲍威尔从进入小布什的竞选团队以后就受到切尼和拉姆斯菲尔德等保守派的排挤，因而在小布什的外交团队中并不能影响其决策。[①]

小布什胜选后，那些在竞选中担任竞选顾问的高层和基层外交团队成员自然成为小布什政府中高级外交岗位的首要人选。除已经当选副总统的切尼以外，保守派共和党人大量充斥于小布什的外交内阁。基于和小布什非常顺畅的合作关系与性情方面的自然契合，小布什特别信任的赖斯被任命为国家安全事务助理。在国防部长人选方面，小布什曾经尝试任命宗教社会保守派特别喜欢的、参议院共和党领袖特伦特·洛特（Trent Lott）的政治盟友丹·科茨（Dan Coats），但鉴于其未能与小布什就国防部与国务院的外交权限争端问题达成共识，小布什转而在舒尔茨的游说下任命以管理能力见长和外交立场强硬的保守主义者拉姆斯菲尔德。[②]信奉自由国际主义的鲍威尔虽然毫无悬念地被任命为国务卿，但是在小布什的外交内阁组成以后，鲍威尔在决策中受到切尼和拉姆斯菲尔德非常强势的排挤，切尼甚至组建了自己独立的副总统国家安全顾问团队，在决策方面直接与小布什沟通并影响总统决策，鲍威尔偏向于自由国际主义的外交政策无法被小布什接纳和采用。[③]除这些内阁级外交职务的任命外，小布什还任命了大量的保守派共和党人担任其他高级外交与安全职位：任命沃尔福威茨担任国防部副部长，任命阿米蒂奇担任副国务卿，任命马克·格罗斯曼（Marc Grossman）担任助理国务卿，任命哈德利担任国家安全事务副助理，任命道格拉斯·菲斯（Douglas Feith）担任助理国防部长，任命新保

[①]　James Mann, *Rise of the Vulcans: A History of Bush's War Cabinet* (New York: Viking, 2004), p.254.

[②]　Ibid., pp. 264-269.

[③]　Ibid., p.273, p.276.

守主义者刘易斯·利比（Lewis "Scooter" Libby）担任切尼的幕僚长，新保守主义者埃利奥特·艾伯拉姆斯（Elliot Abrams）则进入国家安全委员会担任顾问，而历来反对美国参与多边主义外交的保守主义鹰派人物约翰·博尔顿（John Bolton）则被小布什任命为负责军控的助理国务卿。四年后，小布什不顾参议院的反对，批评和贬低联合国作用的博尔顿被小布什在国会休会期间任命为美国驻联合国大使。可以说，在高级外交职位的任命方面，除支持自由国际主义的鲍威尔以外，小布什的外交团队几乎被保守派完全占据。在国会层面，共和党也在2000—2006年的三次选举中连续以微弱优势控制参众两院，[①] 由保守派领导的国会也确保小布什在采取新孤立主义外交行动时很难遇到与其外交意识形态相同的保守派的阻碍。2001—2007年保守派与自由派的力量对比参见表7–4和图7–1。

表7–4　2001—2007年保守派与自由派的力量对比

		保守派控制	自由派控制
总统	国务院	7（小布什）	1（鲍威尔）
	国防部	（切尼）	
	驻联合国代表	（拉姆斯菲尔德）	
	国家安全局	（阿米蒂奇）（沃尔福威茨）（博尔顿）（赖斯）	
参议院		1	0
众议院		1	0

资料来源：作者整理。

---

① 从2001—2006年，共和党在国会的多数地位优势为：2001—2003年，参议院51：50，众议院220：210；2003—2005年，参议院51：49，众议院222：209；2005—2007年，参议院55：45，众议院225：207。

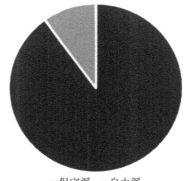

■ 保守派 ■ 自由派

图7-1 2001—2007年保守派与自由派的政治力量对比

资料来源：作者整理。

三、新孤立主义的实践

尽管整个小布什时期的外交政策被冠之以"新保守主义"或"布什主义"，但小布什在"9·11"事件以前外交政策并非"布什主义"而是属于保守主义中传统现实主义或保守主义鹰派，即重视美国硬实力和军事力量建设，反对美国的行动自由受到国际组织的约束，反对基于"自由、民主、人权"理念进行海外介入，反对传统的孤立主义。同时，对克林顿和民主党人外交政策的批评和反对也是影响小布什政府执政初期外交政策的重要因素。因为保守主义者们认为克林顿政府过于国际主义的政策已经违背美国的国家利益，因而在外交观点上具有"逢克林顿必反"的特色。[①] 在竞选演讲中，小布什批评克林顿以人权和人道主义为理由过于频繁地使用美国的军事力量，小布什认为对索马里和海地这些国家进行干涉根本不属于美国的核心利益，美国军事力量的目标不是在国外进行"国家建设"而是"打赢战争"，小布什承诺使用美国武力时会更加有所选择性。竞选中的小布什在外交政策

---

① Ivo Daalder, James Lindsay, *America Unbound: The Bush Revolution in Foreign Policy* (Washington, D.C.: Brookings Institution, 2003), pp.37-39.

方面既反对基于人权的目标让美国全面介入，又反对美国放弃对"人权、自由、民主"等理念的重视。小布什认为美国外交不必在国家利益与理想主义之间进行选择，民主推广本身是有利于现实国家利益的。小布什对克林顿热衷于加入如此多的多边国际条约（如《全面禁止核试验条约》）能否带给美国真正的利益表示怀疑，声称在他任内绝不让联合国指挥美国的任何部队。当然，小布什也批评主张美国完全不介入的传统孤立主义观点，"试图建立自傲的保护主义和孤立主义高塔"只会让美国找到"通往混乱的捷径并引来对我国权势的挑战"。①

在胜选后的执政初期，小布什既基于其传统保守主义共和党人的外交立场，又基于对其前任总统外交遗产的反对，在多边外交领域采取了很多新孤立主义实践。例如，布什政府重新审查和提出1972年《禁止生物武器公约》草案的大量问题，宣布反对《禁止生物武器公约》草案、退出公约谈判并开始进行生物武器实验；② 克林顿签署国际刑事法庭条约后，小布什及其政府内的保守主义者根本无意将其提交到国会进行表决。国会甚至还通过几项限制美国资助海牙国际刑事法院（ICC）的法案。国际刑事法院在2002年开始运作后，当时的副国务卿博尔顿直接致信联合国秘书长说："美国不打算成为条约成员，美国对2000年开始的签约公约没有法律义务。"为限制国际刑事法院对美国人进行起诉的可能性，小布什政府直接在安理会否决联合国在波黑的维和计划，以此为要挟要求国际刑事法院在战犯起诉方面豁免美国

---

① Governor George W. Bush, "A Distinctly American Internationalism," Ronald Reagan Presidential Library, Simi Valley, California, November 19, 1999, accessed April 21, 2018, https://www.mtholyoke.edu/acad/intrel/bush/wspeech.htm; Colin Dueck, *Hard Line: The Republican Party and U.S. Foreign Policy since World War II*, p.268.

② "Biological Weapons Convention," accessed April 21, 2018, http://www.nti.org/analysis/articles/biological-weapons-convention-bwc/; Judith Miller, Stephen Engelberg, William J. Broad, "U.S. Germ Warfare Research Pushes Treaty Limits," *The New York Times*, September 4, 2001.

公民。^①小布什上任后迅速致信赫尔姆斯等保守共和党议员，向他们保证美国将不会执行其《京都议定书》中的减排承诺，因为《京都议定书》会让美国的能源成本上升。随后，小布什政府便宣布退出这个多边国际气候协定。^②小布什政府拒绝把克林顿政府已经签署的《全面禁止核试验条约》再次提交参议院以供讨论批准。在共和党保守派的游说和压力下，小布什政府单方面退出美俄反导条约并增加反导研发和部署力度以实现美国本土绝对安全的目标。

"9·11"事件的发生直接催生小布什政府外交政策的单边主义，使小布什政府的外交政策具有更加明显的新孤立主义色彩。"9·11"事件过后，小布什在国会发表演讲宣布美国的战略是"反恐战争"——彻底消灭全球范围内的所有恐怖主义。^③在2002年国家安全战略报告中，小布什政府重新将美国的首要国家安全威胁定位为掌握大规模杀伤性武器的激进主义者和恐怖分子，报告提出美国应通过维持超强军力、通过先发制人手段摧毁恐怖主义的威胁。基于此，美国可以在特殊情况下无视多边主义："尽管美国将一如既往地寻求国际共同体的支持，但在必要情况下，我们会毫不犹豫地单独行动，利用我们的自卫权先发制人地打击恐怖分子，以防止他们对人民和国家造成伤害。"^④小布什政府和他的新保守主义外交团队围绕着反恐战略所展开的一系列外交政策被学者们称为"布什主义"或新保守主义。^⑤根据学者杰维

---

① Jean Galbraith, "The Bush Administration's Response to the International Criminal Court," *Berkeley Journal of International Law* 21, no. 3 (2003): 685-688.

② "Bush Drops a Call for Emissions Cut," *The Washington Post*, March 14, 2001; "U.S. Going Empty-handed to Meeting on Global Warming," *The New York Times*, March 29, 2001.

③ "Address Before a Joint Session of the Congress on the United States Response to the Terrorist Attacks of September 11," September 20, 2001, http://www.presidency.ucsb.edu/ws/?pid=64731.

④ The National Security Strategy of the United States, September 2002, p.6, accessed April 21, 2018, http://nssarchive.us/national-security-strategy-2002/.

⑤ Charles Krauthammer, "The Neoconservative Convergence," *Commentary* 120, no.1 (2005): 21-26.

斯的总结，"布什主义"主要包括四方面内容：[1] 第一，美国外交的重要目标是促进全球国家的民主化改革和自由制度。在小布什以前，第二次世界大战后美国历届政府都会强调美国外交的民主推广与自由传播理念，但民主与自由理念都被糅合在美国处理外交政策的实用主义考量中。与前任相比，小布什政府对推广美式民主和自由制度的重视程度和执行力度是"革命式"的，是"带着利齿的威尔逊主义"。[2] 这一方面是基于小布什政府制定的反恐战略，即通过实现中东国家的民主化来确保地区安定，从而根除恐怖主义赖以滋生的社会温床；另一方面是基于新保守主义者对全球民主自由制度可以促进美国国家利益和世界和平的认识。[3] 第二，对于极端主义者、"流氓国家"和恐怖分子，"布什主义"或新保守主义不相信单纯的"威慑"或"遏制"战略可以防止他们攻击美国，因为恐怖分子不惧报复并愿意主动出击，美国需要采取先发制人手段尽早消灭恐怖主义。[4] 第三，"布什主义"或新保守主义的外交风格具有强烈的单边主义倾向，无论是退出、反对各种各样的多边国际组织，还是不顾联合国安理会和盟国的反对动用武力推翻伊拉克萨达姆政权，"布什主义"或新保守主义认为单边行动是合理

---

[1]　学界关于"布什主义"的解读很多，但核心观点与杰维斯大同小异，参见：Melvin Gurtov, *Superpower on Crusade: The Bush Doctrine in US Foreign Policy* (Boulder, Colo.: Lynne Rienner, 2006), pp.39-48; Jonathan Monten, "The Roots of the Bush Doctrine: Power, Nationalism, and Democracy Promotion in U.S. Strategy," *International Security* 29, no. 4 (2005): 112-156; Walter Lafeber, "The Bush Doctrine," *Diplomatic History* 26, no. 4 (2002): 543-558; Brian C. Schmidt, Michael C. Williams, "The Bush Doctrine and the Iraq War: Neoconservatives Versus Realists," *Security Studies* 17, no.2 (2008): 195-201。

[2]　Robert Jervis, "Understanding the Bush Doctrine: Preventive Wars and Regime Change," *Political Science Quarterly* 131, no.2 (2016): 284-289; Melvyn Leffler, "9/11 and American Foreign Policy," *Diplomatic History* 29, no.3 (2005): 395; John Mearsheimer, "Hans Morgenthau and the Iraq War: Realism versus Neoconservatism," *Merkur-Deutsche Zeitschrift Fur Europäisches Denken* 59, no. 9-10: 836-844.

[3]　Brian C. Schmidt, Michael C. Williams, "The Bush Doctrine and the Iraq War: Neoconservatives Versus Realists," pp.191-220.

[4]　Robert Jervis, "Understanding the Bush Doctrine: Preventive Wars and Regime Change," p.289; John Ikenberry, "America's Imperial Ambition," *Foreign Affairs* 81, no.5: 49.

的，因为其目的是构建"民主"基础上的国际和平以及符合美国的国家利益。[①] 第四，"布什主义"和新保守主义主张维持美国至高无上的霸权地位。由于新保守主义者坚信美国国家制度的优越性，美国霸权对维护世界和平、自由制度的重要性，美国可以采取单边主义的方法确保美国在军事领域的绝对优势，确保美国在相互威慑中的绝对安全。[②] 从"布什主义"的主要内容和小布什政府在"9·11"事件以后所采取的外交行为可以看出，新保守主义已经从里根时期的边缘地带发展为统治小布什政府外交政策的中心思想。新保守主义在制定反恐战略、促进世界民主化变革、维护美国至高权势和国家利益三方面的影响是决定性的，他们自己也进入小布什政府的决策圈参与外交政策制定。[③] 例如，新保守派对小布什绕开联合国安理会决议对伊拉克采取单边主义军事进攻的决策起到很大的作用。由于小布什总统自己的外交决策风格是，在外交决策过程中并不会大量咨询各专业部门的意见，而是只寻求少数几位忠于他的保守派"小圈子"。这个保守派"小圈子"也不断地向小布什灌输充满单边主义特色的新孤立主义观点：美国当前的实力已经是不可挑战的，美国的实力也已经达到可以无须其他国家和国际组织的帮助而可以单独行动来实现自己的国家利益。[④] 小布什的外交团队中不仅全部充斥着鼓励小布什相信美国绝对实力并采取单边行动的保守派"小圈子"，而且这个"小圈子"也不断地排挤向小布

---

① Robert Jervis, "Understanding the Bush Doctrine: Preventive Wars and Regime Change," p.289; John Ikenberry, "America's Imperial Ambition," *Foreign Affairs* 81, no.5, p.295.

② Ibid, p.297; Brian C. Schmidt, Michael C. Williams, "The Bush Doctrine and the Iraq War: Neoconservatives Versus Realists," p.195.

③ 关于新保守主义、新保守主义者对里根时期和小布什时期外交政策的影响，参见：Jesús Velasco Nevado, *Neoconservatives in U.S. Foreign Policy under Ronald Reagan and George W. Bush: Voices behind the Throne* (Baltimore: Johns Hopkins University Press, 2010); James Mann, *Rise of the Vulcans: The History of Bush's War Cabinet* (New York: Viking, 2004)。

④ James Mann, *Rise of the Vulcans: A History of Bush's War Cabinet* (New York: Viking, 2004), p.12.

什提出不同意见的其他政策参与者。[①] 在被保守派意见严密包围的环境下，充满现实主义的谨慎意见以及建议多边主义的意见都没有被送到小布什赖以决策的考虑范围内。[②] 因此，总统周围环绕的保守派"小圈子"引导在外交政策领域没有知识经验的小布什坚信美国的超级实力和单边主义行为是合理的，这也直接导致小布什时期的新孤立主义实践具有极强的单边主义特色。小布什时期（2001—2007年）新孤立主义的实践程度参见表7–5和图7–2。

表7–5　小布什时期（2001—2007年）新孤立主义的实践程度

新孤立主义主张	新孤立主义的实践程度
反对联合国等多边组织和协议（A）	反对联合国 反对国际刑事法庭 反对《禁止生物武器公约》 退出《京都议定书》 反对《全面禁止核试验条约》 退出美苏《反弹道导弹条约》（6）
反对多边自由贸易（B）	无视世界贸易组织关于贸易救济条款规定，采取美国历史上最大规模的"201调查"（1）
反对联盟体系（C）	0
支持单边主义武力干涉（X）	绕开联合国安理会决议入侵伊拉克（1）
支持不干涉政策（Y）	0
反对对外援助（Z）	0

资料来源：作者整理。

---

① 小布什在后来回忆自己作出入侵伊拉克的决策被新保守派隔绝外交咨询渠道的情况时说，"我没有（小圈子）以外的建议，那些声称自己是小圈子以外的人都不和我讲心里话"，见：Nicholas Lemann, "Remember the Alamo: How George W. Bush Reinvented Himself," *The New Yorker*, October 18, 2004, pp. 148-61。

② Patrick J. Haney, "Foreign-Policy Advising: Models and Mysteries from the Bush Administration," *Presidential Studies Quarterly* 35, no. 2 (2005): 297.

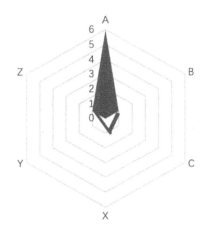

图 7-2　小布什时期（2001—2007 年）新孤立主义的实践程度

资料来源：作者整理。

第三节　奥巴马时期：保守派力量的
反弹与新孤立主义实践

　　在奥巴马时期，由于总统位置和关键的外交决策部门由民主党自由派或共和党温和派把持，奥巴马任期的最初两年国会也被民主党自由派控制着，保守派的新孤立主义主张不具备付诸实践的制度和人事基础。奥巴马在处理金融危机时采取的自由主义经济政策迅速刺激了保守主义的反弹，导致了 2010 年中期选举保守主义政治势力的巨大胜利。[1] 共和党从 2010 年起控制众议院，从 2014 年起控制参众两院，进而利用其国会权力来反对奥巴马政府的自由国际主义外交政策，新孤立主义再次通过保守派控制的国会体现于美国外交实践。

---

① Gary C. Jacobson, "The Republican Resurgence in 2010," *Political Science Quarterly* 126, no. 1 (2011): 27-52.

一、"茶党"与保守主义力量的反弹

在2008年大选中，尽管共和党候选人约翰·麦凯恩（John McCain）刻意与小布什时期的政策进行切割，麦凯恩的竞选立场依然属于典型的保守主义。麦凯恩挑选了典型的社会保守主义者佩林作为其竞选搭档，但共和党2008年大选的全面失利使保守主义者倍感沮丧。大选结果揭晓后，很多包括保守主义者在内的观察家都认为，麦凯恩的失败预示着保守主义在经历30多年的政治辉煌后开始走下坡路，共和党可能已经沦为只代表南方和中西部的地区性政党。[①] 然而，奥巴马政府在应对金融危机时采取的凯恩斯式经济政策再次激起草根保守主义选民的愤怒，对奥巴马的愤怒情绪直接导致保守主义共和党借着"茶党"运动再次强势反弹，使共和党在2010年的中期选举中重新控制众议院多数席位。

2008年国际金融危机爆发后，奥巴马政府在应对危机方面采取政府积极干预的政策，通过政府资助方式对华尔街大银行、大汽车企业进行担保救助。随着美国经济形势在2009年初达到低潮，奥巴马政府通过7870亿美元的经济刺激方案。在民主党把控国会的背景下，新的经济刺激开支方案自然会在项目花销分配方面偏向于民主党议员所在的选区。[②] 奥巴马政府在经济萧条的情况下通过大政府方式干预市场、挽救选民所厌恶的"1%"富人阶层，这在经济保守主义者看来是挪用普通纳税人的钱来帮助那些平时"压榨"美国平民的华尔街精英。同时，奥巴马利用民主党控制两院的机会通过新的强制性医保法案，这

[①] Charles Blow, "Whither the Republicans?" *The New York Times*, January 31, 2009; Sam Tanenhaus, *The Death of Conservatism* (New York: Random House, 2009).

[②] "House Passes Spending Bill, and Critics Are Quick to Point Out Pork," *The New York Times*, February 25, 2009.

个法案不仅引起共和党的激烈抗议，也引起很多中间选民的反对。[①] 因此，对于经济保守主义和怀疑奥巴马是否生于美国本土的种族保守主义来说，奥巴马的行为不仅违背保守主义而且试图把美国领向社会主义。带有种族主义倾向的白人选民也把奥巴马的当选看成是黑人和其他少数族裔对美国白人政治传统的颠覆，这种焦虑情绪使共和党的白人选民积极反对奥巴马政府的所有政策。[②] 在奥巴马签署缓解房贷者经济压力的房地产救助法案后，美国全国广播公司财经频道（CNBC）主持人里克·桑特利（Rick Santelli）对此抨击道："这是在美国！我们在座各位有谁想为你们有着多余卫生间但付不起房贷的那些邻居付费？""另一个茶党的时代到来了，我们所做的将会让杰斐逊和富兰克林揭棺而起！"[③] 桑特利的言论迅速引起保守主义经济学家和共和党人的共鸣，共和党前众议院多数党领袖迪克·阿米梅（Dick Armey）立即领导他在华盛顿的保守派智库"自由可行"与反对奥巴马的地方组织取得联系。阿米梅组织发起25个全国性的集会游行来反对政府滥用税收开支和救助银行、大企业的经济政策。在阿米梅的号召和组织下，全美各地都出现抗议奥巴马政府的游行活动。[④]

茶党运动兴起后，共和党内的保守主义派迅速参与其中，他们希望利用茶党运动来反对奥巴马政府，增加民众对共和党的支持。2009年夏，茶党组织的"纳税人向华盛顿进军"行进到白宫时，保守主义者和共和党国会议员也加入其中，对数万游行群众发表演讲。从茶党

---

① 根据2010年3月CNN的民调，反对奥巴马医改的民众比例达到59%，参见："New CNN Poll: 59% Oppose Obamacare," March 22, 2010, https://www.dailysignal.com/2010/03/22/new-cnn-poll-59-oppose-obamacare/。

② Christopher S. Parker, Matt A. Barreto, *Change They Can't Believe In: The Tea Party and Reactionary Politics in America* (Princeton: Princeton University Press, 2013), p.21.

③ "Rick Santelli: Tea Party Time," *The New York Times*, February 20, 2009, https://opinionator.blogs.nytimes.com/2009/02/20/rick-santelli-tea-party-time/.

④ Devin Burghart, Leonard Zeskind, *Tea Party Nationalism: A Critical Examination of the Tea Party Movement and the Size*, Fall 2010, p.17.

的组成来看，并非所有参与者都是保守主义者或共和党人，[①] 但茶党运动反对的议题都与保守主义高度契合：反对大政府、反对不负责任的财政开支计划、反对奥巴马医改法案、支持“宪法的原旨主义”。当然，参加茶党运动的还包括种族主义者、反对控枪、反对加税、反堕胎、自由意志论者等传统共和党的保守派选民。[②] 在茶党运动的高潮时期，茶党领导人甚至试图利用茶党的影响力迫使共和党更加极端化并设想茶党控制共和党的可能性。[③] 共和党中的保守主义者也担心他们的保守主义议程被茶党劫持，但共和党保守派依然在2010年的中期选举中利用茶党的政治参与热情来竞选，茶党运动也推动了共和党的胜利。在马萨诸塞州参议员特别选举中，共和党候选人斯科特·布朗（Scott Brown）承诺胜选后会坚决阻击奥巴马医保法案的通过，他的立场赢得茶党组织的积极支持。茶党组织先后为布朗捐款超过20万美元，而且还购买当地电视台黄金时间的广告来为其助选。[④] 布朗最终依靠茶党的强大支持夺走了属于民主党传统“势力范围”的麻省参议院席位。在2010年中期选举前，已经有至少58名自认为是茶党的共和党人准备参加25个州的众议院、参议院和州长的角逐。到投票前的10月中，已经有129名参加众议院选举和9名参加参议院选举的共和党人表示认同茶党的观点。[⑤] 茶党运动使共和党在众议院成功夺得民主党的63个席位转变为多数党，在新当选的89名共和党议员中，有半数是受茶党支持的、

---

① Christopher S. Parker, Matt A. Barreto, *Change They Can't Believe In: The Tea Party and Reactionary Politics in America*, p.67.

② Scott Rasmussen, Doug Schoen, *Mad as Well: How the Tea Party Movement is Fundamentally Remaking Our Two-Party System* (New York: HarperCollins, 2010), p.51.

③ Peter Katel, "Tea Party Movement," *CQ Researcher* 20, no.11 (2010): 259.

④ Steve LeBlanc, "Senate Race in Mass. Draws Millions to Pay for Ads," Associated Press Online, Sec. Political News, January 17, 2010, accessed April 21, 2018, http://www.nbcnews.com/id/34908023/ns/politics-more_politics/t/mass-race-draws-millions-pay-ads/#.Wu9ccS-VbUs.

⑤ Peter Katel, "Tea Party Movement," p.244; Kate Zernike, "Tea Party Set to Win Enough Races for Wide Influence," *The New York Times*, October 14, 2010.

打着反建制口号赢得选举的。[①] 在选举中，白人男性、南方地区、保守主义者既是茶党的主要参加者也是共和党的主要选民。[②] 这些反对奥巴马的保守主义者和支持反建制口号的中间选民共同造就了共和党在2010年中期选举的大胜。

由于茶党运动的影响，2010年新当选的共和党议员更加保守化，其与共和党温和派的分歧也更大，这导致中期选举后的国会共和党人更加激烈地反对奥巴马和民主党的政策。第112届国会开始时，议长约翰·博纳（John Boehner）在茶党成员的要求下修改众议院议事规则，新规则要求每位宣誓就职的议员必须大声朗读宪法，议员的提案也必须清晰地引证宪法原文作为依据。[③] 由于茶党议员对减少赤字和联邦政府开支原则的顽固坚持（任何预算的增加必须与赤字的削减相等同），奥巴马政府的预算法案在2011年未能在国会通过并直接导致美国政府的信用评级下调。在茶党的推动下，共和党还试图通过推翻奥巴马医保和平衡预算赤字的法案。尽管这些努力在奥巴马政府时期均告失败，但茶党运动在目标和途径方面与保守主义运动有着很大的重合面，支持共和党的草根保守主义者也同样是具有反建制立场的茶党支持者。因此，茶党运动虽然属于选民对奥巴马经济政策的反应式抗议，但背后的"土壤"还是保守主义的。保守主义组织率先发起和组织了茶党运动，保守主义媒体（如福克斯电台）全力为其进行舆论造势，从而发动起草根保守主义者参与到其中，最终以民粹式的竞选方式将认同

---

① Walter Rodgers, "Will Congress's Tea Party Class Go Native in Washington?" *The Christian Science Monitor*, January 3, 2011.

② 关于茶党与共和党选民的联系，参见：Alan Abramowitz, "Grand Old Tea Party: Partisan Polarization and the Rise of the Tea Party Movement," in *Steep: The Precipitous Rise of the Tea Party*, Lawrence Rosenthal, Christine Trost, eds. (Berkeley: University of California Press, 2012), pp.195-211。

③ "Constitution Has Its Day (More or Less) in House," *The New York Times*, January 6, 2011.

茶党理念的共和党政治新人（反建制派）送上政坛。[1] 就此而言，茶党运动既是共和党继续保守主义化的表现，也是保守主义运动继续强有力地影响美国政治的表现。

二、保守派与自由派的力量对比

在2014年的选举中，共和党保守派继续在国会取得巨大胜利。在众议院中，共和党继续扩大其领先13席的优势。在参议院中，共和党成功夺走原来属于民主党的9个参议院席位。共和党在众议院的多数党优势是247∶188，在参议院对民主党的优势是54∶46，这可以说是共和党自1930年以来取得的最大的国会优势。[2] 在关键性的参议院选举中，共和党参议员候选人拿下9个原来属于民主党人的参议员席位，而新上任的共和党参议员几乎都属于共和党内的保守派，如阿肯色州新当选的汤姆·科顿（Tom Cotton），科顿在任职参议员后加入参议院军事委员会，在特朗普时期将会对特朗普的外交政策产生影响。[3] 蒙大拿州新当选的戴尼斯（Steve Daines）不仅是强烈支持特朗普的共和党传统保守派，而且不相信气候变化、反对奥巴马参与全球气候治理并反对外来移民。[4] 阿拉斯加州新当选的丹·沙利文（Dan Sullivan）也是共和党中的传统保守派，虽然沙利文在2016年没有公开支持特朗普，但

---

[1]　阿布拉莫维茨（Abramowitz）利用2010年的ANES数据研究认为，茶党运动之所以受到很多地方性的底层选民支持，这主要是因为共和党继续保守主义化的结果，参见：Alan Abramowitz, "Grand Old Tea Party: Partisan Polarization and the Rise of the Tea Party Movement," p.196。

[2]　Gary C. Jacobson, "Obama and Nationalized Electoral Politics in the 2014 Midterm," *Political Science Quarterly* 130, no. 1 (2015): 1.

[3]　关于科顿参议员对特朗普外交政策的影响，参见：Susan Glasser, "Cotton to the Defense," *Politico Magazine*, October 09, 2017, accessed April 21, 2018, https://www.politico.com/magazine/story/2017/10/09/tom-cotton-senate-trump-whisperer-215692。

[4]　"Daines Rips Obama Climate Change Proposal," accessed April 21, 2018, https://billingsgazette.com/news/state-and-regional/montana/daines-rips-obama-climate-change-proposal/article_68b2bcb6-12c7-587f-8d48-145b549814a5.html。

沙利文的外交政策同样属于自由意志论者反干涉的风格。[①] 北卡罗来纳州新当选的汤姆·蒂里斯（Thom Tillis）和南达科他州的迈克·朗兹（Mike Rounds）都反对奥巴马时期的《巴黎协定》并随后力劝特朗普退出该协定。[②] 艾奥瓦州的乔妮·厄恩斯特（Joni Ernst）、路易斯安那州的比尔·卡西迪（Bill Cassidy）属于传统意义上的共和党保守派。因此，在2014年中期选举以后，共和党赢得自1930年以来历史上最大的国会优势地位，共和党保守派也通过占据共和党内的主体确保了在奥巴马执政的最后两年对国会的控制。奥巴马时期（2010—2016年）保守派与自由派的权力对比参见表7-6和图7-3。

表7-6　奥巴马时期（2010—2016年）保守派与自由派的权力对比

		保守派控制	自由派控制
总统	国务院	0	5（奥巴马）
	国防部		（希拉里）
	驻联合国代表		（查克·哈格尔）[③]
	国家安全局		（鲍威尔）
			（苏珊·赖斯）
参议院		1	0
众议院		1	0

资料来源：作者整理。

①　沙利文在2014年参议员选举辩论中涉及反对对外干涉的言论，参见："2014 Alaska Senate Debates," accessed April 21, 2018, http://www.ontheissues.org/2014_AK_Senate.htm。

②　"The Republicans Who Urged Trump to Pull out of Paris Deal Are Big Oil Darlings," *The Gardian*, accessed April 21, 2018, https://www.theguardian.com/us-news/2017/jun/01/republican-senators-paris-climate-deal-energy-donations.

③　哈格尔虽然是共和党人，但属于党内温和的保守派，其在2003年曾经反对过小布什对伊拉克的单边主义政策，故本书将哈格尔列入支持自由国际主义的自由派。

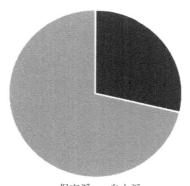

■ 保守派 ■ 自由派

图7-3 奥巴马时期（2010—2016年）保守派与自由派的权力对比图

资料来源：作者整理。

三、新孤立主义的政策实践

奥巴马时期的新孤立主义主要由代表自由意志论者（libertarian）的保守派所秉持反干涉观点、共和党保守派在伊战后对军事干涉的谨慎态度以及共和党基于政治斗争的考虑对奥巴马政策的阻挠所导致。首先，伊拉克战争导致美国国内反干涉思潮的增加。随着美军在伊拉克形势的恶化，不断增加的伤亡数字和巨额军费投入使美国选民、国会甚至是当时支持伊战的共和党鹰派和新保守主义者都开始怀疑小布什过于激进的民主化与干涉战略。在2008年大选中，试图获得共和党初选提名的自由意志论者罗恩·保罗（Ron Paul）在接受采访时主张美军应立即从伊拉克撤军、立即从波斯湾撤军、立即退出北约和联合国，美国应断绝一切对国外地区的军事介入。[①] 尽管支持率很低，罗恩·保罗和兰德·保罗（Rand Paul）的传统孤立主义观点受到很多信奉自由意志论的草根共和党人的热情支持，他们在竞选中收到很多来自个人

---

① "Ron Paul's Libertarian Message Attracts Supporters," accessed April 21, 2018, https://www.npr.org/templates/story/story.php?storyId=12224561.

的小额捐款。①

除保罗父子所代表的自由意志论者所坚持的传统不干涉立场以外，奥巴马时期的国会共和党人基于伊拉克战争的记忆，担心武力干涉中东会再次造成更多的伊拉克和阿富汗形势恶化，因而在支持奥巴马以人道主义危机为理由对叙利亚进行武力干涉时表现得非常谨慎。当美国政府认定阿萨德政府军在2013年8月21日使用化学武器并造成大规模平民（包含426名儿童）的死亡后，自己不愿意对叙利亚动武、深知国会共和党人也不会支持对叙利亚动武的奥巴马政府将决定动武的权力和责任推卸给国会。② 甚至在奥巴马宣布将对叙动武的决策权交给国会前，不愿意对叙利亚进行武力干涉的很多共和党人担心奥巴马会再次像2010年军事打击利比亚那样抛开国会直接行动。基于此，共和党议员斯科特·雷吉尔（Scott Rigell）在众议院联名98名共和党人和18名民主党人致信奥巴马，要求他在采取军事行动以前务必要咨询国会的意见并获得国会的同意。③ 国会共和党人对干涉叙利亚的质疑最终使奥巴马将决定动武的权力交给国会后，国会并未通过对叙利亚进行干涉的决议。2013年的叙利亚化武危机最终由外交和解收场。除了伊拉克战争对共和党人更加谨慎地使用武力的影响，政治极化在奥巴马时期也已经发展到很高的程度。奥巴马时期的共和党人也基于对民主党国内外政治议程的反对而采取"逢奥必反"的政治策略，尽量给奥巴马在外交领域设置政治障碍。如国会共和党人中的茶党成员在授予奥巴马政府多边贸易谈判权限的"贸易促进授权"法案（Trade Promotion Authority）投票时故意给奥巴马政府设置障碍，茶党领导人吉姆·乔丹（Jim Jordan）甚至试图通过更改众议院投票规则来直接阻挠"贸易

---

① Steven Heller, "Ron Paul's Graphics Revolution," *The New York Times*, March 25, 2008.

② "Obama Seeks Approval by Congress for Strike in Syria," *The New York Times*, August 31, 2013.

③ "Rigell to Obama: Consult Us before Striking Syria," *The Washington Post*, August 27, 2013.

促进授权"法案的通过。[①] 在反对对外援助方面，2013年埃及发生政变，由埃及军方主导的军事力量推翻民选总统穆尔西，来自参议院的共和党保守派马可·卢比奥（Marco Rubio）完全无视埃及对于美国中东政策的重要战略意义，寻求在参议院发起立法动议，要求彻底取消或削减美国对埃及持久的军事和经济援助。[②] 兰德·保罗则提出新的预算计划，要求把原来援助埃及的15亿美元用于美国自己的国内基础设施建设项目。[③] 在共和党保守派的压力下，奥巴马政府最终于2013年10月宣布暂停对埃及的军事和经济援助。[④]

　　在反对多边主义外交方面，共和党的保守派领导人同样利用其掌控国会的权力来反对奥巴马的多边主义外交。在奥巴马政府达成多边性质的伊朗核问题全面协议框架后，共和党人先是邀请以色列总理内塔尼亚胡来国会演讲反对伊朗核问题全面协议，随后在国会试图通过法案阻挠美国执行伊朗核问题全面协议。[⑤] 在反对奥巴马参与多边主义的国际协议方面，全球气候治理议题也是共和党保守派的有力"抓手"。当美国积极参与的2015年的巴黎气候大会取得重大谈判共识以后，历来反对奥巴马气候治理政策的共和党保守派开始利用其在国会的权力单方面采取行动以破坏奥巴马政府参与全球气候治理的目标。参议院多数党领袖

---

① "Jim Jordan Puts GOP Leadership on Notice," *National Review*, accessed September 21, 2018, https://www.nationalreview.com/2015/06/fellow-ohio-republican-leads-opposition-boehner-house-joel-gehrke/.

② "Senate Republicans Battle to Influence Egypt Aid," *Foreign Policy*, March 15, 2013, accessed September 21, 2018, https://foreignpolicy.com/2013/03/15/senate-republicans-battle-to-influence-egypt-aid/.

③ "Paul's Attempt to Cut Egypt Aid Killed," *Politico*, July 3, 2013, accessed September 21, 2018, https://www.politico.com/story/2013/07/egypt-aid-rand-paul-094980.

④ "In Crackdown Response, U.S. Temporarily Freezes Some Military Aid," *The New York Times*, October 9, 2013.

⑤ "Senate Rejects Attempt to Derail Iran Deal in Victory for Obama," *The Washington Post*, September 10, 2015; "The Complete Transcript of Netanyahu's Address to Congress," *The Washington Post*, March 3, 2015, accessed September 21, 2018, https://www.washingtonpost.com/news/post-politics/wp/2015/03/03/full-text-netanyahus-address-to-congress/?utm_term=.ea36531f24a2.

米奇·麦康奈尔（Mitch McConnell）一方面寻求在参议院立法废除奥巴马为履行减排协议而作出的限制石化原料开采的行政命令，另一方面则直接派出其私人助理与外国驻美国使馆代表进行联络，向这些参与巴黎协定谈判的国家代表表明：由共和党掌控的国会将直接无视巴黎协定，通过立法确保美国政府不会遵守巴黎协定中的减排承诺。在对外国驻美使馆代表的谈话中，麦康奈尔警告这些签署协议的国家不要和奥巴马政府达成"具有约束力"的协议，因为"三分之二"的美国政府（指由保守派控制的国会和最高法院）尚未同意奥巴马的计划。[①]

总之，在奥巴马政府丧失对国会的控制权以后，共和党保守派对奥巴马多边主义外交政策的反对既体现出国会共和党对新孤立主义外交政策的坚持，又体现出他们为反对奥巴马和民主党人而不惜阻挠美国的自由国际主义政策。这两个因素使奥巴马时期的外交政策在自由国际主义政策占主流的情况下，由于保守派把持国会的原因仍然暴露出新孤立主义的特色。奥巴马时期新孤立主义主张的实践程度参见表7–7和图7–4。

表7–7 奥巴马时期新孤立主义主张的实践程度

新孤立主义主张	新孤立主义的实践程度
反对联合国等多边组织和协议（A）	反对伊朗核问题全面协议 反对气候变化框架协议（2）
反对多边自由贸易（B）	反对给予总统参与多边贸易自由化谈判的"快车道"授权（1）
反对联盟体系（C）	0
支持单边主义武力干涉（X）	0
支持不干涉政策（Y）	反对武力干涉叙利亚（1）
反对对外援助（Z）	反对对埃及的援助（1）

资料来源：作者整理。

---

① Andrew Restuccia, "GOP to Attack Climate Pact at Home and Abroad," *Politico*, September 7, 2015.

图7-4　奥巴马时期（2010—2016年）新孤立主义观点的实践程度

资料来源：作者整理。

第四节　结　语

　　世界贸易组织和《北美自由贸易协定》影响下的贸易额度的暴增从整体自由贸易的角度上来看是有利于美国的产业优化和增加总体就业数量的，但是这三个贸易自由化方面的进步却不利于美国的比较弱势产业。美国主流贸易学界大部分的研究成果并没有重点关注这些贸易自由化成果对美国弱势产业工人的负面冲击情况，但这些负面冲击情况是确实存在的，而且，这些负面冲击情况在小布什和奥巴马时期表现得极度明显。因此，在小布什和奥巴马时期，美国国内已经出现反对多边自由贸易的新孤立主义呼声。同样地，在小布什和奥巴马时期，保守派在或者完全控制总统和国会，或者单独控制国会的情况下，利用这些权力机构将他们的新孤立主义外交观点付诸实践。

第八章　特朗普时期：
新孤立主义的大量实践

正是在共和党保守派和反贸易自由化蓝领工人的鼎力支持下，特朗普最终在2016年11月以出人意料的选举结果赢得总统大选。在特朗普时期，美国在冷战后采取积极推行贸易自由化对产业工人的负面冲击，以及这种负面冲击体现到选举政治中的强大影响，终于累积到足以通过重要的摇摆州来改变总统选举的程度。为迎合重要的基础选民，特朗普不得不在贸易领域采取反多边自由贸易的新孤立主义实践。也正是在特朗普时期，保守派已经完全巩固住他们在共和党的统治地位，进而在支持特朗普胜选、大量进入政府任职、控制国会的背景下可以高效而无所畏惧地将他们的一整套新孤立主义外交议程付诸实践。

第一节　贸易自由化的负面冲击与政治影响

克林顿时期采取的大规模贸易自由化政策经过小布什时期和奥巴马时期的自由化实践，其对美国保护主义利益集团和弱势产业工人的冲击到特朗普竞选总统的2016年已经完全地体现出来。产业的衰落和工人失业经过20多年（1993—2016年）的积累已经使自由贸易的"输家"选民拥有足够的政治力量去支持那些主张贸易新孤立主义的政治候选人。现有的研究表明，从奥巴马时期开始到特朗普时期，失业工人在某些关键选区尤其是摇摆州的巨大作用已经足以影响总统选举的结果。为迎合数量众多的失业工人，特朗普必须在竞选中喊出贸易新孤立主义的口号。为维持由大量蓝领工人组成的核心选民的支持，维持关键摇摆州选民，如来自俄亥俄、密歇根、宾夕法尼亚等州的失业工人的政治支持，特朗普必须在贸易政策中兑现其贸易新孤立主义竞选诺言，采取新孤立主义的贸易政策。因此，从克林顿时期至奥巴马时期美国推行贸易自由化所带来的失业工人的强烈反自由贸易态度，成为特朗普政府采取贸易新孤立主义的根本原因。

一、贸易自由化的负面冲击

尽管1992年佩罗特和布坎南在大选中喊出反对多边贸易机制和自由贸易的政治口号，但克林顿胜选后，美国在现实中的贸易自由化政策并未停止反而是以更大的决心大踏步前行，在1992年以后取得更大的贸易自由化成果：建立更高自由化平台的世界贸易组织（1994年）、加入美国历史上最大的地区贸易自由化协定《北美自由贸易协定》（1994年）、给予世界上最大的发展中国家中国永久最惠国待遇（1998年）并同意其加入世界贸易组织（2001年）。这三大贸易自由化进展对美国的贸易保护势力形成打击，也对美国的劳动力密集型产业形成打击。

首先，世界贸易组织的建立有利于关税的降低、新的贸易规则的写入，总体上促进了美国在国际贸易中相对优势的发挥，但世界贸易组织也使美国采取的贸易保护主义政策经常受到世界贸易组织规则的掣肘，如美国在保护国内弱势产业时原来经常使用的"201条款"以及"双反"调查就经常受到世界贸易组织规则的限制，导致美国在保护其明显没有竞争优势的产业时受到世界贸易组织专家组的不利判决。世界贸易组织对美国的保护主义起到很大程度的遏制。

其次，《北美自由贸易协定》是美国当时建立的最大的区域性多边贸易自由化协定，《北美自由贸易协定》在建立后总体上促进了北美三国的产业对接，但《北美自由贸易协定》也使美国国内低技能需求的劳动密集型制造业迁往墨西哥，或因面临巨大的进口竞争而关停。同时，《北美自由贸易协定》的出现也使得制造业企业在面临冲击的情况下重新改变其工会政策，美国制造业工会的政治影响力和工资待遇也有所下降。《北美自由贸易协定》的运转既不利于美国的劳动力密集型制造业工人，也不利于美国工会。

最后，随着20世纪90年代初美国从发展中国家进口劳动力密集型产品的增加，美国主动改善与发展中国家的贸易关系尤其是给予中国永久最惠国待遇并接纳中国加入世界贸易组织。中国的大量劳动力密集型产品进入美国市场，这使美国国内制造业进一步受到进口的冲击而继续衰落。

总而言之，美国政府在1992年以后坚定不移地推动贸易自由化的同时，政府对国内比较弱势产业的保护力度比1992年以前明显降低了，但贸易自由化的程度却以前所未有的速度发展着，以劳动力为核心因素的制造业产品以很高的速度涌入美国，美国国内的制造业无法与之竞争，因而造成1992年以后美国制造业工人的大量失业。图8–1、图8–2和图8–3反映出1992年以后美国产业工人总就业人数、主要的劳动力密集型产业就业人数以及美国传统制造业集中区域"锈带"的就业人数不断下滑的真实情况。

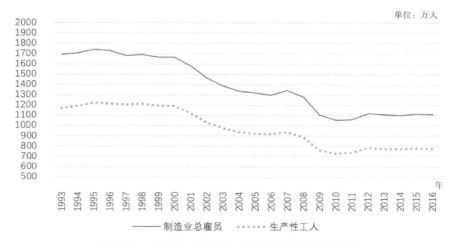

图8-1 1993—2016年美国制造业就业趋势

资料来源：图中被统计的制造业只包括雇员人数达到或超过20人的企业，本图数据由作者根据美国商务部统计局公布的年度产业数据表统计制作，参见：Annual Survey of Manufactures: Tables, 2006–2016, https://www.census.gov/programs-surveys/asm/data/tables.html，访问日期：2018年3月21日。

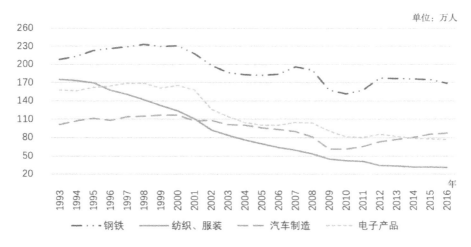

图8-2 1993—2016年美国钢铁、纺织服装、汽车、电子产品就业工人人数

资料来源：美国商务部统计局单独统计的Annual Survey of Manufactures (ASM)，2012—2016数据，参见：https://www.census.gov/data/tables/2016/econ/asm/2016-asm.html，访问日期：2018年3月21日。

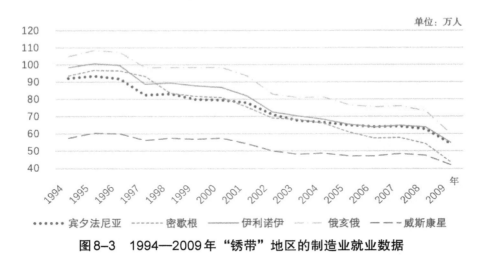

图8-3　1994—2009年"锈带"地区的制造业就业数据

资料来源：参见美国商务部统计局网站Annual Survey of Manufactures系列中的Geographic Area Statistics系列，https://www.census.gov/prod/www/manufacturing. html#manu92area；2000年以后的数据见美国商务部编辑的Statistical Abstract of the United States: 2000-2016，参见：https://www.census.gov/library/publications/time-series/ statistical_abstracts.html。从2011年开始，美国商务部统计局停止统计各州制造业相关数据，因此，2010—2016年的各州相关数据分别来自各州网站，访问日期：2018年3月21日。

二、失业工人与贸易新孤立主义

在美国的普选制度政治环境下，选民的施压与候选人对选民压力的有意识回应是常规性的，如果选民的政治施压足够大，候选人在当选后将必须采取迎合选民的政策行为。在经历从克林顿时期到奥巴马时期的贸易自由化实践以后，自由化催生的大量失业工人在数量上积累到一定程度，失业工人的选票数量以及其对多边自由贸易的强烈反对使政治候选人不得不正视他们的政治诉求，并且在上台后采取反多边贸易自由化的新孤立主义实践行动。特朗普时期的失业选民对特朗普贸易新孤立主义观点和实践的影响正是通过这个逻辑实现的。

（一）失业选民的贸易新孤立主义立场

失业选民在贸易方面的立场肯定是反多边自由贸易或属于贸易新孤立主义的，因为自由贸易给选民带来利益上的损失：包括前文讨论到的发生在克林顿、小布什和奥巴马时期的失业、工资下降和工会的衰落。因此，失业选民在选举中肯定是支持新孤立主义候选人的。如在2016年大选中，选民对特朗普贸易新孤立主义立场的强烈支持就是明显例证。在2016年的总统大选中，尽管特朗普以空前激烈的言辞对国际贸易组织、区域贸易协定和自由贸易进行攻击，但他在共和党内的民调不仅没有下降反而逐渐巩固。特朗普的反贸易自由化言辞从根本上反映出面临自由贸易冲击而失业的美国部分产业工人的焦虑心态，这种焦虑心态其实很早就开始反映在公众对贸易自由化的民调中。在2000年皮尤研究中心关于美国民众如何看待世界贸易组织的民调中，尚有62%的美国人支持世界贸易组织，将近2/3的工会会员（65%—31%）支持世界贸易组织。① 短短6年后，尽管有44%的美国人依然认为自由贸易整体上有利于美国，但已经有44%的美国人把自由贸易当成导致他们工资降低的罪魁祸首（认为自由贸易带来高工资的比例只有11%），48%的美国人认为自由贸易是导致失业的原因（认为自由贸易带来就业的比例只有12%）。② 2014年，皮尤研究中心民调显示，有50%的美国人认为自由贸易导致失业，45%的美国人认为自由贸易导致工资下降。③ 这说明在过去的十几年中，美国公众对自由贸易的负面印象总体上是在加深的，原来倡导自由贸易的共和党选民在近几年对

① "Post-Seattle Support for WTO," Pew Research Center, March 2, 2000, accessed March 21, 2018, http://www.people-press.org/2000/03/02/post-seattle-support-for-wto/.

② "Free Trade Agreements Get a Mixed Review," Pew Research Center, December 19, 2006, accessed March 21, 2018, http://www.people-press.org/2006/12/19/free-trade-agreements-get-a-mixed-review/.

③ "Americans Have Dim View of Trade's Impact on Jobs and Wages," Pew Research Center, September 17, 2014, accessed March 21, 2018, http://www.pewresearch.org/fact-tank/2014/09/17/americans-have-dim-view-of-trades-impact-on-jobs-and-wages/.

自由贸易的负面印象以更快的速度增长。在2012年的民调中，76%的共和党人将美国工人的失业问题错误地怪罪在中国身上。[①]2016年的民调中，67%的特朗普支持者反对自由贸易协定。[②]

（二）失业选民与新孤立主义候选人的选举成败

受到贸易自由化冲击的选民或产业工人必然会支持那些倡导贸易新孤立主义的总统候选人，从而使候选人在竞选中提出贸易新孤立主义以迎合选民，并且在当政后将贸易新孤立主义观点付诸实践。当前已有的民调和研究成果已经明显表明这点。例如在民调方面，2006年人民大众组织（Public Citizen）发起的关于自由贸易与选举的调查结果显示，有37位转变原有立场、支持保护美国工人免受"不公平"贸易协定影响的候选人赢得众议员选举，有7位赢得参议员选举，这说明州和地区性的政治家已经意识到并且在竞选立场上选择忠于当地民众的反自由贸易情绪。[③]在比较权威的研究成果方面，失业选民从小布什时期开始就已经明显地在影响美国的政治选举。在2016年的研究中，奥托等学者试图探究贸易自由化对美国地方选区的冲击是否会导致地方选民在选举中更加支持政治极化式的候选人。通过使用2004—2014年的选举数据，奥托等人首先对中国进口商品对美国选民价值观的冲击作出评估，进而对贸易冲击影响国会选举和总统选举的显著性作出回归分析。分析发现，在中国对美出口渗透严重的选区，选民在选举中倾向于观点更极端的候选人的比例更高，政治温和派会更不受选民的欢迎。这也解释了从2000年起，在受贸易冲击严重的国会选区选举方

① "U.S.-China Economic Relations in the Wake of the U.S. Election," Pew Research Center, December 10, 2012, accessed March 21, 2018, http://www.pewglobal.org/2012/12/10/u-s-china-economic-relations-in-the-wake-of-the-u-s-election/.

② "Republicans, Especially Trump Supporters, See Free Trade Deals as Bad for U.S.," Pew Research Center, March 31, 2016, accessed March 21, 2018, http://www.pewresearch.org/fact-tank/2016/03/31/republicans-especially-trump-supporters-see-free-trade-deals-as-bad-for-u-s/.

③ "Election 2006: No to Staying the Course on Trade," Public Citizen, 2006, accessed March 21, 2018, https://www.citizen.org/election-2006-no-staying-course-trade.

面，对自由贸易持温和观点的候选人更容易输掉选举，对自由贸易持极端反对立场的总统候选人和国会候选人更容易赢得选举。[1] 同样，关于中美贸易与美国国会选举的研究也发现，受中国出口冲击越严重的地区，其选民参与投票的概率会越高。[2]

（三）失业选民、关键选区与新孤立主义候选人

失业选民不仅直接影响选举结果，而且可以在关键性的选区，尤其是存在大量失业工人和制造业分布的关键州，直接对总统选举的结果产生影响。在这样的逻辑背景下，参与总统竞选的候选人不得不去迎合持有贸易新孤立主义观点的摇摆州选民。

一定数量的失业选民在关键性的摇摆州对总统候选人的成败具有决定性影响。例如在2011年的研究中，学者马加利特通过使用劳工部1996—2004年申请贸易调整援助计划贸易援助项目的工人为数据基础，按照地区（以县为单位）标准把受贸易冲击而下岗的工人划分为不同类别，然后再把不同地区的失业工人与他们的投票结果相匹配。马加利特发现，自由贸易协定对美国工人的冲击，尤其是在因自由贸易协定而导致美国本土企业搬迁至国外现象所在的选区，当地的失业工人会诉诸选票来反对在职总统，这种情况已经出现在很多个选举周期。关于影响程度，马加利特估计，由自由贸易造成的每0.5%的失业率将会降低现任总统的0.2%的支持率。[3] 在探讨自己的研究影响时，马加利特认为，尽管从贸易冲击——选民失业——在大选中反对在职总统的逻辑来看，2000—2004年只有一个摇摆州受这个逻辑的影响，2004年的总统大选结果也并未因此而改变，贸易自由化对大选的冲击在2004

---

[1]　David Autor, David Dorn, Gordon Hanson, Kaveh Majlesi, "Importing Political Polarization? The Electoral Consequences of Rising Trade Exposure," Working Paper 22637, p.43.

[2]　Yi Che, Yi Lu, Justin R. Pierce, Peter K. Schott, Zhigang Tao, "Does Trade Liberalization with China Influence U.S. Elections?" NBER Working Paper 22178.

[3]　Yotam Margalit, "Costly Jobs: Trade-related Layoffs, Government Compensation, and Voting in U.S. Elections," *The American Political Science Review* 105, no. 1, (2011): 167.

年似乎没有影响美国政治。然而，马加利特提出，"在两党选票更加接近的那些选举中，（自由贸易对失业工人的冲击）可能最终会在很多州发生影响进而最终影响总统大选的结果"。

马加利特的这个研究结论——失业选民在部分关键选区影响总统选举结果——是在2011年得出的，但2016年的总统大选却非常相似地印证出自由贸易对重要摇摆州的微妙影响。根据2016年的选举结果，在传统制造业发达和受自由贸易冲击严重的"锈带"地区，特朗普以比较微弱或极其微弱的优势拿下威斯康星州（特朗普23 257票优势，1%）、密歇根州（特朗普11 612票优势，0.3%）和宾夕法尼亚州（特朗普68 237票优势，1.2%）。[1] 这3个州的选举人票数加起来共有46票，足以改变2016年大选胜负结果，而特朗普正是通过攻击自由贸易，靠"锈带"区这3个受自由贸易冲击严重的工业州和10万选民就锁定了2016年大选的胜利。因此，特朗普在2016年的胜利很有可能与失业选民在这3个重要的制造业分布程度很高的州支持特朗普的贸易新孤立主义立场有关联。

（四）关键州、选民压力与贸易领域的新孤立主义实践

从克林顿时期到奥巴马时期，逐渐增加的失业工人在关键州的总统选举投票中大量地支持特朗普的贸易新孤立主义观点，因而促成特朗普在宾夕法尼亚、威斯康星、密歇根和俄亥俄州这4个制造业密集分布的"锈带"地区的胜利，进而成为特朗普当选的重要原因。当前最新的权威研究也证明了这点。

在2017年发表的《国际组织》关于国际贸易与总统选举关联性的论文中，詹森等学者得出结论——"国际贸易直接影响着总统选举"。利用全国性的制造业数据，詹森等学者最终还是印证了马加利特2011年关于自由贸易影响摇摆州并最终对总统大选产生实质性影响的预言。

---

① "2016 Presidential Election Results," *The New York Times*, accessed March 21, 2018, https://www.politico.com/mapdata-2016/2016-election/results/map/president/.

詹森等学者在研究中认为，高技能的工人或者受自由贸易负面影响较小的选民在总统大选投票时倾向于支持在职总统。他们的研究证实了马加利特早已得出的结论：从1996—2012年，制造业工人失业是导致在任议员或党派被选下去的原因。通过对摇摆州失业情况和选举情况的检验，詹森发现，受贸易冲击而失业情况严重的摇摆州工人对在任议员、总统或党派的反对效应要比非摇摆州高3倍。詹森还注意到，摇摆州低技能劳工的失业问题是导致摇摆州选民反对其在任议员、在职党派的原因。[①] 事实上，2016年大选中特朗普在威斯康星、宾夕法尼亚和密歇根这3个制造业衰落明显的州以微弱优势击败希拉里，也证实了贸易学者以自由贸易——工人失业——选票倾向为核心逻辑对1992年以后美国贸易自由化政策所带来的国内政治变迁所作出的研究结论。

在摇摆州失业选民的压力下，寻求稳住其总统支持率并试图成功连任的特朗普非常重视向失业工人和反对多边贸易自由化的选民兑现其竞选承诺，因为特朗普在威斯康星、宾夕法尼亚、密歇根以及俄亥俄这4个州的选举优势非常薄弱，如果特朗普未能兑现其贸易新孤立主义的竞选承诺，特朗普很可能失去这4个州失业选民强大的政治支持，其寻求连任或稳住支持率的期望很可能会落空。因此，特朗普从执政开始就非常坚定地兑现其贸易领域的新孤立主义竞选诺言，将曾经对失业选民对新孤立主义承诺付诸实践。在宣布退出多边性质的贸易自由化协定——《跨太平洋伙伴关系协定》（TPP）时，特朗普在讲话中极力迎合那些支持贸易新孤立主义的核心选民："我们就是要让工作岗位回到美国，让大量的（失业）工人开始工作。"白宫发言人肖恩·斯派塞（Sean Spicer）在回答记者关于特朗普决定退出《跨太平洋伙伴关系协定》的原因时也承认：特朗普极度关注那些曾经在2016年投票支

① Jensen J. Bradford, Dennis P. Quinn, Stephen Weymouth, "Winners and Losers in International Trade: The Effects on US Presidential Voting," *International Organization* 71, no. 3, (2017): 423.

持他的工人的生活。^① 在宣布退出影响美国煤矿业就业的《巴黎协定》时，特朗普在发言中继续迎合来自宾夕法尼亚州的蓝领工人选民："我当选是为了代表来自匹兹堡的选民，而不是巴黎的。"^② 在宾夕法尼亚州第18届众议院选区选举中，为迎合这个具有大量煤炭和钢铁蓝领工人选民支持的贸易新孤立主义立场，取悦蓝领工人，激发选民支持共和党候选人里克·萨考那（Rick Saccone），特朗普故意在竞选前不久公开违背世界贸易组织关于贸易救济措施的规定、单方面宣布以保护国家安全为理由对所有美国进口的钢铁加征保护性关税。^③ 特朗普的贸易新孤立主义观点和后续行为体现出受贸易负面冲击的选民在当前选举中对总统的强大政治压力，贸易自由化的负面结果在特朗普时期已经明显地影响到总统在贸易政策领域的新孤立主义行为。

第二节 共和党保守派的鼎盛时代

特朗普和共和党保守派在2016年大选中的巨大胜利使保守派再次同时掌控美国的两大外交决策机构——总统和国会。与此同时，在竞选中疏远共和党温和派及党内自由国际主义共和党人的特朗普在上任后只能以"忠诚度"为原则来挑选那些竞选时支持他的极端保守派共和党人。在共和党保守派领导人的人事任命运作下，很多保守派人士被安排进入特朗普的外交团队并在总统和共和党领导层的指示下开始执行与自由国际主义相背离的新孤立主义政策。强大的权力优势为保守派在特朗普政府的最初两年采取其新孤立主义的外交实践奠定制度和人事方面的基础。作为没有多少外交知识与外交经验的美国总统，

---

① "Trump Gets to Work for His Blue-Collar Base," CNN, January 24, 2017, https://www.cnn.com/2017/01/24/politics/donald-trump-unions-trade/index.html.

② "Trump Will Withdraw U.S. from Paris Climate Agreement," *The New York Times*, June 1, 2017.

③ "Trump to Stump for Tariffs in Steel Country," *The Wall Street Journal*, March 9, 2018.

特朗普的很多外交观点都是出于其作为商人的直觉性思维和本能观点，这使喜欢让自己的观点在辩论中占据上风和偏爱充当局势控制者的特朗普具有"本能"式的新孤立主义观点。然而，在总统具备"本能"性新孤立主义主张的背景下，本来在美国政治制度设计中可能成为总统新孤立主义的"刹车"的共和党保守派不仅未能尽全力去阻止特朗普实践其新孤立主义的"冲动"，相反地，在竞选过程中与特朗普产生诸多龃龉的共和党保守派在特朗普胜选后迅速与之全面合作。共和党保守派一方面希望搭上特朗普的总统权力"便车"，寄望或者利用特朗普的总统权力去实践其保守主义的政治议程，如减税改革、取消奥巴马时期的医改、打击非法移民和收紧移民政策、打击同性恋或双性恋及变性者权利、放开对金融行业以及对生物能源开采的行政限制、任命保守派的大法官、增加国防开支等。特朗普也切实地通过行动满足了保守派的这些国内政策期望。在外交层面，共和党保守派也利用特朗普强大的总统外交权力，积极劝说特朗普采取了很多保守派自己所期望看到的新孤立主义外交政策，如特朗普在伊朗核问题全面协议、驻以色列使馆搬迁、退出《巴黎协定》、退出联合国教科文组织等方面采取的政策。由于共和党保守派无法也不愿意与特朗普强大的总统权力抗衡，再加上特朗普强硬的行政风格，共和党保守派在充当特朗普新孤立主义冲动的"刹车"方面做得远远不够，这导致特朗普政府最初两年的新孤立主义观点和实践程度成为共和党保守派新孤立主义主张和特朗普自己"本能"式新孤立主义的融合。

一、保守派与特朗普的胜选

尽管特朗普在2016年大选中打着"排干沼泽"（drain the swamp）的反建制口号赢得很多对民主党、共和党温和派不满的中产选民的支持，但如果没有共和党保守主义选民的支持，特朗普很难以在重要摇摆州的微弱优势击败希拉里。特朗普在竞选过程中刻意迎合了经济保守主义、宗教保守主义、种族保守主义选民的偏好，特朗普也成功地在选举中赢得这三大保守主义团体的选票。

首先，虽然特朗普在个人行为和道德方面远不如之前迎合宗教保守主义的里根和小布什，但特朗普依然成功地通过在宗教保守派所关心的选举议题方面选择背书他们的核心理念，如特朗普宣称他反对堕胎并承诺将任命反对堕胎的美国联邦最高法院大法官，宣称那些不顾法律限制而堕胎的妇女应该受到起诉，从而获得宗教保守派的支持。[①]特朗普建立了由宗教保守派领导人组成的顾问委员会，福音派领袖杰瑞·福尔韦尔（Jerry Falwell）和马克·伯恩斯（Mark Burns）等人均加入其中。2016年8月，特朗普专门在佛罗里达州奥兰多市向聚集在那里的众多福音派主教发表演讲。特朗普在演讲中号召福音派领袖们鼓动他们的教众走出家门为他投票，承诺当选后将重新把宗教权利带回政治生活，取消那些限制宗教活动和税收豁免权的规则。"你们现在没有话语权，但我要帮你们找回来！"[②]面对天主教选民，特朗普直接承诺将在大法官任命方面只挑选反对堕胎的法官，他还向他们列出他可能挑选的保守主义法官名单。特朗普团队认识到天主教组织对奥巴马医保法案强制其支付节育保险的愤怒，因而在承诺废除奥巴马医改方面也得到很多天主教保守派的支持。[③]特朗普还在竞选中大打"种族"牌以迎合种族保守主义。特朗普任命极右翼的种族主义者史蒂夫·班农（Steve Bannon）为其竞选战略顾问。班农则建议其在竞选中抛开"政治正确"公开鼓励种族主义情绪。特朗普自己也在竞选中多次发出仇恨外来种族的言论以激起白人的共鸣，如公开怀疑奥巴马的出生地

---

① "Donald Trump, Abortion Foe, Eyes 'Punishment' for Women, Then Recants," *The New York Times*, March 30, 2016.

② "Trump Makes Play for Evangelicals by Noting His Problems in Mormon-rich Utah," *The Washington Post*, August 11, 2016.

③ Mark J. Rozell, Clyde Wilcox, eds., *God at the Grassroots, 2016: The Christian Right in American Politics* (Lanham, MD.: Rowman & Littlefield, 2018), p7.

问题、认为很多自杀的白人都是黑人干的、请三K党前领袖背书自己、把墨西哥非法移民称为"罪犯和强奸犯"、誓言在美墨边境修墙来隔绝非法移民、将1100万非法移民遣送出境、将其他宗教与恐怖主义相联系等。在笼络宗教和种族保守派的同时，特朗普也没有与在经济和社会议题方面偏保守的共和党建制派切割。特朗普提出的废除奥巴马医改、减税、去行政规制化、增强核武库、增加军备开支等竞选立场很轻松地与共和党的温和保守派选民相契合（至少没有背离），这使共和党温和派依然在大选中投票给特朗普。

相比于共和党温和保守派，宗教保守派和种族保守派在2016年对特朗普的支持热情是前所未有地高涨的。2016年的大选数据也证实了宗教保守派对特朗普胜选的重要性：特朗普赢得全国80%福音派选民的支持，这个比例比小布什和罗姆尼时期都要高。[1] 特朗普也赢得比希拉里更多的天主教教徒的选票（白人：60%：37%，总数：52%：45%），这些天主教选民很可能为特朗普在中西部州的胜利起到关键作用。[2] 从选票的种族角度来看，根据美国国家选举研究机构（ANES）对2016年大选的调查，57%的白人选民支持特朗普，而只有30%的白人选民支持希拉里。[3] 美国有线电视新闻网（CNN）的出口民调显示特朗普的白人选票比希拉里多20%（57%：37%），皮尤研究中心的出口民调则显示特朗普赢得的白人选票比希拉里多21%

---

[1] "White Evangelicals Voted Overwhelmingly for Donald Trump, Exit Polls Show," *The Washington Post*, November 9, 2016.

[2] Mark J. Rozell, Clyde Wilcox, eds., *God at the Grassroots, 2016: The Christian Right in American Politics* (Lanham, MD.: Rowman & Littlefield, 2018), p5.

[3] Larry Sabato, Kyle Kondik, eds., *Trumped: The 2016 Election That Broke All the Rules* (Lanham, MD.: Rowman & Littlefield, 2017), p208.

（58%：37%）。① 在白人选民占据总选民人数约70%的背景下，特朗普鄙弃"政治正确"迎合受教育程度较低的白人草根选民为自己在某些关键州（密歇根、宾夕法尼亚、威斯康星）的微弱优势奠定了基础。②

二、特朗普对保守派的政治任命

就任总统后，特朗普并未像以前的共和党总统那样，在选举中极力迎合保守主义，在就职后开始从总统的立场综合考虑国家政策或者在执行保守主义议程方面有所保留。相反地，特朗普对保守主义议程的执行力度可以说是前所未有的"忠实"。首先，特朗普在就职后依然与宗教保守派尤其是福音派保持极高频度的联系，宗教保守派对总统的游说能力与影响力可以说是前所未有的。③ 特朗普任命反堕胎的尼尔·戈萨奇（Neil Gorsuch）为美国联邦最高法院大法官，签署行政令停止资助提供堕胎咨询的组织，发布总统命令禁止跨性别军人在军中服役，发布总统令确保宗教组织在参与政治选举时不会面临被取缔税收豁免权的威胁。④ 特朗普的政策让福音派领袖和教徒非常满意，福尔韦尔曾满心欢喜地说："我想我们福音派终于找到了自己梦想中的总统。"⑤ 其次，特朗普当选后继续无视"政治正确"迎合种族保守主义白人选民，采取"排外"和"仇外"政策。特朗普签署禁止七个伊斯兰国家公民入境的总统令；在白人种族主义者驱车撞死黑人抗议者

① "National President: All Exit Polls-Race," CNN, December 12, 2016, accessed March 21, 2018, https://www.cnn.com/election/2016/results/exit-polls; "Behind Trump's Victory: Divisions by Race, Gender, Education," Pew Research Center, November 9, 2016, accessed March 21, 2018, http://www.pewresearch.org/fact-tank/2016/11/09/behind-trumps-victory-divisions-by-race-gender-education/.

② Larry Sabato, Kyle Kondik, eds., *Trumped: The 2016 Election That Broke All the Rules*, p.208.

③ "Evangelicals, Having Backed Trump, Find White House 'Front Door Is Open'," *The New York Times*, February 7, 2018.

④ "Trump Signs Order Seeking to Allow Churches to Engage in More Political Activity," *The Washington Post*, May 4, 2017.

⑤ "Trump is Evangelicals' Dream President. Here's Why," *The Washington Post*, May 15, 2017.

以后，特朗普并未对种族主义行径进行谴责；赦免具有严重种族主义倾向的亚利桑那州前警长乔·阿派欧（Joe Arpaio）；在2018年财年预算中坚持要在美墨边境修墙。特朗普的这些举动在自由派选民中引起愤怒，但"沉默的"白人大多数依然对特朗普"敢想敢做"的政治风格表示默默支持。再次，特朗普同样认真地执行了以议长保罗·瑞安（Paul Ryan）为首的共和党温和保守派的期望议程。特朗普政府先是支持共和党在国会取消奥巴马医改，然后又与国会合作通过新的税改（主要是减税）法案。最后，特朗普也任命大量来自茶党、传统基金会、企业研究所的经济、社会保守主义者为其内阁成员。尽管特朗普个人并非保守主义理念的信徒，但保守主义选民和利益集团的政治力量迫使特朗普以兑现竞选承诺为依据，以前所未有的力度践行保守主义政纲。因此，在特朗普当政和共和党控制国会的这段时期，多样化的保守主义国内议程在美国政治中的实践达到新的顶峰。

除了在国内保守主义议程方面给予保守派大量的政治回报以外，受保守派支持的特朗普在胜选后的政策中也大量地任命政策立场比较极端的保守派外交专家和政客。特朗普任命大量的极端保守派外交人士主要基于以下五个方面的原因。

第一，特朗普在竞选过程中表现出对美国外交的无知及其个人私德方面的问题，使很多传统的共和党保守派政客和专家、温和派共和党人主动宣布与特朗普进行政治上的"切割"。典型的如2016年夏季由著名的新保守主义者埃利奥特·科恩（Elliot Cohen）牵头发起的联合美国外交界知识精英抵制特朗普的公开签名信，信中明确声明这些传统的共和党温和派将拒绝在特朗普政府（如果特朗普胜选）中任职。[①]非常重视其下属忠诚度的特朗普在胜选后组建外交团队的过程中要求

---

① "50 G.O.P. Officials Warn Donald Trump Would Put Nation's Security 'at Risk'," *The New York Times*, August 8, 2016.

亲信一律禁止那些曾经公开批评和反对过他的人士进入政府部门。[①] 在特朗普与共和党中的自由国际主义派决裂以后，特朗普的外交团队中不可能由自由派把持，而那些曾经在竞选中追随特朗普和背书特朗普的极端保守派则拥有进入特朗普政府外交部门任职的更多机会。

第二，由于特朗普在竞选过程中大量地依靠保守派提供的人力资源和智力资源，因而保守派在参与组建特朗普的外交过渡团队时发挥了很大的作用，很多保守派外交专家和政客也借此机会进入特朗普政府。在共和党保守派的推荐下，特朗普任命来自南卡罗来纳的保守派政治新星黑莉为美国驻联合国代表。在黑莉去职后，一贯轻视联合国作用的特朗普在保守派的游说下任命麦康奈尔在肯塔基州大金主的妻子凯利·克拉夫特（Kelly Craft）为美国驻联合国大使，特朗普认为尽管克拉夫特没有多少外交经验和知识，但她是最容易通过由共和党控制的参议院的批准程序的。然而，克拉夫特本人却对国际事务了解甚少。[②] 特朗普的这次提名充分说明其与保守派的密切关系，说明保守派和特朗普只是把美国驻联合国大使当作一个内阁级职位而非可以践行美国自由国际主义理念的重要国际组织的代表。特朗普团队在竞选中与保守派联结成非常复杂的政治同盟，如特朗普当时的竞选顾问班农的政治金主瑞贝卡·莫泽（Rebekah Mercer）就是保守派智库传统基金会的主要捐款人，参议院共和党领袖麦康奈尔的政治金主莫里斯·格林伯格（Maurice R. Greenberg）也是传统基金会的主要捐款人。支持

---

① "The D.C. Think Tank behind Donald Trump," *The New Republic*, February 22, 2017, accessed March 21, 2018, https://newrepublic.com/article/140271/dc-think-tank-behind-donald-trump.

② "Trump Picks Ambassador to Canada for UN Post," *The Washington Post*, February 23, 2019; 关于克拉夫特的外交知识，肯塔基州长贝文（Matt Bevin）曾对特朗普说："她是那种她知道的东西别人也知道、她不知道的东西别人也知道的人。"参见："Trump's U.N. Pick Thin on Foreign Policy, Long on Political Connections," *Politico*, accessed March 21, 2018, https://www.politico.com/story/2019/02/25/trumps-un-pick-kelly-craft-1213531。

特朗普的茶党也与传统基金会有着非常紧密的联系。[①] 基于特朗普与保守派政客、传统基金会的密切关系，传统基金会的副主席詹姆斯·简伊·卡拉法诺（James Jay Carafano）很自然地担负起特朗普政府国务院和国土安全部两个部门的过渡团队人员遴选。[②] 麦康奈尔的妻子赵小兰（Elaine Chao）曾经的高级助手保罗·康韦（Paul Conway）则直接负责特朗普人事管理办公室（Office of Personnel Management）的过渡事宜。[③] 在传统基金会的支持下，"茶党"成员米克·穆瓦尼（Mick Mulvaney）担任了白宫预算管理局局长，从而对特朗普削减国务院预算产生影响。对全球气候变化和《巴黎协定》持反对态度的前德州州长里克·佩里（Rick Perry）担任能源部部长、斯科特·普鲁伊特（Scott Pruitt）担任环保管理局局长。传统基金会里面的研究员也进入特朗普的外交决策部门，典型的如担任特朗普政府国家安全委员会南亚事务主任的莉莎·柯蒂斯（Lisa Curtis）。除传统基金会以外，其他外交保守派专家也大量进入特朗普团队，如在2018年负责为特朗普起草国家安全战略的来自外界政策研究所的纳迪娅·沙德罗（Nadia Schadlow）担任国家安全事务副助理，"约翰·海计划"（John Hay Initiative）主席布赖恩·胡克（Brian Hook）担任国务院幕僚长，哈德逊研究所的克里斯托弗·福特（Christopher Ashley Ford）担任特朗普在军控谈判领域的顾问以及国安委负责军控和核谈判的主任，美国国家战略研究中心的薛瑞福（Randall Schriver）担任国防部负责亚太事务的助理国务卿。特朗普的中高层外交顾问被大量的共和党保守派控制着。

---

① 来自南卡罗来纳州的前茶党参议员德敏特（Jim DeMint）在就任传统基金会主席后，将大量的茶党议员的顾问带入传统基金会。

② "New Details Emerge on Trump Transition Organization," *Politico*, November 9, 2016, accessed March 21, 2018, https://www.politico.com/story/2016/11/new-details-emerge-on-trump-transition-organization-231152.

③ "Trump Administration Landing Teams," February 22, 2019, accessed March 21, 2019, https://www.e-news.net/special_reports/powershift/transitions.

第三，竞选时始终跟随特朗普的保守派在特朗普胜选后也获得重要的政治回馈，他们同样占据着重要的可以影响特朗普外交政策的岗位。为特朗普的胜选立下巨大功劳的极端保守主义者班农被任命为白宫首席战略师，为特朗普反多边自由贸易政策定调的纳瓦罗被任命为总统贸易顾问。在进入白宫后，班农也将其具有强烈新孤立主义倾向的助手塞巴斯蒂安·高尔卡（Sabastian Gorka）带入白宫并担任特朗普的高级助手，高尔卡任职后在班农的授意下对支持自由国际主义的麦克马斯特展开公开的批评，通过白宫内部泄露不利于麦克马斯特的信息以打压白宫内部的自由派。① 班农也丝毫不隐瞒其对白宫内部自由国际主义者如麦克马斯特和加里·科恩（Gary Cohen）的厌恶，称这些反对特朗普新孤立主义观点和政策行为的人们都是"全球主义者"。②

第四，在特朗普执政的过程中，由于其新孤立主义的外交直觉与自由国际主义者的建议格格不入，特朗普在更换其外交内阁的过程中重新引进那些与他政策立场更加契合的保守主义新成员。由于特朗普对多边自由贸易的攻击、对盟友的批评以及对美国对外干涉的本能排斥，国家安全事务助理麦克马斯特、国务卿蒂勒森、国家经济顾问科恩、国防部长马蒂斯都与特朗普发生意见上的矛盾。在双方发生矛盾时，特朗普往往自行其是，不听自由国际主义派的劝阻。长期的政策分歧以及特朗普在决策方面的自由散漫风格最终使自由派大量从特朗普政府出走，而这又给保守派的进入提供机会。由于特朗普偏爱与自己的外交本能相同或者观点相同的顾问，经常在保守派媒体福克斯电视台节目中发言支持特朗普的外交保守派博尔顿受到特朗普的青睐，而在情报汇报中给予特朗普很深印象的蓬佩奥也同样受到特朗普的青

---

① "Breitbart's War on McMaster Bites Bannon," *Politico*, August 11, 2017, accessed March 21, 2019, https://www.politico.com/story/2017/08/11/breitbart-war-on-mcmaster-bites-bannon-241517.

② "Steve Bannon Is Losing to the Globalists," *The New Yorker*, April 6, 2017, accessed March 21, 2019, https://www.newyorker.com/news/john-cassidy/steve-bannon-is-losing-to-the-globalists.

睐。[①] 本身就属于外交保守派的博尔顿与蓬佩奥加入特朗普的外交团队后，特朗普充满直觉的新孤立主义决策就更少受到下属的挑战或反对。而且，博尔顿和蓬佩奥也根据其个人喜好重新对国安委和国务院进行保守化的调整。[②] 在保守派加强其在特朗普团队中权力构成的背景下，总统的新孤立主义观点可以在执行过程中遇到较小的政治阻力。

第五，不在特朗普政府任职工作的政府外围保守主义力量也深刻地影响着特朗普的外交政策，使特朗普在外交政策中迎合保守主义外交议程中的新孤立主义内容。由于在约翰·凯利（John Kelly）担任白宫幕僚长以前，特朗普的决策过程非常自由散漫，其接收的信息源也非常多样化，具体包括白宫内部不同派系给特朗普提供的偏见性材料、特朗普原来的保守派私人好友和保守派媒体评论员与特朗普的私下互动等。即使凯利进入白宫后大力整治通往总统的混乱信息渠道，特朗普偏爱自由行事的风格依然使凯利在很多情况下难以控制通往总统的信息。[③] 很多特朗普的保守派朋友与特朗普的私人谈话，或者是备受特朗普关注的福克斯电视台中的保守派主持人以及其他著名的保守派媒体人，典型的如肖恩·汉尼提（Sean Hannity）、塔克·卡森（Tucker Carson）、拉什·林博（Rush Limbaugh）、安·库尔特（Ann Coulter）在媒体平台的公开评论，都会影响到特朗普的外交政策。[④]

总之，由于特朗普在竞选过程中受到保守派政客和智库的人员、

---

① "John Bolton, Fresh from Fox News, Joins the Trump Cast," *The New York Times*, March 22, 2018.

② "Another Top NSC Official Ousted under Bolton," *Politico*, July 13, 2018, accessed March 21, 2019, https://www.politico.com/story/2018/07/13/national-security-council-jennifer-arangio-ousted-719691.

③ "John Kelly's Latest Mission: Controlling the Information Flow to Trump," *The New York Times*, August 24, 2017.

④ 保守主义媒体和重要人物对特朗普的影响，参见："'He Just Picks Up': Trump and the Lawmakers He Loves to Talk with," *The Washington Post*, February 19, 2019; "Trump's Allies in Conservative Media Put the President 'on the Griddle'," *The New York Times*, December 21, 2018。

资金以及智力支持，特朗普与保守派的政治绑定使大量保守派进入特朗普的外交团队，使特朗普在外交决策中受到保守派的施压和影响从而去执行部分属于保守主义外交主张的新孤立主义观点。同时，特朗普在受到保守派的鼓励与支持下，出于自己的直觉去执行新孤立主义主张。特朗普时期（2017—2018年）保守派与自由派的权力对比参见表8–1和图8–4。

表8–1 特朗普时期（2017—2018年）保守派与自由派的权力对比

		保守派控制	自由派控制
总统	国务院	7（特朗普） （蓬佩奥） （黑莉） （博尔顿） （班农） （莱特希泽） （纳瓦罗）	2（马蒂斯） （麦克马斯特）
	国防部		
	驻联合国代表		
	国家安全局		
	首席战略师		
	贸易代表		
	总统贸易顾问		
参议院		1	0
众议院		1	0

资料来源：作者整理。

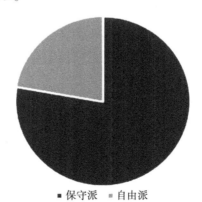

■ 保守派　■ 自由派

图8–4 特朗普时期保守派与自由派的权力对比

资料来源：作者整理。

第三节　新孤立主义政策的全面实践

在保守派充塞于特朗普外交团队和政府、保守派控制国会的背景下，特朗普自己"直觉"式的外交主张与保守派的外交议程相结合，共同使特朗普执政的最初两年中的新孤立主义程度非常明显。特朗普时期的保守派与总统在执行其新孤立主义主张方面并非完全一致，二者有一致和重合的时候，也有分歧的时候。保守派主要强调美国对全球气候治理的反对、对伊朗核问题全面协议的反对、对联合国的反对，而特朗普则出于其认知本能反对美国在阿富汗和叙利亚的驻军与军事行动、反对多边自由贸易、反对美国在联盟体系内过高的责任分担、反对美国大量的对外援助。在这样的情况下，保守派共和党人宁愿选择与特朗普合作，同时践行保守派自己的新孤立主义观点和特朗普出于直觉的新孤立主义主张，也不愿意因为坚定地反对特朗普自己的政策而与之决裂。而且在特朗普强硬的政治风格背景下，明确公开地反对特朗普外交政策的参议院外交委员会主席鲍勃·科克（Bob Corker）也不得不黯然退休。[①] 在保守派坚决选择与特朗普进行合作的政治环境下，保守派和特朗普的新孤立主义主张同时被付诸美国外交实践。

首先，保守派借助特朗普的总统权力并利用其对特朗普的影响力积极推动很多新孤立主义外交主张的执行。在削减对外援助方面，来自茶党的财政保守派起到关键作用。茶党成员穆瓦尼担任白宫预算管理局主任以后对美国用于国防和外交的预算进行调整。应保守派的要求，国防预算获得增长，但是用于国务院对外援助和对外民主开发的资金却被缩减。在预算管理局的建议下，特朗普要求当时担任国

---

① "Corker Sticking with Retirement, Won't Run for Third Term," The Hill, February 27, 2018, accessed March 21, 2019, https://thehill.com/homenews/campaign/375781-corker-rejects-reelection-bid-after-announcing-retirement.

务卿的蒂勒森对国务院机构和预算进行大规模的改革。在蒂勒森领
导的改革下，很多国务院的机构、人员和对外援助项目被迫受到削
减，削减幅度达到30%，削减范围包括美国国务院下属的国际开发署
（USAID）、"千禧年挑战集团"项目（Millennium Challenge Corporation）
和"和平卫队"项目（Peace Corps）。① 对于特朗普政府大幅削减对外
援助金额的行为，120多名退役将军曾致信国会领导人、国防部长、国
务卿和国家安全事务助理向他们解释对外援助的重要性，敦促他们向
特朗普施压以撤回预算削减方案。国防部长马蒂斯曾向特朗普进谏说
明美国对外援助的重要性，"如果您削减国务院预算，那我就需要购
买更多弹药"。② 对于自由国际主义派的劝说，特朗普和穆瓦尼不为
所动。③

2017年6月，特朗普发表声明宣布美国退出《巴黎协定》。在特朗
普退出《巴黎协定》的决策过程中，共和党保守派的施压起到非常重
要的作用。由于很多共和党保守派参议员来自就业严重依赖矿物能源
开采业的州，这些议员对奥巴马政府限制能源开采并积极参与气候治
理的立场持强烈反对意见。特朗普上任后，保守派智库和特朗普身边
的顾问不断向特朗普表明气候变化只是科学家和民主党编造出来的谎
言，而美国参与全球气候治理约束了自己的采矿业发展并限制矿业工
人的就业。在特朗普宣布退约的前一个月，以麦康奈尔为代表的共和
党保守派联名22名参议员集体向特朗普致信，要求特朗普迅速作出退
出《巴黎协定》的决定。在特朗普宣布退约后，保守派媒体和政客对

① 美国政府将对外民事援助、领馆保护、偶发事件应对费用等非军事预算划归"国际事务
预算"，2017年美国国会批准的国际事务预算总额为588亿美元，该数据见美国预算中心网站：
http://www.usglc.org/budget-center/，其中美国国际开发署部门的花销为227亿美元，数据见美国
国际开发署网站：https://www.usaid.gov/results-and-data/budget-spending，特朗普政府对对外援助
的削减额度（176亿美元）几乎与美国国际开发署的全年预算等额，访问日期：2018年3月21日。
② "Retired Generals Cite Past Comments from Mattis While Opposing Trump's Proposed
Foreign Aid Cuts," *The Washington Post*, February 27, 2017.
③ "Diplomats Worry Trump Plans to Starve State with Cuts," *Politico*, February 27, 2017.

特朗普的行为大加赞扬和鼓励。[①]

2017年10月，特朗普宣布美国退出联合国教科文组织；2017年12月，特朗普宣布美国将驻以色列大使馆迁往耶路撒冷；2018年5月，特朗普不顾马蒂斯、麦克马斯特和蒂勒森的反对与质疑，单方面宣布美国将退出由六国共同签署的伊朗核问题全面协议。特朗普的这三个重要决策背后都与亲以色列的共和党保守派有关，保守派也对特朗普的决策起到助推作用。特朗普自己本身就厌恶伊朗核问题全面协议，在该协议刚刚达成时，特朗普曾攻击这个协议是"世界最坏的协议"，但是上任初期在马蒂斯和蒂勒森的劝说下，特朗普短暂地延长了协议执行时间。[②] 然而，在亲以色列和反对伊朗核问题全面协议的保守派长期的劝说下，特朗普最终不顾国际原子能机构关于伊朗正在如实执行协议的事实，宣布美国退出这个多边主义性质的外交协议。[③] 同样也是在亲以色列的共和党保守派游说下，特朗普不顾联合国安理会的一致反对，执意将美国大使馆迁往耶路撒冷。[④]

在反对多边主义性质的自由贸易方面，部分保守派与特朗普的重商主义本能形成一致，因而特朗普政府在美国的贸易政策中采取了很多具有新孤立主义特色的行为。由于特朗普个人强烈地批评《跨太平洋伙伴关系协定》《北美自由贸易协定》和世界贸易组织，其反对已有多边贸易制度的立场赢得共和党内的贸易保守派如莱特希泽和纳瓦

[①] 关于共和党保守派推动特朗普退出《巴黎协定》的内容，参见："Don't Just Blame Trump for Quitting the Paris Deal — Blame the Republican Party," Vox, January 1, 2018, accessed March 21, 2019, https://www.vox.com/2017/6/1/15726726/trump-paris-climate-agreement-republicans。

[②] "Trump's Irrational Hatred of the Iran Deal," *The New Yorker*, October 15, 2018, accessed March 21, 2019, https://www.newyorker.com/magazine/2017/10/23/trumps-irrational-hatred-of-the-iran-deal.

[③] "Trump Withdraws from the Nuclear Deal with Iran," *The Nation*, March 21, 2019, accessed March 21, 2019, https://www.thenation.com/article/trump-withdraws-from-the-nuclear-deal-with-iran/.

[④] "US Outnumbered 14 to 1 as It Vetoes UN Vote on Status of Jerusalem," *The Guardian*, December 19, 2017, accessed March 21, 2019, https://www.theguardian.com/world/2017/dec/18/us-outnumbered-14-to-1-as-it-vetoes-un-vote-on-status-of-jerusalem.

罗的支持。纳瓦罗刚刚进入特朗普政府后，属于贸易自由派的科恩为防止其鼓动特朗普采取保护主义政策，将纳瓦罗所属的贸易办公室划归国家经济顾问办公室名下，使纳瓦罗在特朗普上任后的第一年难以对特朗普产生影响。然而，特朗普很快便感受到纳瓦罗的缺失，因而在中美"贸易战"过程中初露苗头后拔高了纳瓦罗在白宫的职务。①获得与特朗普更多接近机会的纳瓦罗尽量利用与特朗普单独相处的机会，向特朗普陈述多边自由贸易对美国的不公平。②莱特希泽向特朗普建议的保护主义政策最初也遭到白宫内部贸易自由派的打压，但莱特希泽也通过多次向特朗普陈述多边自由贸易对美国的伤害、强调保护性关税的重要意义，因而逐渐赢得了特朗普的信任。③在贸易保守派的支持下，特朗普先后采取多种多样的反对多边自由贸易的政策。特朗普在上任三天后就兑现承诺，宣布美国退出《跨太平洋伙伴关系协定》。④上任不到两周，特朗普就在白宫会见参议员时表明他想启动更改《北美自由贸易协定》内容的谈判。⑤特朗普和他的贸易代表莱特希泽在贸易会议中多次抨击美国的传统盟友和国际贸易组织。在采取单边主义行为进行贸易保护方面，特朗普甚至不顾参议院外交建制派的

---

① "With Cohn Gone, Peter Navarro Is Unleashed at White House," CNBC, March 6, 2018, accessed March 21, 2019, https://www.cnbc.com/2018/03/06/tariffs-gary-cohn-is-out-peter-navarro-is-unleashed-at-white-house.html.

② "The 'Madman' behind Trump's Trade Theory," *The Atlantic*, December 17, 2018, accessed March 21, 2019, https://www.theatlantic.com/magazine/archive/2018/12/peter-navarro-trump-trade/573913/.

③ "'Ideological Soulmates': How a China Skeptic Sold Trump on a Trade War," *Politico*, December 26, 2018, accessed March 21, 2019, https://www.politico.com/story/2018/12/26/trump-lighthizer-china-trade-war-1075221.

④ "Donald Trump Withdraws U.S. from Trans-Pacific Partnership; TPP Agreement Was Aimed at Curbing China's Advantages," *The Wall Street Journal*, January 24, 2017.

⑤ "Trump Will Issue Executive Order to Begin NAFTA Renegotiation, Report Says," *The Guardian*, January 23, 2017; "Trump: I Want to Speed up NAFTA Renegotiation," *Politico*, February 2, 2017.

反对，对美国的传统盟友加征保护性关税。[1] 在2018年的七国集团会议上，由于特朗普坚持认为欧盟对美国采取贸易作弊，因而拒绝与欧盟、加拿大等国政府首脑发表共同宣言。[2] 为削减美国长期居高不下的贸易赤字并强行迫使美国劳动力密集型制造业的回流，特朗普以对钢铁产业的保护为典型，以国家安全（《1974年贸易法》中的"232条款"）为保护主义的借口，先后对包括中国、欧盟、日本等主要大国和地区加征保护性关税。在特朗普与中国、欧盟等国家和地区的贸易诉讼争端被移交到世界贸易组织平台后，特朗普政府对世界贸易组织这个多边贸易组织也进行施压。由于特朗普的贸易团队成员如贸易代表莱特希泽、美国驻世界贸易组织代表丹尼斯·谢伊（Dennis Shea）长久以来对世界贸易组织上诉机构、反补贴规则、通报机制的不满，特朗普政府刻意阻挠上诉机构法官的再任命，从而导致上诉机构在2019年年底面临全面瘫痪的局面。在要挟世界贸易组织进行符合美国意愿改革的问题上，特朗普政府甚至以阻挠世界贸易组织的运行为威胁手段。[3] 在莱特希泽和纳瓦罗支持特朗普的以上单边主义和保护主义贸易政策时，共和党保守派并未采取坚决的行动以抵制特朗普的这些行为。支持自由贸易的共和党保守派只是不断地在公开声明中重复对特朗普贸易保护行为的"担忧"和反对，[4] 但他们并未对特朗普的保护主义行为作出行动上的抵制。在2018年夏，来自受特朗普"关税战"冲击严重的部分州的参议员如查克·格拉斯利（Chuck Grassley）等人在国会提出法案要求限制总统采取贸易保护的权限，但这个法案根本没有进入

---

[1]　"White House to Impose Metal Tariffs on E.U., Canada and Mexico," *The New York Times*, May 31, 2018.

[2]　"Trump Refuses to Sign G-7 Statement and Calls Trudeau 'Weak'," *The New York Times*, June 9, 2018.

[3]　"Trump Puts the WTO on the Ropes," *The Wall Street Journal*, July 11, 2018.

[4]　"Trump Tariffs Tear Republicans Apart," *Politico*, July 26, 2018, accessed March 21, 2019, https://www.politico.com/story/2018/07/26/trump-tariffs-republicans-trade-740571.

参议院的投票环节。① 在特朗普和纳瓦罗的支持下，部分特朗普在众议院中的保守派政治同盟甚至试图发起授权特朗普更大保护主义权限的法案。② 总之，在贸易保守派鼓动特朗普采取单边主义和保护主义贸易政策时，支持贸易自由化的保守派共和党人并未采取真正的国会行动去阻止特朗普的新孤立主义行为。

在特朗普依据其新孤立主义的直觉采取其他新孤立主义外交行为时，保守派同样没有足够的政治勇气去阻止特朗普的新孤立主义行为。在作出撤军叙利亚的决定前，特朗普曾在与土耳其总统埃尔多安的通话中表示，美国在叙利亚的军事存在需要花费大量资源，而他更愿意将自己的主要精力集中于国内政策。③ 在驻阿富汗美军的数量问题上，特朗普尽管起先听从了他的军事顾问的意见对阿富汗增兵，但随后则对这场美国历史上耗时最长的战争表现出打算撤出全部美军的意愿。在是否撤离阿富汗这个问题上，特朗普表现出对那些坚持美军应驻留阿富汗的保守派外交"专家"的不信任。④ 而且在决定撤军叙利亚以后，特朗普又命令将原来驻扎在阿富汗的 14 000 名美军缩减至半。⑤ 在特朗普不顾马蒂斯的强烈反对宣布从阿富汗和叙利亚撤军时，大多数保守派议员只是通过简单的发表声明的方式表示自己不同意总统在这些领域的外交行动，或者只是在国会发起限制总统贸易权限但不可能被通

---

① "Chuck Grassley Wants to Limit Trump's Trade Authority," *Axios*, December 3, 2018, accessed March 21, 2019, https://www.axios.com/chuck-grassley-trump-tariffs-section-232-national-security-613bb759-acac-4a36-9703-9a2ee1958f28.html.

② "Duffy Finds 18 Co-sponsors for Bill to Increase Trump's Tariff Powers," *Politico*, January 24, 2019, accessed March 21, 2019, https://www.politico.com/story/2019/01/24/duffy-finds-18-co-sponsors-for-bill-to-increase-trumps-trade-powers-2555509.

③ "In Shift, Trump Orders U.S. Troops Out of Syria," *The Wall Street Journal*, December 19, 2018.

④ "Trump Slams Fed chair, Questions Climate Change and Threatens to Cancel Putin Meeting in Wide-Ranging Interview with The Post," *The Washington Post*, November 28, 2018.

⑤ "Trump Orders Big Troop Reduction in Afghanistan," *The Wall Street Journal*, December 21, 2018.

过的法案。[①] 在特朗普攻击北约时，共和党保守派甚至都不愿意公开批评特朗普的这些新孤立主义言行。例如，接替科克担任参议院外交委员会主席的保守主义的鹰派人物詹姆斯·里希（James Risch）在接受采访时表示：尽管他完全不同意特朗普退出北约、批评北约的观点，但是如果让他公开批评特朗普的这些观点，他是永远不会那样做的。[②] 在联盟问题上，尽管特朗普重申美国对美日、美韩关系和美国对北约关系的重视，特朗普依然在外交实践中兑现其要求盟友增加付费的承诺。国防部长马蒂斯出访北约国家时向参会的北约国家传递特朗普的要求：如果北约成员坚持拒绝提高其军费支出比例，美国将考虑改变与北约的关系。[③] 在2018年北约峰会召开前，特朗普在蒙大拿州的演讲中说道，"我会对北约说，'你们必须开始付费，美国不能负责所有的事情'"。[④] 对于特朗普对北约国家的批评，保守派共和党人也只是公开地表明其与特朗普的不同意见，而并未采取真正施压特朗普的政治措施。总之，特朗普时期的保守派一方面借助总统权力推行自己的外交议程，另一方面则坐视特朗普采取基于直觉的外交议程，二者共同促成了特朗普时期新孤立主义实践程度在美国外交历史上的新高度。特朗普时期（2017—2018年）新孤立主义的实践程度参见表8–2和图8–5。

---

① "A Growing Chorus of Republican Critics for Trump's Foreign Policy," *The New York Times*, January 29, 2019.

② "Trump Flirts with Leaving NATO, and 'Zero' Republicans in Congress Are Impressed," *The Atlantic*, accessed March 21, 2019, https://www.theatlantic.com/international/archive/2019/01/senate-foreign-relations-jim-risch-trump-nato/580729/.

③ 按照北约的联盟内容要求，北约成员国的防务支出费用应不低于其国内生产总值的2%，但是在北约28个成员国（2017年）中，只有美国（3.6%）、希腊（2.4%）、英国（2.2%）、爱沙尼亚（2.1%）和波兰（2.0%）五国达到这个标准，参见："Defense Secretary Mattis Issues New Ultimatum to NATO Allies on Defense Spending," *The Washington Post*, February 15, 2017.

④ "Trump's Message to NATO," *The Atlantic*, July 15, 2018, accessed March 21, 2019, https://www.theatlantic.com/international/archive/2018/07/trump-nato-putin-summit/564536/.

表8-2　特朗普时期（2017—2018年）新孤立主义的实践程度

新孤立主义主张	新孤立主义的实践程度
反对联合国等多边组织和协议（A）	反对联合国 退出"伊朗核问题全面协议" 退出《巴黎协定》 退出联合国教科文组织 不顾联合国反对，驻以使馆迁址耶路撒冷（5）
反对多边自由贸易（B）	退出《跨太平洋伙伴关系协定》 滥用"232条款"采取贸易保护 阻挠世界贸易组织上诉机构法官任命 以退出《北美自由贸易协定》为威胁 要求国会批准美墨加协议（4）
反对联盟体系（C）	以退出北约为威胁，要求盟国增加会费（1）
支持单边主义武力干涉（X）	0
支持不干涉政策（Y）	撤军阿富汗 撤军叙利亚（2）
反对对外援助（Z）	削减对外援助额度（1）

资料来源：作者整理。

图8-5　特朗普时期（2017—2018年）新孤立主义的实践程度

资料来源：作者整理。

第四节　结　语

美国对新孤立主义观点的实践程度在特朗普时期达到二战以后的最高峰，这主要是因为贸易自由化的负面冲击，尤其是对产业工人的负面冲击在特朗普时期达到二战以后的最高峰，因为保守主义运动和保守派在政府中的权势在特朗普时期达到二战以后的最高峰。在特朗普时期，贸易自由化的负面冲击已经导致累计数百万产业工人失业，而失业工人在贸易议题上对那些持有新孤立主义立场的政治候选人的支持，迫使美国的选举政治不得不向反多边自由贸易的立场转变，胜选总统也不得不在贸易领域迎合失业工人，采取新孤立主义的政策行为。在特朗普时期，保守派的力量足以左右总统选举结果，在保守派成功地将特朗普推上总统职位后，特朗普也只能以政治任命的方式向保守派进行政治回报。在控制国会的情况下，保守派成功地借助特朗普的总统权力将他们自己的新孤立主义外交议程付诸实践。

第九章 结 论

　　2016年的美国大选结果体现出美国政治风向的巨变，在诸多议题领域的政治主张与美国传统建制派严重不合的特朗普依靠选举制度（选举人票）的便利，在输掉大量普选票（280万张）的情况下，当选美国总统。

　　回顾2016年的总统选举情况可以发现，其与1992年总统选举有着非常相似的背景，如风格相似的候选人（布坎南和佩罗特）、相似的经济衰退背景、相似的反建制主义口号、相似的反自由贸易、相似的新孤立主义外交观点等。然而，1992年的大选以建制派（克林顿）的胜利告终，而且，克林顿政府在1992年以后的外交和贸易政策中总体上还是奉行了自由国际主义原则（尽管保守主义共和党人在冷战结束后开始阻挠克林顿政府的自由国际主义议程）。克林顿政府制定了"接触和扩展"国家安全战略，积极推动多边贸易机制谈判，促成《北美自由贸易协定》和世界贸易组织的建立。与1992年大选及选后美国外交政策的走向不同的是，特朗普并未像布坎南和佩罗特那样打着反建制的旗号早早败阵而是以戏剧性的结果顺利当选。当选后的特朗普也没有完全"顺从"共和党内自由国际主义者们的意见，而是重视向他的基础选民（包括共和党内的外交保守派、文化保守派和反贸易自由化的蓝领工人）兑现很多在自由国际主义者们看来非常极端的竞选承诺，如以彻底退出协议为威胁重新谈判已经运行很多年的多边贸易机制、退出部分多边国际组织和协议、不顾世界贸易组织规定单方面采取保护主义行动、撤军叙利亚和阿富汗等。与布坎南和佩罗特时期相比，特朗普的胜选和当政体现出美国外交中的新孤立主义实践越来越明显，具体地体现到美国外交实践中就是单边主义行为和反多边自由贸易的特色越来越明显。那么，为什么新孤立主义从布坎南到特朗普时期会发生这样巨大的转变？是什么因素导致美国的新孤立主义从布坎南时期的"观点"发展到特朗普时期的"实践"？本书认为，美国自二战结束以后进行的贸易自由化制度改革在各个时期对美国产业工人造成的负面冲击程度的不同、保守主义运动所带来的保守派在美国政府中与自由派逐渐变化的权势对比这两个变量共同决定了美国的新孤立主义从塔夫脱时期开始的"观点萌芽"变为特朗普时期的"政策现实"。

美国贸易自由化制度的变迁所导致美国产业工人尤其是相对竞争力较弱的劳动力密集型产业工人大量失业，这些自由贸易的"输家"开始在贸易政策立场上反对美国参与多边自由贸易并支持那些倡导贸易领域新孤立主义的观点，这是美国国内反多边自由贸易的政治基础。在布坎南以前的塔夫脱时期和里根时期，美国先后经历四次重大的以国内贸易法为依托的贸易自由化改革。在塔夫脱时期有1933年《互惠贸易协定法》和美国加入《关税与贸易总协定》的法案，这两个法案既赋予支持贸易自由化的总统参与关税自由化的谈判权限，又建立了首个致力于互惠性降税和消除非关税壁垒的多边主义国际贸易平台。但塔夫脱时期的自由化进程也是伴随着对保护主义的制度补偿的，如在关贸总协定通过后，当时的贸易自由派为获得国会对《互惠贸易协定法》的后续授权，默许了国会为保护当时的美国弱势产业而进行专门立法保护的行为。国会也确实在塔夫脱时期采取了很多立法保护的行动。从肯尼迪到里根时期，美国又经历了两次重大的贸易自由化改革，即《1962年贸易扩展法》改革和《1974年贸易法》改革。由于保护主义在当时尤其是国会中强大的政治压力，贸易自由派在作出有利于贸易自由化改革的过程中也对弱势产业给予很多"补偿"式的制度保障，使贸易自由派在增加其自由贸易谈判权限的同时，也给弱势产业留有新的贸易保护渠道。例如，在《1962年贸易扩展法》中，对保护主义非常倚重的"201条款"的适用性作出更加宽松化的规定。在《1974年贸易法》中，贸易自由派得到更多的自由化收益，但保护主义使用"201条款"的约束进一步被放松，而且，保护主义可以更加便捷地使用"反倾销"和"反补贴"措施来采取关税保护。事实上，通过对肯尼迪至里根时期美国典型的弱势产业的分析可以发现，贸易自由派对弱势产业的"补偿"式制度保障也确实在一定程度上缓和了弱势产业受到自由贸易的负面冲击程度。从里根时期到布坎南时期的贸易自由化进程中，保护主义继续通过《1988年贸易法》改革，授予弱势产业可以寻求使用"301条款"的制度性"补偿"。总之，在布坎南以前，美国的贸易自由化在制度和实践上的确是稳步向前发展的，这种发展也从20世纪80年代初就开始对美国制造业工人造成负面冲击，包括工人失业、待遇下降和工会力量瓦解。然而，由于贸易自由派对保护主义的制度性补偿，很多弱势产业尤其是劳动力密集型产业在布坎南时期得到相对平稳的发展，失业工人的数量并未明显地上升。因此，布坎南时期的美国产业工人尽管已经感受到多边自由贸易对他们的负面冲击，布坎南和佩罗特也通过竞选立场反映出他们的诉求，但反对多边自由贸易的工人力量尚未积累到足以将支持贸易领域新孤立主义的总统候选人选上台的程度。也就是说，在布坎南时期，贸易自由化的负面冲击所引起的反多边贸易立场只能反映在政治选举的观点层面，而未能真正地在贸易政策实践中被付诸执行。

在布坎南以后的克林顿时期到特朗普时期，尤其是在特朗普时期，贸易自由化的负面冲击所带来的反多边自由贸易政治力量已经拥有足够的能力直接影响到总统选举的结果，从而使美国的政治候选人在贸易领域更多地支持反多边贸易自由化立场。在克林顿时期，继续采取自由国际主义大战略的克林顿政府加入《北美自由贸易协定》，领导各国参与乌拉圭回合谈判并建立世界贸易组织。《北美自由贸易协定》的签署严重地冲击了美国的低技能劳动力产业工人和逐渐受到打压的美国工会。世界贸易组织的成立对于美国国内弱势产业原来严重倚托的那些"补偿"式保护主义渠道产生破坏性的影响。由于世界贸易组织在采取贸易保护的标准方面的规定更加严格，美国的弱势产业在运用国会立法、自动限制出口协议（VRA）、"201条款"、"双反"、"301条款"保护自己时遇到世界贸易组织专家组的否定判决。失去"补偿"式制度保护的美国弱势产业在面对比布坎南以前更大的进口压力时快速衰落，进而导致大量工人失业。与此同时，美国在冷战结束后与发展中国家尤其是中国的贸易比布坎南以前有着更大的增速。

《北美自由贸易协定》对美国弱势产业的负面冲击从克林顿时期开始并发展到奥巴马时期以后。在小布什时期，失业工人的数量已经非常巨大，失业工人对美国政府采取贸易领域新孤立主义的政治诉求也已经非常强烈，失业工人成功影响支持贸易领域新孤立主义候选人当选的政治能力也已经成为现实。基于这样的政治背景，在2016年打着新孤立主义立场的特朗普受到大量蓝领工人的强烈支持，失业工人在关键性的、制造业分布密集的摇摆州对特朗普的支持成为特朗普胜选的关键。为继续迎合工人的反多边贸易自由化立场，特朗普也在胜选后坚定地兑现其竞选承诺，在贸易政策中采取大量的新孤立主义行为。

在解释共和党具有单边主义特色的新孤立主义外交政策如何从布坎南参与总统竞选时期的外交观点发展到特朗普时期的外交实践方面，本书认为，由于共和党保守派的部分外交政策具有很强的单边主义特色，而单边主义外交的思想基础是"美国优先论"和"美国例外论"，因而共和党保守派的部分外交政策属于新孤立主义。单边主义特色的新孤立主义观点最早从二战结束不久以后的塔夫脱时期就开始了，塔夫脱领导的共和党保守派在杜鲁门和艾森豪威尔政府缔造美国的冷战战略时提出很多新孤立主义的观点。然而，由于在塔夫脱时期，保守主义运动尚处于发展早期，共和党保守派尚未能从内部控制共和

党的政策议程，更没有控制当时的国会，因而也不可能有力地影响共
和党总统的外交政策，无法将保守派当时主张的新孤立主义观点贯彻
到外交实践中。从肯尼迪到里根时期，保守主义运动已经取得实质性
的进步，南方保守派政治力量的崛起成功地把保守派共同尊重的领导
人——里根送上总统位置，共和党也控制了参议院，里根也部分地任
命保守派加入其外交团队。然而，由于在里根时期保守派尚未完全控
制国会（未能控制众议院），而且在冷战的大背景下里根的外交政策
更加偏向于高举自由国际主义旗号与苏联进行对抗，保守派在当时依
然未能在政治力量上压倒自由派，保守派当时的新孤立主义外交主张
也未能付诸实践，里根时期保守派的新孤立主义观点依然主要停留于
言辞阶段。在布坎南时期，温和的共和党总统布什和自由派总统克林
顿并未重用主张新孤立主义的保守派，而当时的国会也全部由民主党
人控制。在完全被自由派力量占据的政府中，保守派的新孤立主义主
张没有实践的余地。到克林顿时期（1995—2000年），1994年中期选
举的历史性胜利使保守派真正地控制了共和党的政治议程，也控制了
参众两院。保守派力量在国会的崛起使保守派的新孤立主义外交政策
可以通过制衡总统的国会体现出来。在克林顿时期，新孤立主义主要
体现在保守派控制的国会的外交政策中。在小布什时期，受到保守派
支持而胜选的小布什大量任命保守派外交"小圈子"进入其外交团队，
保守派也继续保持对国会的完全控制，因而可以在外交政策中不受约
束地采取单边主义特色非常明显的新孤立主义外交行动。

在奥巴马时期的最初两年，保守派短暂处于弱势。随着奥巴马国
内外自由主义政策的施行，保守主义力量再次在2010年的中期选举中
出现反弹，并在2014年的中期选举中再次控制国会。由于总统依然由
自由派把持，控制国会权力的保守派只能利用国会对总统的制衡作用，
采取了很多反对奥巴马外交政策的新孤立主义行为。在2016年大选中，
保守派支持的特朗普赢得总统选举，保守派也继续保持了对国会的控

制，特朗普也任命大量的保守派人士进入其外交决策机构，保守派的权势再次达到新的顶峰。在控制行政和立法权力的政治环境下，共和党保守派一方面与特朗普合作，推行了很多保守派自己青睐的新孤立主义主张；另一方面，保守派却并未利用国会的权力对特朗普的其他新孤立主义行为进行阻挠。保守派和特朗普在外交议程上的合作使特朗普时期美国的新孤立主义达到新的程度。

当今美国外交中存在的新孤立主义，即反多边贸易自由化和单边主义外交特色，并非美国政治中即时出现的"特朗普现象"。经典的自由贸易原理（相对优势理论）和多边贸易实践必然会使美国国内的弱势产业处于竞争劣势，也必然会使美国国内的低技能劳动力工人失业。自由贸易的"输家"进而会利用美国的民主选举制度将他们的不满情绪，将他们对美国长期以来一直在积极参与的多边自由贸易制度的反对情绪体现到国会和总统的选举政治层面。受自由贸易冲击的弱势产业和失业工人很早就存在于美国的政治发展过程中，但特朗普的胜选说明美国国内受自由贸易冲击的保护主义力量已经达到足以在总统选举层面"掀翻"自由贸易建制派的"量"（失业工人的选票数）和"度"（关键州的选举人票数）。从长远来看，即使特朗普任期结束，支持贸易自由的建制派候选人可能重掌美国的外交决策权力，可能重回美国支持多边自由贸易的"老路"，但基于自由贸易已经对美国国内弱势产业造成如此巨大的负面冲击现状，未来的总统已经不可能忽视国内强大的反贸易自由化力量。如何安抚美国国内自由贸易"输家"强烈的不满情绪依然会成为美国总统政治的核心议题。从当前已经宣布要与特朗普角逐2020年总统大选的民主党候选人的贸易立场来看，民主党候选人也正在越来越倾向于支持特朗普的新孤立主义观点，这说明特朗普时期美国国内反贸易自由化的民意基础，尤其是反对美国加入多边贸易机制的民意基础，已经成为在短期内不可能变更的选民立场。

基于此，无论是共和党还是民主党总统候选人，在未来的贸易政策中肯定会继续采取全部或部分的新孤立主义贸易政策，以安抚那些政治力量强大的自由贸易"输家"。与此同时，特朗普时期的保守派共和党人已经完全控制共和党的内政和外交议程，新的保守派政治精英也正在代际式地、分批次地进入共和党和政府的政治生活中，保守派外交实践中的新孤立主义特色依然会继续影响共和党的政策议程和政策实践。因此，在不远的未来，新孤立主义观点在美国的实践程度很有可能会成为"新常态"，而不会是只属于特朗普政府时期的"昙花一现"。

参考文献

英文专著

1. ABRAMOWITZ A I. The disappearing center: engaged citizens, polarization, and American democracy[M]. New Haven: Yale University Press, 2010.

2. ABRAMSON P R, ALDRICH J H, ROHDE D W, eds. Change and continuity in the 2000 elections[M]. Washington, D.C.: CQ Press, 2002.

3. ADAMS C F, ed. The works of John Adams, second president of the United States[G]. Boston: Little Brown, 1970.

4. ADLER S. The isolationism impulse: its twentieth-century reaction[M]. New York: Abelard-Schuman, 1957.

5. AISTRUP J A. The southern strategy revisited: Republican top-down advancement in the south[M]. Lexington: University Press of Kentucky, 1996.

6. ALDRICH J H. Why parties? A second look[M]. Chicago: The University of Chicago Press, 2011.

7. ALESINA A, CARLINER G, eds. Politics and economics in the eighties[M]. Chicago: University of Chicago Press, 1990.

8. ALEXANDER A J, TAN H W. Barriers to US service trade in Japan[M]. Snata Monica, CA: Rand Corporation, 1984.

9. ALSTYEN V. The rising American Empire[M]. New York: Oxford University Press, 1960.

10. AMBROSIUS L. Woodrow Wilson and the American diplomatic tradition: the treaty fights in perspective[M]. New York: Cambridge University Press, 1990.

11. American Political Science Association. Committee on Political Parties. toward a more responsible two-party system: a report[R]. New York: Rinehart, 1950.

12. AMSTUTZ M R. Evangelicals and American foreign policy[M]. New York: Oxford University Press,2014.

13. CROMARTIE M. Evangelicals and foreign policy: four perspectives[M]. Washington, D.C.: Ethics and Public Policy Center, 1989.

14. Andrew J. Lyndon Johnson and the Great Society[M]. Chicago: I.R. Dee, 1998.

15. Art R J. A grand strategy for America[M]. Ithaca: Cornell University Press, 2004.

16. Ashbee E. The Bush administration, sex and the moral agenda[M]. Manchester: Manchester University Press, 2007.

17. AUDLEY J J, PAPADEMETRIOU D G. NAFTA's promise and reality: lessons from Mexico for the hemisphere[M]. Carnegie Endowment for International Peace, Washington, D.C. 2004.

18. BAILEY T A. A diplomatic history of the American people[M]. New York: Crofts American History Series, 1946.

19. BAIN R, PARRIS J. Convention decisions and voting research[M]. Washington DC.: Brookings Institution, 1973.

20. BALDWIN R E. The structure and evolution of recent U.S. trade policy[M]. Chicago: University of Chicago Press, 1984.

21. BALDWIN R E. U.S. trade policy since 1934: an uneven path toward greater trade liberalization[M]. National Bureau of Economic Research, 2009.

22. BALZ D J. BROWNSTEIN R. Storming the gates: protest politics and the Republican revival[M]. Boston: Little Brown, 1996.

23. BANCROFT F, ed. Speeches, correspondence and political papers of Carl Schurz[C]. New York: G.P. Putnam's Sons, Vol2, 1913.

24. BARBER J D. The presidential character: predicting performance in the White House[M]. Englewood Cliffs, N.J.: Prentice-Hall, 1985.

25. BAUER R A, Pool I D S, DEXTER L A. American business and public policy:

the politics of foreign trade[M]. Chicago: Aldine Atherton, 1972.

26. BEISNER R. Twelve against empire: the anti-imperialists, 1898–1900[M]. New York: Mc Graw Hill, 1968.

27. BHAGWATI J N. Protectionism[M]. Cambridge: MIT Press, 1988.

28. BHAGWATI J N, PATRICK H T. Aggressive unilateralism: American's 301 trade policy and the world trading system[M]. Ann Arbor: University of Michigan Press, 1990.

29. BHAGWATI J N. Import competition and response[M]. Chicago: University of Chicago Press, 1982.

30. BLANCHARD D A. The anti-abortion movement: references and resources[M]. New York: G.K. Hall, 1996.

31. BONACICH E, APPELBAUM R P. Behind the label: inequality in the Los Angeles apparel industry[M]. Berkeley: University of California Press, 2000.

32. BOND J R, FLEISHER R, eds. Polarized politics: congress and the president in a partisan era polarized politics[M]. Washington, DC: CQ Press, 2000.

33. BOWEN M. The roots of modern conservatism: Dewey, Taft, and the battle for the soul of the Republican Party[M]. Chapel Hill: University of North Carolina Press, 2011.

34. JENSEN J B. Global trade in services: fear, facts, and offshoring[M]. Washington D.C.: Peterson Institute for International Economics, 2011.

35. BRAEMAN J, ed. Change and continuity in twentieth-century America[M]. Columbus: The Ohio State University Press, 1965.

36. BURKE V J. Nixon's good deed: welfare reform[M]. New York: Columbia University Press, 1974.

37. BUSCH A. Reagan's Victory: The Presidential Election of 1980 and the Rise of the Right[M]. Lawrence: University Press of Kansas, 2005.

38. CAMPBELL C, ROCKMAN B, eds. The Clinton presidency: first appraisals[M]. Chatham: NJ.: Chatham House, 1996.

39. CAMPBELL J E. Cheap seats: The Democratic Party's advantage in U.S.

House elections[M]. Columbus: Ohio State University Press, 1996.

40. CAMPBELL J E. The presidential pulse of congressional elections[M]. Lexington: University Press of Kentucky.

41. CANNON L. President Reagan: the role of a lifetime[M]. New York: Simon & Schuster, 1991.

42. CEASER J, BUSCH A. Upside down and inside out: the 1992 elections and American politics[M]. Lanham, Md.: Rowman & Littlefield, 1993.

43. CHADWIN M L. The hawks of World War II[M]. Chapel Hill: University of North Carolina Press, 1968.

44. CHAFE W H, ed. The achievement of American liberalism: the new deal and its legacies[M]. New York: Columbia University Press, 2003.

45. CHAMBERLIN W H. The confessions of individualist[M]. New York: The Macmillan company, 1940.

46. CHARLES J. The origins of the American party system: three essays[M]. New York: Harper & Row, 1961.

47. CHOLLET D H. America between the wars: from 11/9 to 9/11[M]. New York: BBS Public Affairs, 2008.

48. CHOREV N. Remaking U.S. trade policy: from protectionism to globalization[M]. Ithaca: Cornell University Press, 2007.

49. CLIFTON W F, GILL W J. Suite 3505: the story of the draft goldwater movement[M]. New Rochelle: Arlington House, 1967.

50. CLINE W R. The future of world trade in textiles and apparel[M]. Rev. ed. Washington, D.C.: Institute for International Economics, 1990.

51. COCHRAN A. Democracy heading south: national politics in the shadow of dixie[M]. Lawrence: University Press of Kansas, 2001.

52. COHEN S D. The making of United States international economic policy[M]. 3rd ed. London: Praeger, 1988.

53. COLE W. America First: the battle against intervention[M]. Madison: University of Wisconsin Press, 1953.

54. COLE W. Senator Gerald P. Nye and American foreign relations[M]. Westport, Conn.: Greenwood Press, 1962.

55. COLLIER P, HOROWITZ D, eds. Second thoughts: former radicals look back at the 60's[C]. Lanham: Madison Books, 1989.

56. COLLINS S, ed. Import, export and the American worker[M]. Washington D.C.: Brookings Institution Press, 1998.

57. CONKIN P. The new deal[M]. 3rd ed. American History Series (Arlington Heights, Ill.) Wheeling, Ill.: Harlan Davidson, 1992.

58. CONNELLY W F, PITNEY J J, Jr. Congress' permanent minority: Republicans in the U.S. House[M]. Lanham, Md.: Rowman & Littlefield, 1994.

59. COX M. US foreign policy after the Cold War: superpower without a mission? [M]. London: Royal Institute of International Affairs, 1995.

60. CRITCHLOW D. The conservative ascendancy: how the Republican right rose to power in modern America[M]. Cambridge: Harvard University Press, 2010.

61. DAALDER I. Getting to Dayton: the making of America's Bosnia policy[M]. Washington D.C.: Brookings Institution Press, 2000.

62. DAALDER I, LINDSAY J. America unbound: The Bush revolution in foreign policy[M]. Washington, D.C.: Brookings Institution, 2003.

63. DALLEK R. Franklin D. Roosevelt and American foreign policy, 1932–1945[M]. New York: Oxford University Press, 1979.

64. DANIELS J. The Wilson era: years of war and after, 1917–1923[M]. Chapel Hill, The University of North Carolina Press, 1946.

65. DARILEK R E. A loyal opposition in time of war: The Republican party and the politics of foreign policy from Pearl Harbor to Yalta[M]. Westport, Conn.: Greenwood Press, 1976.

66. DAVIS J W. Presidential primaries: road to the White House[M]. Westport: Greenwood Press, 1980.

67. DEIBEL T. Clinton and Congress: the politics of foreign policy[M]. New York: Foreign Policy Association, 2000.

68. DENNETT T. John Hay: from poetry to politics[M]. New York: Dodd, Mead & Company, 1933.

69. DESTLER I M. American trade politics: system under stress[M]. Washington, DC: Institute for International Economics, 1986.

70. DESTLER I M. Making foreign economic policy[M]. Washington, DC: Brookings Institution, 1980.

71. DESTLER I M. Renewing fast-track legislation[M]. Washington DC: Institute for International Economics, 1997.

72. DESTLER I M, FUKUI H, SATO H. The textile wrangle: conflict in Japanese-America relations, 1969–1971[M]. Ithaca: Cornell University Press, 1979.

73. DESTLER I M, ODELL J. Anti-protection changing forces in United States trade politics[M]. Washington DC: Institute for International Economics, 1987.

74. DIEBOLD W. The end of I.T.O. essays of international finance[M]. Princeton: Princeton University Press, 1952.

75. DIEBOLD W. The United States and the industrial world: American foreign economy policy in the 1970s[M]. New York: Praeger Publishers, 1972.

76. DIERENFIELD B J. The battle over school prayer: how Engel v. Vitale changed America[M]. Lawrence: University Press of Kansas, 2007.

77. DIVINE R A. The illusion of neutrality[M]. Chicago: University of Chicago Press, 1962.

78. DIVINE R A. Second chance: the triumph of internationalism in America during World War II[M]. New York: Atheneum, 1967.

79. DOCHUK D. From Bible Belt to Sunbelt: plain-folk religion, grassroots politics, and the rise of evangelical conservatism[M]. New York: W.W. Norton, 2011.

80. DODD W, BAKER R, eds. The public papers of Woodrow Wilson[G]. New York: Harper and Brothers, 1927.

81. DOENECKE J. Storm on the horizon: the challenge to American intervention[M]. Lanham, Md.: Rowman & Littlefield, 2000.

82. DREW E. Showdown: the struggle between the Gingrich Congress and the Clinton White House[M]. New York: Simon & Schuster, 1996.

83. DRYDEN S. Trade warrior: USTR and American crusade for free trade[M]. Oxford: Oxford University Press, 1995.

84. DUECK C. Hard line: The Republican Party and U.S. foreign policy since World War II[M]. Princeton: Princeton University Press, 2010.

85. DULLES F. America's rise to world power, 1898-1954[M]. New York: Harper& Row, 1955.

86. EDWARDS L. The power of ideas: the heritage foundation at 25 years, the heritage foundation at 25 years[M]. Ottawa, Ill.: Jameson Books, 1997.

87. EHRMAN J. The rise of neoconservatism: intellectuals and foreign affairs, 1945–1994[M]. New Haven: Yale University Press, 1995.

88. ELLIS S. Freedom's pragmatist: Lyndon Johnson and civil rights[M]. Gainesville: University Press of Florida, 2013.

89. EVANS L, OLESZEK W. Congress under fire: reform politics and the Republican majority[M]. Boston: Houghton Mifflin, 1997.

90. Federal Communications Commission-Job Corps. Dictionary of American history: vol.3[M]. New York: Simon Schuster Macmillan, 1976.

91. FEENSTRA R, ed. The impact of international trade on wages[C]. NBER Conference Volume. Chicago: University of Chicago Press, 2000.

92. FEIS H. The diplomacy of the Dollar, 1919–1932[M]. New York: Norton, 1966.

93. FELDMAN G, ed. Painting Dixie red: when, where, why, and how the South became Republican[M]. Gainesville: University Press of Florida, 2011.

94. FELDSTEIN M S. American economic policy in the 1980s[M]. Chicago: University of Chicago Press, 1994.

95. FERGUSON T, ROGERS J, eds. The hidden election: politics and economy in the 1980 president campaign[M]. New York: Patheon Books, 1981.

96. FERRELL R H. American diplomacy in the great depression: Hoover-Stimson

foreign policy, 1929–1933[M]. New Haven: Yale University Press, 1957.

97. FERRELL R H. Peace in their time: the origins of the Kellogg-Briand Pact[M]. New Haven: Yale University Press, 1952.

98. FINDLING J E. Dictionary of American diplomatic history[M]. Westport, Conn.: Greenwood Press, 1989.

99. FIORINA M P, ABRAMS S J, POPE J C. Culture war? the myth of a polarized America[M]. 3rd ed. London: Longman, 2004.

100. FITZDUFF M, ed. Why irrational politics appeals: understanding the allure of Trump[M]. Santa Barbara: Praeger, 2017.

101. FLAMM M W. Law and order: street crime, civil unrest, and the crisis of liberalism in the 1960s[M]. New York: Columbia University Press, 2005.

102. FLEMING D F. The United States and the World Court[M]. Garden City: Doubleday, Doran, 1945.

103. FONER P S. The anti-imperialist reader: a documentary history of anti-imperialism in the United States[M]. New York: Holmes & Meier, 1984.

104. FRANCIS C, ed. The works of John Adams, second president of the United States: vol. 2[G]. Boston: Little, Brown and Company, 1971.

105. FRANCIS S. Beautiful losers: essays on the failure of American conservatism[M]. Columbia: University of Missouri Press, 1993.

106. FRANKLIN B. The papers of Benjamin Franklin: vol.9[C]. New Haven: Yale University Press, 1966.

107. FREUND P. "The Equal Civil Rights Act Is Not the Way", *Harvard Civil Rights-Civil Liberties Law Review*, March 1971.

108. FROHNEN B, BEER J, NELSON J O. American conservatism: an encyclopedia[M]. New York: Open Road Media, 2014.

109. GARDNER L C. Imperial America: American foreign policy since 1898[M]. New York: Harcourt Brace Jovanovich, 1971.

110. GARDNER R N. Sterling-Dollar diplomacy in current perspective[M]. New York: Columbia University Press, 1980.

111. GERBER A S, SCHICKLER E, eds. Governing in a polarized age: elections, parties and political representation in America[M]. New York: Cambridge University Press, 2017.

112. GEREFFI G, SPENER D, BAIR, J. Free trade & uneven development: North American apparel industry after NAFTA[M]. Philadelphia: Temple University Press, 2002.

113. GEST J. The new minority: white working-class politics in an age of immigration and inequality[M]. New York: Oxford University Press, 2016.

114. GILBERT F. To the farewell address[M]. Princeton, N.J.: Princeton University Press, 1961.

115. GIMPEL J G. Legislating the revolution: the contract with America in its first 100 days[M]. Boston: Allyn and Bacon, 1996.

116. GINGRICH N. To renew America[M]. New York: Harper Collins, 1995.

117. GOLDSTEIN J. Ideals, interests, and American trade policy[M]. Ithaca: Cornell University Press, 1993.

118. GOLDWATER B. The conscience of a conservative[M]. New York: Hillman Books, 1960.

119. GRAEBNER N. The new isolationism: a study in politics and foreign policy since 1950[M]. New York: The Ronald Press Company, 1956.

120. GRAY H. Should state unemployment insurance be federalized? [M]. New York: American Enterprise Association, 1946.

121. GREENBERG A. Manifest destiny and American territorial expansion: a brief history of document[M]. Boston: Macmillan Learning, 2011.

122. GREENE T P. American imperialism in 1898[M]. Boston: D.C. Heath and Company, 1995.

123. Greenfield J. The real campaign: how the media missed the story of the 1980 campaign[M]. New York: Summit Books, 1982.

124. GREY E. Twenty-five years, 1892–1916: vol.2[M]. New York: Frederick A. Stokes, 1925.

125. GRIES P H. The politics of American foreign policy: how ideology divides liberals and conservatives over foreign affairs[M]. Stanford: Stanford University Press, 2014.

126. GRILLI E, FAINI R, eds. Multilateralism and regionalism after the Uruguay Round[M]. London: Macmillan Press, 1997.

127. GUINSBURG T N. The pursuit of isolationism in the United States Senate from Versailles to Pearl Harbor[M]. New York: Garland Pub, 1982.

128. GURTOV M. Superpower on crusade: the Bush doctrine in US foreign policy[M]. Boulder, Colo.: Lynne Rienner, 2006.

英文期刊

1. Abramowitz A I, Saunders K L. Exploring the bases of partisanship in the American electorate: social identity vs ideology[J]. Political research quarterly, 2006, 59 (2): 175-187.

2. ABRAMS B A, BUTKIEWICZ J L. The influence of state-level economic conditions on the 1992 U.S. presidential election[J]. Public choice, 1995, 85 (1/2): 1-10.

3. ACEMOGLU D, AUTOR D, DORN D, et al. Import competition and the great US employment sag of the 2000s[J]. Journal of Labor Economics, 2016, 34 (1): 141-198.

4. AUTOR D H, DORN D, HANSON G H. The China syndrome: Local labor market effects of import competition in the United States[J]. The American Economic Review. 2013, 103 (6): 2121-2168.

5. BAILEY M A, GOLDSTEIN J, WEINGAST B R. The institutional roots of American trade policy: politics, coalitions, and international trade[J]. World politics, 1997, 49 (3): 309-338.

6. BARR R R. Populists, outsiders and anti-establishment politics[J]. Party

politics, 2009, 15 (1): 29-48.

7. LEWIS-BECK M S, STEGMAIER M. Economic determinants of electoral outcomes[J]. Annual review of political science, 2000, 3 (1): 183-219.

8. BELL L A. Union wage concessions in the 1980s: The importance of firm-specific factors[J]. Industrial & labor relations review, 1995, 48 (2): 258-275.

9. BERNARD A B, JENSEN J B, SCHOTT P K. Survival of the best fit: exposure to low-wage countries and the (uneven) growth of U.S. manufacturing plants[J]. Journal of international economics, 2006, 68 (1): 219-237.

10. BERNARD A B, EATON J, JENSEN J B, et al. Plants and productivity in international trade[J]. American economic review, 2003, 93 (4): 1268-1290.

11. BERNARD A B, REDDING S J, SCHOTT P K. Comparative advantage and heterogeneous firms[J]. The review of economic studies, 2007, 74 (1): 31-66.

12. BLACKLEY P. R., SHEPARD E M. A statistical analysis of the effect of state-level economic conditions on the 1992 presidential election[J]. Public finance quarterly, 1994, 22 (3): 366-382.

13. BLINDER A S. The challenge of high unemployment[J]. American economic review, 1988, 78 (2): 1-15.

14. BONANNO G A, JOST J T. Conservative shift among high-exposure survivors of the September 11th terrorist attacks[J]. Basic and applied social psychology, 2006, 28 (4): 311-323.

15. JENSEN J B, QUINN D P, WEYMOUTH S. Winners and losers in international trade: The effects on US presidential voting[J]. International organization, 2017, 71 (3): 423-457.

16. BREYFOGLE T. Some paradoxes of religion in the 2000 presidential election[J]. Reviews in religion & theology, 2001,8 (5): 543-547.

17. BUCHANAN P J. America first and second, and third[J]. The national interest, Spring 1990, 19: 77-82.

18. BULLOCK III C S. Regional realignment from an officeholding perspective[J]. The journal of politics, 1988, 50 (3): 553-574.

19. BURKE J P. Struggling with standard order: Challenges and performance of the Trump national security council[J]. Political science quarterly, 2018, 48 (4): 640-666.

20. CARLETON W G. Isolationism and the Middle West[J]. The mississippi valley historical review, 1946, 33 (3): 377-390.

21. CARMINES E G, STIMSON J A. Issue evolution, population replacement, and normal partisan change[J]. The american political science review, 1981, 75 (1): 107-118.

22. CASTANO E, LEIDNER B, BONACOSSA A, et al. Ideology, fear of death, and death anxiety[J]. Political psychology, 2011, 32 (4): 601-621.

23. CRESPI I. The structural basis for right-wing conservatism: The goldwater case[J]. The public opinion quarterly, 1965-1966, 29 (4): 528-531.

24. CROWSON H M. Right-wing authoritarianism and social dominance orientation: As mediators of worldview beliefs on attitudes related to the war on terror[J]. Social psychology, 2009, 40 (2): 93-103.

25. DAVIS D R, HARRIGAN J. Good jobs, bad jobs, and trade liberalization[J]. Journal of international economics, 2011, 84 (1): 26–36.

26. DE GROOT G J. Ronald Reagan and student unrest in California, 1966-1970[J]. Pacific historical review, 1996, 65 (1): 107-129.

27. DIMAGGIO P, EVANS J, BRYSON B. Have american's social attitudes become more polarized? [J]. American journal of sociology, 1996, 102 (3): 690-755.

28. DUTT P, MITRA D, RANJAN P. International trade and unemployment: Theory and cross-national evidence[J]. Journal of international economics, 2009, 78 (1): 32-44.

29. EBENSTEIN A, HARRISON A E, MCMILLAN M S, et al. Estimating the impact of trade and offshoring on American workers using the current population surveys[J]. The review of economics and statistics, 2014, 96 (4): 581-595.

30. FEENSTRA R C, HANSON G H. The impact of outsourcing and high-technology capital on wages: estimates for the united states, 1979-1990[J]. The quarterly journal of economics, 1999, 114 (3): 907-940.

31. FEIGENBAUM J J, HALL A B. How legislators respond to localized economic shocks: evidence from Chinese import competition[J]. The journal of politics, 2015, 77 (4): 1012-1030.

32. FENSTERWALD B, Jr. The anatomy of American "isolationism" and expansionism[J]. The journal of conflict resolution, 1958, 2 (2): 111-139.

33. FIORINA M P, ABRAMS S J. Political polarization in the American public[J]. The annual review of political science, 2008, 11 (1): 563-588.

34. FRANKO W W. Political context, government redistribution, and the public's response to growing economic inequality[J]. The journal of politics, 2016, 78 (4): 957-973.

35. FREEMAN R B. Are your wages set in Beijing[J]. Journal of economic perspectives, 1995, 9 (3): 15-33.

36. GALBRAITH J. The Bush administration's response to the international Criminal Court[J]. Berkeley journal of international law, 2003, 21 (3): 685-688.

37. GARFINKLE A. Strategy and preventive diplomacy[J]. Orbis, 2001, 45 (4): 503-517.

38. GILBERT F. The "new diplomacy" of the eighteenth century[J]. World politics, 1951, 4 (1): 1-38.

39. GILBERT F. The English background of American isolationism in the eighteenth century[J]. The william and mary quarterly, 1944, 1 (2): 138-160.

40. GLASGOW G. Evidence of group-based economic voting: NAFTA and union households in the 1992 U.S. presidential election[j]. Political research quarterly, 2005, 58 (3): 427-434.

41. GOLDMAN L, LIM M P, CHEN Q X. Independent relationship of changes in death rates with changes in US presidential voting[J]. Journal of General Internal Medicine, 2019, 34 (3): 363-371.

42. GOLDSTEIN J, LENWAY S A. Interest or institutions: an inquiry into congressional–ITC relations[J]. International study quarterly, 1989, 33 (3): 303-327.

43. GROSSMAN G M. Imports as a cause of injury: the case of U.S. Steel industry[J]. Journal of international economics, 1986, 20 (3/4): 201-223.

44. GROSSMAN G M. The employment and wage effects of import competition in the United States[J]. Journal of international economic integration, 1987, 2 (1): 1-23.

45. HAASS R N. Paradigm lost[J]. Foreign affairs, 1995, 74 (1): 43-58.

46. HAGGARD S. The institutional foundations of hegemony: explaining the Reciprocal Trade Agreements Act[J]. International organization, 1988, 42 (1): 91-119.

47. HERRON M C, LAVIN J, CRAM D, et al. Measurement of political effects in the United States economy: a study of the 1992 presidential election[J]. Economics and politics, 1999, 11 (1): 51-81.

48. HICKS T, JACOBS A M, MATTHEWS J S. Inequality and electoral accountability: class-biased economic voting in comparative perspective[J]. The journal of politics, 2016, 78 (4): 1076-1093.

49. HILL K A. Does the creation of majority black districts aid Republicans? an analysis of the 1992 congressional elections in eight Southern States[J]. The journal of politics, 1995, 57 (2): 384-401.

50. HOLMER A F, BELLO J H.The Trade and Tariff Act of 1984: the road to enactment[J]. The international lawyer, 1985, 19 (1): 287-342.

51. HURST S. Myths of neoconservatism: George W. Bush's Causing Problems? The WTO Review of Causation and Injury Attribution in US Section 201 Cases "Neo-conservative" foreign policy revisited[J]. International politics, 2005, 42 (1): 75-96.

52. HYLAND W G. The case for pragmatism[J]. Foreign affairs, 1991/92, 71 (1): 15-38.

53. IKENBERRY J. America's imperial ambition[J]. Foreign affairs, 2002, 81 (5): 44-60.

54. IRWIN D A. Causing problems? The WTO review of causation and injury attribution in US Section 201 cases[J]. World trade review, 2003, 2 (3): 297-325.

55. IRWIN D A. Changes in U.S. Tariffs: the role of import prices and commercial policies[J]. American economic review, 1998, 88 (4): 1015-1026.

56. JACKSON J H. The General Agreement on Tariffs and Trade in U.S. domestic law[J]. Michigan law review, 1967, 66 (2): 249-332.

57. JACOBSON G C. Polarization, gridlock, and presidential campaign politics in 2016[J]. The ANNALS of the American Academy of Political and Social Science, 2016, 667 (1): 226-246.

58. JACOBSON G C. The 1994 House elections in perspective[J]. Political science quarterly, 1996, 111 (2): 203-223.

59. JACOBSON G C. The triumph of polarized partisanship in 2016: Donald Trump's improbable victory[J]. Political science quarterly, 2017, 132 (1): 9-41.

60. JERVIS R. Understanding the Bush doctrine: Preventive wars and regime change[J]. Political science quarterly, 2016, 131 (2): 284-289.

61. JOST J, GLASER J, KRUGLANSKI A W, et al. Political conservatism as motivated social cognition[J]. Psychological bulletin, 2003, 129 (3): 339-375.

62. JOST J, NAPIER J, THORISDOTTIR H. Are needs to manage uncertainty and threat associated with political conservatism or ideological extremity[J]. Personality & social psychology bulletin, 2007, 33 (7): 989-1007.

63. KATEL P. Tea Party movement[J]. CQ researcher, 2010, 20 (11): 241-264.

64. KEOHANE R O. Reciprocity in international relations[J]. International organization, 1986, 40 (1): 1-27.

65. KINDER D R, KIEWIET D R. Economic discontent and political behavior: the role of personal grievances and collective economic judgments in congressional voting[J]. American journal of political science, 1979, 23 (3): 495-527.

66. KITFIELD J. The folk who live on the hill[J]. The national interest, Winter 1999/2000, 58: 48-55.

67. KNOWLES E D, TROPP L R. The racial and economic context of Trump support: evidence for threat, identity, and contact effects in the 2016 presidential election[J]. Social psychological and personality science, 2018, 9 (3): 275-284.

68. KRAUTHAMMER C. The unipolar moment[J]. Foreign affairs, 1990, 70 (1): 11-23.

69. KRISTOL I. American intellectuals and foreign policy[J]. Foreign affairs, 1967, 45 (4): 115-117.

70. KRUGMAN P R. Intra-industry specialization and the gains from trade[J]. Journal of political economy, 1981, 89 (5): 959-973.

71. KRUGMAN P R. Trade and wages, reconsidered[J]. Brookings papers on economic activity, Spring 2008, 2008: 103-137.

72. KUPCHAN C A, TRUBOWITZ P L. Dead center: The demise of liberal internationalism in the United States[J]. International security, 2007, 32 (2): 7-44.

73. LAFEBER W. The Bush doctrine[J]. Diplomatic history, 2002, 26 (4): 543-558.

74. LEFFLER M P. 9/11 and American foreign Policy[J]. Diplomatic history, 2005, 29 (3): 395-444.

75. LUTTIG M D, FEDERICO C M, LAVINE H. Supporters and opponents of Donald Trump respond differently to racial cues: an experimental analysis[J]. Research and politics, 2017, 4 (4): 1-8.

76. MACDONALD P K. America first? explaining continuity and change in Trump's foreign policy[J]. Political science quarterly, 2018, 133 (3): 401-434.

77. MAJOR B, BLODORN A, BLASCOVICH G M. The threat of increasing diversity: why many white Americans support Trump in the 2016 presidential election[J]. Group processes & intergroup relations, 2018, 21 (6): 931-941.

78. MARGALIT Y. Costly jobs: trade-related layoffs, government compensation, and voting in US elections[J]. American political science review, 2011, 105 (1): 166-88.

79. MAYNES C W. Contending schools[J]. The national interest, Spring 2001, 63: 49-58.

80. MCCORMICK J M, WITTKOPF E R, DANNA D M. Politics and bipartisanship at the water's edge: A note on Bush and Clinton[J]. Polity, 1997, 30 (1): 133-149.

81. MCCRIGHT A M, DUNLAP R E. Defeating Kyoto: the conservative movement's impact on U.S. climate change policy[J]. Social problems, 2003, 50 (3): 348-373.

82. MEARSHEIMER J. Hans Morgenthau and the Iraq war: realism versus neoconservatism[J]. Merkur-deutsche zeitschrift fur europaisches denken, 2005, 59 (9-10): 836-844.

83. MELITZ M J. The impact of trade on intra-industry reallocations and aggregate industry productivity[J]. Econometrica, 2003, 71 (6): 1695-1725.

84. MILLER A H, KLOBUCAR T F. The role of issues in the 2000 U.S. presidential election[J]. Presidential studies quarterly, 2000, 33 (1): 101-124.

85. MILLER A H. Economy, character and social issues in the 1992 presidential election[J]. American behavioral scientist, 1993, 37 (2): 315-327.

86. MILNER H, ROSENDORFF P. Trade negotiations, information, and domestic politics: the role of domestic groups[J]. Economics and politics, 1996, 8 (2): 145-189.

87. MION G, ZHU L. Import competition from and offshoring to China: a curse or blessing for firms[J]. Journal of international economics, 2013, 89 (1): 202-215.

88. MONTEN J. The roots of the Bush doctrine: power, nationalism, and democracy promotion in U.S. Strategy[J]. International security, 2005, 29 (4): 112-156.

89. MUGHAN A, LACY D. Economic performance, job insecurity and electoral choice[J]. British journal of political science, 2002, 32 (3): 513-533.

90. MUTZ D C. Status threat, not economic hardship, explains the 2016 presidential vote[J]. Proceedings of the national academy of sciences, 2018, 115 (19): 4330-4339.

91. NEWMAN B, SIEGLE E. Polls and elections: the polarized presidency: depth and breadth of public partisanship[J]. Presidential studies quarterly, 2010, 40 (2): 342-363.

92. NINCIC M, DATTA M N. Of paradise, power, and pachyderms[J]. Political science quarterly, 2007, 122 (2): 239-256.

93. OWEN E, JOHNSTON N P. Occupation and the political economy of trade: job routineness, offshorability, and protectionist sentiment[J]. International organization, 2017, 71 (4): 665-699.

94. PIERCE J R, SCHOTT P K. The surprisingly swift decline of U.S. manufacturing employment[J]. American economic review, 2016, 106 (7): 1632-1662.

95. PODHORETZ N. The Reagan road to détente[J]. Foreign affairs, 1984, 63 (3): 447-464.

96. POOLE K T, ROSENTHAL H. D-Nominate after 10 years: a comparative update to congress: a political-economic history of roll-call voting[J]. Legislative studies quarterly, 2001, 26 (1): 5-29.

后 记

本书的研究首先归因于我的博士生导师北京大学国际关系学院王栋教授。在特朗普在美国的政治力量明显兴起以前，他已经意识到新孤立主义在美国发展的影响和重要性，并提醒我在研究过程中注意美国新孤立主义的国内政治动因。这本书的研究路径是来源于王栋教授的。

波士顿学院的陆伯彬（Robert Ross）教授在本书写作过程中始终给我提出宝贵的学术意见，包括告诉我美国国家经济研究局（NBER）产业数据的重要性。

本书的出版要感谢世界知识出版社车胜春老师在内容修改与文字编辑方面的帮助。车老师细致入微地对我的书稿进行校正，并提出诸多合理的修改建议，最终使我行文随意的论文变成结构严整的书稿，我只能在内心深处对他表示温情的敬意和谢意。

我很感激国际关系学院郝敏教授对本书策划出版的大力帮助。

最后，最感谢余翔博士在本书写作过程中对我的帮助。毕竟，在学术研究与写作的过程中，良好的研究后勤保障才是最重要的。

作者

2023 年 4 月 2 日

图书在版编目（CIP）数据

美国新孤立主义的兴起/孙冰岩著. —北京：世界知识出版社，
2022.12

ISBN 978-7-5012-6605-0

Ⅰ.①美… Ⅱ.①孙… Ⅲ.①美国对外政策—研究
Ⅳ.①D871.20

中国版本图书馆CIP数据核字（2022）第232690号

书　　　名	美国新孤立主义的兴起 Meiguo Xin Guli Zhuyi De Xingqi
作　　　者	孙冰岩
责任编辑	车胜春
责任出版	李　斌
责任校对	张　琨
出版发行	世界知识出版社
地址邮编	北京市东城区干面胡同51号（100010）
网　　　址	www.ishizhi.cn
电　　　话	010-65233645（市场部）
经　　　销	新华书店
印　　　刷	北京虎彩文化传播有限公司
开本印张	710毫米×1000毫米　1/16　22印张
字　　　数	320千字
版次印次	2023年9月第一版　2023年9月第一次印刷
标准书号	ISBN 978-7-5012-6605-0
定　　　价	98.00元